Anders Krüger

Der junge Eichendorff

Ein Beitrag zur Geschichte der Romantik

Deutsche Autoren der Romantik, Band 5

Krüger, Anders

Der junge Eichendorff
Ein Beitrag zur Geschichte der Romantik

Reihe: *Deutsche Autoren der Romantik*

ISBN: 978-3-86267-041-3

Auflage: 1
Erscheinungsjahr: 2010
Erscheinungsort: Bremen, Deutschland

Europäischer Literaturverlag (www.elv-verlag.de), Fahrenheitstr. 1, 28359 Bremen.

Bei diesem Titel handelt es sich um den Nachdruck eines historischen, lange vergriffenen Buches aus dem Verlag Georg Maske, Oppeln (1898). Da elektronische Druckvorlagen für diesen Titel nicht existieren, musste auf alte Vorlagen zurückgegriffen werden. Hieraus zwangs-läufig resultierende Qualitätsverluste bitten wir zu entschuldigen.

Herausgeberwort

Die Literaturepoche der Romantik, die in etwa auf den Zeitraum zwischen 1790 und 1850 datiert werden kann, ist nur schwer konkret zu definieren. Zu vielfältig sind ihre literarischen Strömungen, zu verschieden ihre Autoren, als dass man sie auf einen gemeinsamen Nenner bringen könnte. Dennoch gibt es Merkmale, die charakteristisch für die Romantik sind. Dazu gehören Sehnsucht und Naturmetaphorik, sowie die Vorliebe für das Fantastische und Märchenhafte.

Die Romantik entstand als Gegenreaktion zum Rationalismus der Aufklärung und brachte viele literarische Werke hervor, die noch heute von großer Bedeutung sind. Nicht nur verhalf sie der deutschen Literatur mit Autoren wie E. T. A. Hoffmann oder A. W. Schlegel zu internationalem Ruhm, sie legte auch den Grundstein für die Literatur- und Sprachwissenschaft, wie wir sie heute kennen. Autoren der Romantik wie Clemens Brentano oder Jakob und Wilhelm Grimm waren die Ersten, die im Hinblick auf ein nationales Bildungsprogramm volkstümliche deutsche Literatur sammelten und bearbeiteten. Die romantische Epoche war wegweisend für die deutsche Literatur. Deshalb spielt die Auseinandersetzung mit ihren Autoren nach wie vor eine wichtige Rolle in den literaturwissenschaftlichen Diskursen.

Die vorliegende Schriftenreihe „Deutsche Autoren der Romantik" gewährt einen Einblick in das Leben der berühmten Schriftsteller der Romantik und vermittelt einen Eindruck davon, unter welchen Umständen sie zu den größten Dichtern und Denkern ihrer Zeit wurden. Neben ausführlichen Biografien, die sich dem gesamten Leben und Werk der betrachteten Autoren widmen, befinden sich in der Reihe auch verschiedene wissenschaftliche Abhandlungen, die spezifische Aspekte aus den Lebensgeschichten und Werken beleuchten. Fast alle Texte der Reihe stammen aus dem späten 19. Jahrhundert und wirken – da sie nur wenige Jahrzehnte nach dem Ende der romantischen Epoche entstanden sind – besonders authentisch.

Die Auswahl der Autoren ist exemplarisch und vermittelt zum jetzigen Zeitpunkt kein vollständiges Bild. Sie kann jedoch durch weitere Beiträge erweitert werden. Ebenfalls wurden Autoren, deren Zugehörigkeit zur Romantik umstritten ist, wie Jean Paul oder Friedrich Hölderlin in die Reihe aufgenommen, da auch ihre Werke zum Teil romantische Elemente aufweisen.

Ich wünsche Ihnen viel Vergnügen bei dem Einblick in die romantische Epoche!

Elena Schefner
Bremen, November 2010

Der junge Eichendorff.

Ein Beitrag
zur Geschichte der Romantik

von

Herm. Anders Krüger.

Oppeln.
Verlag von Georg Maske.
1898.

Meinen geliebten Eltern

und

meinem väterlichen Freunde

Prof. Dr. Adolf Stern

in herzlicher Dankbarkeit

zugeeignet.

Inhaltsübersicht.

Seite

Einleitung: . . . . 1—7
Erster Teil: Eichendorffs Jugendzeit . . . . 9—104
I. Lubowitz . . . . 11—24
II. Breslau . . . . 24—44
III. Halle . . . . 44—82
IV. Heidelberg . . . . 82—104
Zweiter Teil: Eichendorffs Jugendwerke . . . . 105—166
I. Eichendorffs Gedichte bis 1809 . . . . 108—140
a) Entstehung und Veröffentlichung . . . . 108—118
b) Metrik und Sprache . . . . 119—123
c) Stellung der Gedichte in der Zeitlitteratur . . . . 123—130
d) Zur Analyse des Inhalts . . . . 131—140
II. Eichendorffs Roman „Ahnung und Gegenwart" . 140—166
a) Entstehung und Veröffentlichung . . . . 140—144
b) Fabel und Figuren des Romans . . . . 144—150
c) „Ahnung und Gegenwart" und die Romanlitteratur der Zeit . . . . 150—159
d) Zur Analyse des Inhalts . . . . 159—166
Schluß: Die Auffassung des jungen Eichendorff vom Berufe des Dichters . . . . 167—172

Einleitung.

Über die Stellung, die der schlesische Dichter Joseph Freiherr von Eichendorff in der deutschen Litteraturgeschichte einnimmt, ist niemals ernstlich gestritten worden. Klar und scharf umrissen, einheitlich und fest geschlossen steht seine dichterische Eigenart vor uns, noch fast ebenso, wie sie einst vor seinen Zeitgenossen gestanden hat. Niemand hat ihn gezählt zu den großen Bahnbrechern, den trotzigen Neugestaltern, deren Feinde oft zahlreicher sind als ihre Freunde; aber auch niemand hat ihm je den gebührenden Ehrenplatz unter den romantischen Dichtern streitig gemacht, denn erbitterte Gegner hat Eichendorff nie gefunden. Dem sonnenheiteren Sänger der guten, alten Zeit, der unwiderstehlichen Wanderlust und des graziösen Müssiggangs; dem seelenvollen Darsteller ländlich idyllischer Natur- und Stimmungsbilder, dem anspruchslosen Dichter sinniger, unvergeßlicher Lieder, die dauerndes Eigentum unseres Volkes geworden sind, konnte niemand gram sein. Schlicht und wahr, frei und natürlich, kindlich fromm, ohne Pose und Phrase, wie er war, steht er noch immer vor uns, als der letzte, aber vielleicht edelste „Ritter der Romantik“.

Freilich gar viele Farben trug Eichendorff nicht auf seiner Poetenpalette. In dieser Beziehung läßt er sich mit Tieck, Arnim und Novalis gewiß nicht vergleichen. Aber kein anderer Dichter der Romantik verstand mit so einfachen Mitteln so Anmutiges und in seiner Art wirklich Vollendetes zu schaffen wie er. Die Grundfarben mögen überall dieselben sein, die wunderbare Mischung, die fein abgetönte Stimmung seiner Bilder ist doch sehr mannigfaltig. In dieser seltenen Meisterschaft, verbunden mit einer innerlich starken Einheitlichkeit und gesunden Selbstbeschränkung liegt das Geheimnis seiner poetischen Bedeutung und seiner ungesuchten Volkstümlichkeit.

Je heller uns aber das Licht dünken will, das über Eichendorffs Stellung und Wertung als Dichter ausgestrahlt ist, um so mehr muß uns das Dunkel befremden, das über seiner Person und seinem Leben lagert.

Denn Dichter und Dichtung gehören oft so eng zusammen, daß eines ohne das andere fast unverständlich werden kann, und gerade bei Eichendorff tritt uns das häufig genug entgegen. Aber ganz abgesehen davon wäre in dem vorliegenden Falle ein allmähliches Verblassen der Dichterpersönlichkeit doppelt betrübend, da Eichendorff nach allem, was wir von ihm wissen, auch in seinem Leben ein durch und durch edler und ungewöhnlich harmonischer Charakter war.

Leider ist aber das biographische Material für Eichendorff sehr wenig umfangreich, eine Thatsache, die sich in erster Linie aus der starken Abneigung des Dichters selbst gegen unbeabsichtigte und darum unerwünschte Benutzung solchen Materials erklären mag. Gerade in den 40er und 50er Jahren, in die der Lebensabend Eichendorffs fiel, waren indiskrete Veröffentlichungen, besonders von nachgelassenen Briefen, nichts Seltenes, und um sich dereinst vor einem ähnlichen Schicksal zu bewahren, hat der Dichter die meisten seiner Briefschaften und Papiere eigenhändig vernichtet, auch seinen Freunden und der Familie gegenüber den Wunsch geäußert, später nichts dergleichen drucken zu lassen. Bisher ist auch thatsächlich an neuen Briefen so gut wie nichts veröffentlicht worden und Eichendorff-Autogramme bilden eine ziemliche Seltenheit. Ältere vereinzelte Briefe von ihm, an und über ihn finden sich abgedruckt in Albertine de la Motte-Fouqué: Briefe an Fouqué. Berlin 1848, J. M. Raich: Dorothea von Schlegel. Mainz 1881, Franz Binder: Görres' Freundesbriefe. München 1854—74. Aus den Papieren des Theodor von Schön, Halle 1878.

Gegen Ende seines Lebens wandelte jedoch den Dichter selbst die Lust an, Memoiren zu schreiben, aber recht bezeichnenderweise sollte es kein Lebenslauf werden, sondern vielmehr eine objektive Schilderung der von ihm durchlebten Zeit, wie es in dem Entwurf heißt. In der That besitzen wir Anfänge dieses „Erlebten“ in den Aufsätzen: „Deutsches Adelsleben am Schluß des 18. Jahrhunderts“ und „Halle und Heidelberg“, zwei prächtigen, meisterhaft gezeichneten Skizzen, die der greise Dichter 1857 kurz vor seinem Tode niedergeschrieben hat.[1]) Diese lebendigen Zeitbilder müssen uns gerade darum besonders wertvoll erscheinen, weil sie die Jugend Eichendorffs, d. h. die für ihn charakteristische und beinahe ausschlaggebende Zeit behandeln. Denn Eichendorff blieb als Dichter wie als Mensch im wesentlichen das, was er in seiner Jugend geworden. Darin liegt ebenso seine Stärke, seine Einheitlichkeit — wie seine Schwäche, seine Einseitigkeit. Der lichte Zauberglanz, der über seinen herrlichen Jugendtagen gebreitet lag, schimmert uns überall aus seinen Werken wieder entgegen, von seinen ersten Florensliedern an bis zum letzten Epos „Lucius“,

---

[1]) Aus dem litterarischen Nachlasse Jos. Frh. v. Eichendorffs. Paderborn 1866. Verlag von Ferdinand Schöningh. S. 263 ff.

seinem Schwanengesang. Und noch in seinen letzten irdischen Momenten hat ihn die Erinnerung an die glückliche Kindheit beschäftigt. In diesem zähen Festhalten an seiner Jugend und ihren Idealen bewahrte er sich selbst in allem Mißgeschick den unverwüstlichen Frohsinn des Gemüts, bei allem äußeren Altern die innere Frische und seinem politischen Schaffen den unvergänglichen Jugendreiz.

Das spätere Leben Eichendorffs, der ja nach kurzem Schwanken die preußische Beamtenlaufbahn einschlug, ist im allgemeinen sehr still und gleichmäßig verlaufen. Die wirklich reizvolle, mitunter auch recht bewegte Zeit bildet eben seine Jugendzeit mit Einschluß seiner ersten Mannesjahre, deren Schicksale darum für den Biographen im Vordergrunde stehen müssen.

Die Eichendorfflitteratur ist jedoch bisher noch wenig umfangreich, sowohl in biographischer wie in kritischer Beziehung. Wir besitzen eigentlich nur eine einzige wirkliche Biographie des Dichters, die wohl auch für lange Jahre hinaus allein bleiben wird, nämlich die von seinem ältesten Sohne Hermann, Freiherrn von Eichendorff, enthalten in dem 4. Band der „Sämtlichen poetischen Werke".[1]) Der Sohn stand ohne Frage dem Vater am nächsten, auch wird ihm vielleicht das vorhandene Material am reichsten und vollständigsten zu Gebote gestanden haben; aber dennoch wird sich der vorurteilslose Forscher mit dieser Biographie nicht völlig zufrieden geben können. Nicht aus formellen Gründen etwa, denn das Werk ist durchaus gewandt, mit großem Verständnis und liebevoller Sorgfalt geschrieben, wogegen einige fehlerhafte Zeitangaben nicht allzuschwer wiegen mögen — nein aus sachlichen Gründen. Die Auswahl, die der Sohn, vollends nicht gar zu lang nach des Vaters Tode, traf und treffen mußte, war selbstverständlich ebenso von kindlicher Pietät wie von persönlichen oder Familienrücksichten beeinflußt. Und ähnlich verhält es sich auch naturgemäß mit der Kritik der einzelnen Werke, die infolgedessen leider keine ganz unbefangene genannt werden kann.

So sehr man darum den Standpunkt des Verfassers verstehen kann und durchaus ehren muß, so wenig darf die wissenschaftliche Forschung dabei stehen bleiben; denn jeder Künstler, vor allem der Dichter, gehört der Gesamtheit, seinem Volke, an, das andere Forderungen stellen darf als die der Familienrücksichten.

Als nun der hundertste Geburtstag Eichendorffs gefeiert werden sollte, versuchte es Heinrich Keiter, ein katholischer Litterarhistoriker, von neuem eine Biographie des Dichters zu schreiben. Es ist nur ein kurzer Lebensabriß[2]), der biographisch völlig abhängig ist von der erst-

---

[1]) Dritte Auflage. Leipzig, C. F. Amelangs Verlag. 1883. Fernerhin unter SW. citiert.

[2]) Joseph von Eichendorff. Sein Leben und seine Dichtuugen dargestellt von Heinrich Keiter. Köln 1887.

genannten Biographie Hermanns von Eichendorff, wie Keiter selbst zugesteht. Nur dann und wann sucht Keiter kürzere Angaben seines Vorgängers hypothetisch auszuführen oder gar zu steigern, ohne damit der Wahrheit einen größeren Dienst zu leisten. Mehr Beachtung verdient der kritische Teil, der wesentlich selbständiger ist, sich aber auch nicht frei hält von einseitig katholischer Tendenz und einer etwas legendenhaften Verklärung dieses ja zweifellos edelsten der katholischen Romantiker, der jedoch gar keine Verklärung braucht.

Neben Keiters Schrift erschienen unzählige kleinere Jubiläumsartikel, von denen aber nur zwei wirklich dauernden Wert besitzen. Einmal der ausführliche Aufsatz Franz Kerns[1]), der bereits auf Keiters Schrift mehrfach Bezug nimmt und kritisch manches ergänzt, und dann der vorzügliche Essay des bekannten Wiener Litterarhistorikers Jakob Minor[2]), der wegen seiner umfassenden Litteraturübersicht und kritischen Exaktheit von größtem Werte ist. Die übrigen Jubiläumsartikel[3]) reichen nicht entfernt an diese Arbeit heran.

Das Jahr 1888 war aber auch in anderer Beziehung fruchtbringend für die Eichendorffforschung. So veröffentlichte Heinrich Meisner[4]) einige neue Sachen aus dem handschriftlichen Nachlaß des Dichters, der sich jetzt (seit 1880) im Besitz der Königlich preußischen Bibliothek zu Berlin befindet (260 Blätter). Leider ist die Herausgabe der Gedichte nicht ganz einwandsfrei, wovon ich mich persönlich überzeugen konnte, da mir für die vorliegende Arbeit diese wertvollen Manuskripte, dank dem freundlichen Entgegenkommen der Königlichen Bibliothek, ebenfalls vorgelegen haben. Auf die Einzelheiten werde ich im Laufe meiner Abhandlung näher einzugehen haben. Diese Berliner Manuskripte sind ja ohne Frage von großer Wichtigkeit, nicht nur weil sie manches unveröffentlichte Produkt Eichendorffs enthalten, sondern weil sie auch einen interessanten Einblick in die Schaffensweise des Dichters gestatten.

Zu erwähnen wäre unter der Jubiläumslitteratur endlich auch die Festnummer der „Deutschen Dichtung“ von Karl E. Franzos[5]),

---

[1]) Kleine Schriften von Franz Kern. Bd. I. No. 6. „Zur Erinnerung an Joseph von Eichendorff“. Zum 10. März 1888. Berlin 1895.

[2]) Zeitschrift für deutsche Philologie. Bd. XXI. S. 214. ff. „Zum Jubiläum Eichendorffs“. Halle 1889.

[3]) Karl Emil Franzos. „Deutsche Dichtung“. Bd. III. Heft. 11. — Gust. Karpeles in „Über Land und Meer“. Jhrg. 1888. No. 23. — Grenzboten. Jhrg. 1888. No. 9. — Daheim. Robert Koenig. S. 362. Jhrg. 1888. — Sonntagsblatt der „neuen preuß. † Zeitung“. Jhrg. 1888. No. 11.

[4]) Gedichte aus dem Nachlaß des Freih. Jos. v. Eichendorff. Leipz. 1888. — Nord und Süd. Märzheft 1888. „Preußen und die Konstitution“.

[5]) Deutsche Dichtung. Bd. III. Heft 11. 1888. Aufsatz von Franz Munker. Jos. Freih. v. Eichendorff.

da sie einige neue, beziehungsweise vergessene Lieder Eichendorffs enthält.

Nicht viel besser wie auf biographischem Gebiet steht es mit Eichendorff in **kritischer** Beziehung. Eine größere, alles umfassende kritische Würdigung seiner Werke besitzen wir noch nicht. Von zeitgenössischen Besprechungen einzelner Werke ist die Adolph Schölls[1]) gewiß die ausführlichste und anerkennendste. Daß das Urteil mitunter gar zu begeistert ausfällt, erklärt sich aus der persönlichen Freundschaft des Verfassers für Eichendorff. Schärfer, aber auch etwas oberflächlicher urteilen Karl Gutzkow[2]) und F. G. Kühne[3]), namentlich der letztere wird Eichendorff nicht in vollem Maße gerecht. Hoch über beiden stehen Julian Schmidt[4]) und Karl Goedeke[5]), während bei den Schlesiern August Kahlert[6]) und Karl Eitner[7]) die eigentliche Kritik neben der landsmännischen Begeisterung ein wenig zu kurz kommt. Von den neueren Behandlungen des Dichters wären hier auch außer den schon oben erwähnten Arbeiten von Kern und Minor noch zu nennen die beiden knappen, aber trefflichen Aufsätze über Eichendorff von Hermann Palm in der „Allgemeinen deutschen Biographie“[8]) und von Karl Goedeke in seinem Grundriß[9]), sowie die litterarhistorischen Einleitungen von O. Hellinghausen[10]), F. Brümmer[11]), Richard Dietze[12]) und Max Koch[13]), von denen nur den beiden letzteren größerer Wert beizumessen ist. Der Vollständigkeit, nicht der Wichtigkeit halber mögen hier auch noch genannt werden Ludwig Klemmers Essay[14]), der im Druck erschienene Vortrag des schlesischen Lyrikers Konrad von Prittwitz-Gaffron[15]) und drei z. T. anonyme kleine Aufsätze.[16]).

---

[1]) Wiener Jahrbücher, 75. und 76. Bd. 1836. vergl. auch Hallesche Jahrbücher IV. 1.

[2]) Beiträge zur Geschichte der neuesten Litteratur 1836. I.

[3]) Jahrbücher für wissenschaftliche Kritik. 1838. Bd. I. No. 57.

[4]) Grenzboten 1852. III. 161. 1854. III. 489. ff.

[5]) Hannoversche Morgenzeitung. 1843. No. 18—21.

[6]) Schlesiens Anteil an deutscher Poesie. Breslau 1835. — Litteraturblatt von und für Schlesien 1837. 349. ff.

[7]) Schlesische Provinzialblätter CV. 199. ff.

[8]) Bd. V. 1877. S. 723. ff.

[9]) 1. Aufl. Bd. III. S. 292 ff.

[10]) Einleitung zu Eichendorffs ausgewählten Werken. Münster 1889.

[11]) Einleitung zu Reclams Gesamtausgabe der Gedichte Eichendorffs. Leipzig.

[12]) Einleitung zu Eichendorffs Werken. Leipzig u. Wien. Bibliographisches Institut. 1891.

[13]) Einleitung zu Bd. 146 der Kürschnerschen Nationallitteratur. S. 82. ff. Stuttgart 1893.

[14]) „Zu Eichendorffs Novelle: „Aus dem Leben eines Taugenichts.“ Zeitschrift für deutschen Unterricht. Bd. X. 1896.

[15]) Reichenbach i. Schlesien 1881. Ein anderer von Keiter (S. 50) angezogener Vortrag von Dr. Ernst Lieber ist wohl nicht im Druck erschienen.

[16]) „Eichendorff in Halle“. Hallisches Sonntagsblatt 1884. No. 31. u. 32. „Joseph von Eichendorff in Danzig“ von Robert Schück. Altpreußische Monats-

An Dissertationen über Eichendorff herrscht ebenfalls kein Überfluß. Die erste schrieb der ebengenannte Richard Dietze über Eichendorffs Ansicht über romantische Poesie im Zusammmenhange mit der Doktrin der romantischen Schule, aus den Quellen dargelegt."[1]) Die sorgfältige Arbeit wirft ein helles Licht auf den Litterarhistoriker Eichendorff, zu dem Eichendorff jedoch erst ward, als seine dichterische Produktionskraft im Absteigen begriffen war und kommt darum für uns hier weniger in Betracht. Ganz anders die zweite Dissertation Eduard Höbers über „Eichendorffs Jugenddichtungen"[2]). Wie alle bisherigen Arbeiten fußt auch sie biographisch gänzlich auf Hermann von Eichendorffs Angaben, bietet also in dieser Beziehung nichts Neues, in kritischer Beziehung dagegen bringt sie Brauchbares und auch manches Neue. Höber rechnet die Jugendperiode Eichendorffs bis zum Jahre 1815, hauptsächlich wohl wegen des erst in diesem Jahre erschienenen Romans „Ahnung und Gegenwart". Da ich nicht nur in diesem Punkte, sondern auch in verschiedenen andern Dingen zu andern Resultaten gelangt bin, werde ich namentlich in dem zweiten Teile dieser Abhandlung näher auf Höbers Buch einzugehen haben.

Die Grundlage, insbesondere für den ersten Teil meiner Ausführungen, werden die bisher unveröffentlichten Jugendtagebücher Josephs von Eichendorff zu bilden haben, die mir durch die überaus liebenswürdige Vermittelung der Schwiegertochter des Dichters, Marie Freifrau von Eichendorff, der Wittwe seines zweiten Sohnes Rudolf, zur Verfügung gestellt worden sind, wofür ich hiermit auch öffentlich meinen Dank ausspreche.[3]) Diese interessanten Tagebücher, die vom Herbst 1800 bis zum Frühjahr 1808 reichen, sind von Herm. von Eichendorff anscheinend nur wenig benützt worden und werfen doch ein so helles Licht auf die Jugendzeit des Dichters, daß nur wenige Fragen unbeantwortet bleiben. Leider ist nach Angabe der Frau Baronin der zweite Teil dieser Aufzeichnungen, von 1808—1817 reichend, verloren gegangen.

Als zweite Hauptquelle kommen neben diesen Tagebüchern die obenerwähnten Memoirenfragmente aus dem Jahre 1857 in Betracht, die ebenfalls gerade bis zum Jahre 1808 reichen und somit des Dichters Jugendzeit völlig umfassen. Für die Thatsachen selbst und den unmittelbaren Eindruck derselben wird die erste Quelle entschieden wichtiger

---

schrift. Bd. X. Heft 5. u. 6. S. 488. ff. „Johannisberg, ein Gedenkblatt zum 100. Geburtstage Eichendorffs". Flugschrift von Adolf Kettner. Freiwaldau.

[1]) Leipzig. 1883. Leipziger Dissertation.

[2]) Berlin. 1893 u. 1894. Rostocker Dissertation.

[3]) Dem Verfasser lag bei dieser Arbeit eine sehr sorgfältige Abschrift der Freifrau Marie von Eichendorff vor, in der auch die seltenen Eintragungen Wilhelms von Eichendorffs (an Stelle seines Bruders Joseph) genau vermerkt waren.

sein, für die dauernde Wirkung solcher Eindrücke, für die bleibende Bedeutung im Leben des Dichters dagegen die zweite. In manchen Kleinigkeiten werden beide mitunter von einander abweichen, im großen und ganzen wird es aber eine harmonische Ergänzung bedeuten. Und gerade durch diese wunderbare Vereinigung zweier so grundverschiedener Aufzeichnungen, dessen, was der naiv harmlose Knabe und Jüngling, und dessen, was der erfahrungsreiche, besonnene Greis über dieselbe Zeit geschrieben hat, kann das Bild dieser bedeutsamen Jugend mit ihrer sonnenhellen Lubowitzer Schloßherrlichkeit, dem merkwürdigen Breslauer Konviktsleben, den buntbewegten Haller und Heidelberger Studentenjahren ein so bis ins einzelne hinein genau bestimmtes und lebenswahres werden, wie vielleicht selten nur bei irgend einem andern Dichter.

Für den zweiten Teil meiner Arbeit habe ich selbstverständlich die oben erwähnten Berliner Nachlaßmanuskripte, die ja mehrere, teilweise weder von Meisner noch Höber veröffentlichte, Originale von des Dichters Jugendpoesieen enthalten, benutzt.

Erster Teil:

Eichendorffs Jugendzeit.

I. Lubowitz.

„Es ist ein wunderbares Lied in dem Waldesrauschen unsrer heimatlichen Berge. Wo du auch seist, es findet dich doch einmal wieder und wäre es durch das offne Fenster oder im Traum. Keinen Dichter noch ließ seine Heimat los. — Wer einen Dichter recht verstehen will, muß seine Heimat kennen; auf ihre stillen Plätze ist der Grundton gebannt, der dann durch alle seine Bücher wie ein unaussprechliches Heimweh fortklingt.“[1] Nicht auf alle Dichter würden diese sinnigen Worte Eichendorffs ausnahmslos anzuwenden sein, aber für ihn selbst sind sie gewiß ungemein bezeichnend, ja vielleicht unentbehrlich für das richtige Verständnis seiner Dichterpersönlichkeit. Eichendorff will und muß auf dem Boden seiner Heimat, insbesondere seiner engeren Heimat, betrachtet werden. Überall begegnet uns in seinen Dichtungen mit unermüdlicher Variation das Idealbild der schlesischen Landschaft, ja in seinen Entwürfen, wie z. B. die Berliner Nachlaßmanuskripte beweisen, wird Lubowitz immer wieder als Grundmotiv direkt genannt.[2] Wenn daher Gustav Karpeles[3] von Eichendorff behauptet: „Eigenthümlichkeiten seiner schlesischen Heimat würde man wohl vergeblich in seinen Liedern suchen können“, so könnte das höchstens in litterarhistorischem oder sprachlichem Sinne zu verstehen sein; denn in seinen Naturschilderungen ist der spezifisch schlesische, mitunter direkt oberschlesische Typus überall festgehalten. Natürlich würde es schwer halten, das in lauter einzelnen kleinen Zügen nachzuweisen. Schlösser und Mühlen, Hügel und Flüsse, Wälder und Parks, Lerchen und Morgensonne giebt es schließlich überall, und dennoch wird der Eingeborne oder Landeskundige das getreue Abbild der Heimat des Dichters unwillkürlich wiedererkennen an mancherlei feinen Beobachtungen, die untrüglicher sind als allerlei sprachliche oder stilistische Beweismittel.

---

[1]) S. W. II. „Dichter und ihre Gesellen“.

[2]) s. a. S. W. IV. S. 431.

[3]) Über Land und Meer: Jhrgg. 1888. Nr. 23.

Schlesien ist ja geographisch wie politisch ein sehr weiter Begriff. In seiner mächtigen Ausdehnung ist es daher in den verschiedensten Beziehungen ein Land der wunderbarsten Mannigfaltigkeit und der schärfsten Gegensätze, mehr vielleicht als irgend ein anderes deutsches Gebiet. Und auch in landschaftlicher Hinsicht hat diese preußische Provinz natürlich sehr verschiedne Seiten aufzuweisen. Lausitzer Torfmoore und oberschlesische Rübenfelder, Glatzer Gebirgsthäler und Saganer Kiefernhaine werden sich schwer zu einem einheitlichen Gesamtbilde vereinigen lassen. Trotzdem läßt sich sehr wohl ein spezifisch schlesischer Landschaftstypus feststellen und zwar für die weit ausgedehnte Odertiefebene, die den größten Teil dieser Provinz umfaßt. Bald lachende, wohlbebaute Gefilde, hie und da von welligen Hügelketten durchzogen, bald unermeßliche schweigende Wälder, in deren einsam feierlicher Stille sich plötzlich saftig grüne Wiesen aufthun, — so ist dieses schlesische Tiefland mit seinen zahllosen malerischen Dörfern, seinen munteren Strömen, seinen weiten Feldern und Wäldern, seiner mannigfaltigen Pflanzen- und Tierwelt ganz eigentlich das Paradies des Landmanns und des Jägers.

Als geradezu klassischer Vertreter dieses Typus kann wohl Schloß Lubowitz und seine Umgebung gelten. Nicht weit von Ratibor, der uralten Piastenresidenz, schaut sein einfaches, weißes Herrenhaus anmutig aus den dunklen Baumkronen eines herrlichen, blütenduftenden Parks empor und grüßt von seinem sanftgewölbten Hügel herab die weiten Gefilde des wogenförmigen Tieflandes, über schimmernde Felder, idyllische Dörfchen und unabsehbare Wälder hinüber zu der silbergrauen, segelgeschmückten Oder. Das war Eichendorffs glückliche Heimat, die er so oft besungen, z. B. „Denkst du des Schlosses noch auf stiller Höh'?", „O Thäler weit, o Höhen!", „Mir träumt, ich ruhte wieder vor meines Vaters Haus," „Über Wipfel und Saaten," „Es rauschte leise in den Bäumen, ich hörte nur der Ströme Lauf", „Der fleiß'gen Wirtin von dem Haus", „Du blauer Strom, an dessen duft'gem Strande" u. a. m. Am prägnantesten und stimmungsvollsten zeichnet er die Umgebung seines Heimatschlosses in einem kurzen, bisher unveröffentlichten Fragment (nach seiner letzten Zeile aus dem Jahre 1854), das sich unter den Berliner Manuskripten (Nr. 32 überschrieben: Lubowitz I.) befindet:

„Durch blum'ger Wiese duft'ge Schwüle,
Verborgner Dörfer Schattenkühle,
Vorüber manche einsame Mühle,
An weithin wogenden Ährenfeldern
Anmutig hingeschlungen,
Umrauscht von Buchenwäldern,
Von tausend Lerchen übersungen,
Rauscht der heitern Oder Lauf.
Man sieht noch wenig Segel drauf.
Sie ist noch frisch und bergesjung
Und weiß der Märchen noch genung.

Von ihrer Heimat Klüften
Erzählt die Mär den Triften,
Die ihre einzutauschen.
Das ist ein Rauschen und ein Lauschen,
Daß nächtlich von der Kunde
Ein Träumen bleibt im stillen Grunde.

Von allen aber, allen Hügeln,
Die in dem Strom sich spiegeln,
Bringt einer doch dem Fluß
Den schönsten Waldesgruß;
Denn seiner Wipfel Dunkeln
Sieht man im Garten funkeln
Wie eine Blütenkrone,
Als ob der Frühling droben wohne.
Und aus den Lauben,
In Blüten halb versunken,
Sieht man ein weißes Schloß sich heben,
Als ruht ein Schwan dort traumestrunken.

Vor vielen, vielen, etwa 66 Jahren" .....

Hier auf Schloß Lubowitz ward Joseph Karl Benedikt Freiherr von Eichendorff am 10. März des Jahres 1788 geboren als zweiter Sohn des Freiherrn Adolf von Eichendorff, eines gebildeten und eleganten Kavaliers von altem Adel [1]), und der schönen, geistvollen Freifrau Karoline, geborenen Freiin von Kloch. Unter den Berliner Manuskripten (Nr. 96) findet sich ein stark korrigierter, ebenfalls bisher unveröffentlichter Entwurf, der in offenbarer Anlehnung an den Anfang von Goethes „Dichtung und Wahrheit" eine eingehende Beschreibung der Umstände und Konstellation bei dieser Geburt enthält:

„Der Winter des Jahres (1788) war so streng, daß die Schindelnägel auf den Dächern krachten, die armen Vögel im Schlaf von den Bäumen fielen und Rehe, Hasen und Wölfe ganz verwirrt in die Dörfer flüchteten. In einer Märznacht desselben Winters gewahrte man auf dem einsamen Landschloß zu L. ein wunderbares, geheimnisvolles Treiben und Durcheinanderrennen, Trepp auf, Trepp ab, Lichter irrten und verschwanden an den Fenstern, aber alles still und lautlos, als schweiften Geister durch das alte Haus. Mein Vater ging in dem großen, von einer Wachskerze ungewiß beleuchteten Tafelzimmer auf und nieder, von Zeit zu Zeit horchte er bald in die Nebenstube, bald in den tiefverschneiten Hof hinaus; dann trat er unruhig ans Fenster, hauchte die prächtigen Eisblumen von den Scheiben und betrachtete den weiten, gestirnten Himmel. Die Konstellation war überaus günstig. Jupiter und Venus blickten freundlich auf die weißen Dächer, der Mond stand im

---

[1]) Augustin Weltzel: Geschichte des edlen und freiherrlichen Geschlechtes von Eichendorff, nach Handschriften und Urkunden behandelt. Ratibor 1876.

Zeichen der Jungfrau und mußte jeden Augenblick kulminieren. Da schlug plötzlich ein Hund an tief unten im Dorf, drauf wieder einer, immer mehrere und näher, eine Peitsche knallte und Pferdegetrappel ließ sich im Hofe vernehmen. Endlich! rief mein Vater, eilig vor die Hausthür hinausstürzend. Eine auf Kufen gesetzte, festverschlossene, altmodische Karosse dunkelte aus dem dicken Dampf der Pferde, wie aus einem Zauberrauch, in welchem der Kutscher seine erstarrten Arme gleich Windmühlenflügeln hin und her bewegte. Bitte Herr Doktor — sagte mein Vater, selbst den Kutschenschlag öffnend — Sie sind wohl gar drin eingeschlafen? — Auf Ehre, ein klein wenig! war die Antwort und aus dem Wagen erstaunlich fix sprang zu aller Verwunderung, anstatt des erwarteten Doktors, ein langer, schmaler Kerl, den niemand kannte, in einer ganz knappen, verschossenen Livree, aus welcher beim hellen Mondschein seine Ellbogen glänzten, daß einen innerlich fror, wenn man ihn ansah. Mein Vater betrachtete ihn voller Erstaunen, der Fremde nahm schnell eine Handvoll Schnee und rieb sich damit die halb erfrorene Nase, der Kutscher fluchte, der Schnee knirschte unter den Tritten, der Hofhund bellte — da wurde ich in der Stube neben dem Tafelzimmer geboren. Mein Vater, da er einen Kinderschrei hörte, blickte erschrocken nach dem Himmel: der Mond hatte soeben kulminiert! um ein Haar wäre ich zur glücklichen Stunde geboren worden, ich kam gerade um anderthalb Minuten zu spät, und zwar in der Konfusion mit den Füßen zuerst, man sagt, ich habe damit ein Entrechat gemacht.

Ich meinerseits weiß mich nur noch dunkel so viel zu erinnern, daß ich so recht gemütlich und warm in der wohlgeheizten Stube in meinen Kissen lag und verwundert die spielenden Ringe und Figuren betrachtete, welche die Nachtlampe an der Stubendecke abbildete. Das zahme Rotkehlchen war von dem ungewohnten Licht und Nachtrumor aufgewacht, schüttelte die Federn, wie wenn es auch sein Bettchen machen wollte, setzte sich neugierig auf den Betthimmel vor mir und sang ganz duse, als wollte es mir zum Geburtstag gratulieren. Meine Mutter aber neigte sich mit ihrem schönen, bleichen Gesicht und den großen Augen freundlich über mich, daß ihre Locken mich ganz umgaben, zwischen denen ich draußen die Sterne und den stillen Schnee durchs Fenster hereinfunkeln sah. Seitdem, so oft ich eine klare, weitgestirnte Winternacht sehe, ist mir immer wieder, als würde ich neugeboren.

Daß ich aber trotz den vortrefflichen Aspekten die rechte Konstellation verpaßt, verdrießt mich noch bis auf den heutigen Tag, wie jenen armen Jungen, der bei der Hochzeit beinah einen Kuchen bekommen hätte. Es wäre ja sonst für mich ein wahres Kinderspiel gewesen, eine reiche Frau, einen Orden, vortreffliche Konnexionen und Protektionen, anstatt meiner dürren Figur einen vornehmen à plomb (oder gar im Morgenblatt einen Lorbeerkranz zu bekommen)."

Der schlesische Landadel am Ende des 18. Jahrhunderts

trug ein ganz eigentümliches soziales wie geistiges Gepräge. Darauf näher einzugehen ist schon darum von größter Wichtigkeit, weil die Charakterentwickelung des jungen Eichendorff sich ganz unter dem Einflusse des elterlichen Hauses vollzogen hat. In seinem „Erlebten“ [1]) unterscheidet Eichendorff selbst „drei sehr verschiedene Hauptrichtungen:

Die zahlreichste, gesündeste und bei weitem ergötzlichste Gruppe bildeten die von den großen Städten abgelegenen kleineren Gutsbesitzer in ihrer fast insularischen Abgeschiedenheit, von der man sich heutzutage, wo Chausseen und Eisenbahnen Menschen und Länder zusammengerückt haben und zahllose Journale, wie Schmetterlinge, den Blütenstaub der Civilisation in alle Welt vertragen, kaum mehr eine deutliche Vorstellung machen kann. Die fernen blauen Berge über den Waldeswipfeln waren damals wirklich ein noch unerreichbarer Gegenstand der Sehnsucht und Neugier, das Leben der großen Welt, von der wohl zuweilen die Zeitungen Nachricht brachten, erschien wie ein wunderbares Märchen. Die große Einförmigkeit wurde nur durch häufige Jagden, die gewöhnlich mit ungeheuerem Lärm, Freudenschüssen und abenteuerlichen Jägerlügen endigten, sowie durch die unvermeidlichen Fahrten zum Jahrmarkt der nächsten Landstadt unterbrochen. Die Glücklichen hausten mit genügsamem Behagen großenteils in ganz unansehnlichen Häusern (unvermeidlich „Schlösser“ geheißen), die selbst in der reizendsten Gegend nicht etwa nach ästhetischem Bedürfnis schöner Fernsichten angelegt waren, sondern um aus allen Fenstern Ställe und Scheunen bequem überschauen zu können. Denn ein guter Ökonom war das Ideal der Herren, der Ruf einer „Kernwirtin“ der Stolz der Dame. Sie hatten weder Zeit noch Sinn für die Schönheit der Natur, sie waren selbst noch Naturprodukte. Das bischen Poesie des Lebens war als nutzloser Luxus lediglich den jungen Töchtern überlassen, die denn auch nicht verfehlten, in den wenigen müßigen Stunden längst veraltete Arien und Sonaten auf einem schlechten Klavier zu klimpern und den hinter dem Hause gelegenen Obst- und Gemüsegarten mit auserlesenen Blumenbeeten zu schmücken.“

Die zweite Gruppe nennt Eichendorff „die Exklusiven, Prätentiösen, die sich und andere mit übermäßigem Anstande langweilten. Sie verachteten die erstere Gruppe und wurden von dieser ebenso gründlich verachtet; beides sehr natürlich, denn diese hatten die frischere Lebenskraft, die jene als plebejisches Krautjunkertum bemitleideten, die Exklusiven aber eine zeitgemäßere Bildung voraus, welche von ersteren nicht verstanden oder als affektierte Vornehmthuerei zurückgewiesen wurde. Bei diesen Vornehmen war nun die ganze Scenerie eine andere. Sie bewohnten

---

[1]) a. a. O. 266. Diese wie namentlich die später citierten Schilderungen Eichendorffs sind ohne Frage einseitig, aber ganz gewiß sehr anschaulich und charakteristisch. Eine eingehendere Kritik derselben wird später im Zusammenhang ihre Stelle finden.

wirkliche Schlösser, der Wirtschaftshof, dessen gemeine Atmosphäre besonders den Damen ganz unerträglich schien, war in möglichste Ferne zurückgeschoben, der Garten trat unmittelbar in den Vordergrund. Und diese Gärten müssen wir uns hier notwendig etwas genauer ansehen. Denn diese Adelsklassen, wie bereits erwähnt, ambitionierten sich durchaus, mit der Zeitbildung fortzuschreiten; und obgleich sie in der Regel nichts weniger als Litteraten waren, so konnten sie doch nicht umhin, den Geist der jedesmaligen Litteratur wenigstens äußerlich, als Mode, in ihrem Luxus abzuspiegeln. Die Gartenkunst aber, wie alle Künste untereinander, hängt mit den wechselnden Phasen namentlich der eben herrschenden poetischen Litteratur jederzeit wesentlich zusammen ..... Jeder wahre Garten aber ist von seiner eigentümlichen Lage und Umgebung bedingt, er muß ein schönes Individuum sein, und kann also nur einmal existieren.

Und eben dies war auch das Geschick oder vielmehr Ungeschick der damaligen Bewohner jener Schlösser. Sie waren, wie ihre Gärten, nicht eigentümlich ausgeprägte Individuen, hatten auch keine National-Gesichter, sondern nur eine ganz allgemeine Staats-Physiognomie; überall bis zur tötlichsten Langweiligkeit dieselbe Courtoisie, dieselben banalen Redensarten, Liebhabereien und Abneigungen. Sie waren die Akteurs der großen Weltbühne, die nicht den Zeitgeist machten, sondern den Zeitgeist spielten; das Dekorationswesen der Repräsentation war daher ihr eigentliches Fach und Studium, und bühnengerecht zu sein ihr Stolz. Die alten Kavaliere nebst Haarbeutel und Stahldegen waren nun freilich von der Bühne verschwunden, die neuen hatten aber von ihnen die pedantische Kultur des Anstandes als heiligstes Familien-Erbstück überkommen. Allein der an sich löbliche Anstand ist doch nur der Schein dessen, was er eigentlich bedeuten soll, und so ging ihnen denn auch ihr Dasein lediglich in einer traditionellen Ästhetik des Lebens auf. Ihre Ställe verwandelten sich in Prachttempel, wo mit schönen Pferden und glänzenden Schweizerkühen ein fast abgöttischer Kultus getrieben wurde, im Innern des Schlosses schillerte ein blendender Dilettantismus in allen Künsten und Farben, die Fräuleins musizierten, malten oder spielten mit theatralischer Grazie Federball, die Hausfrau fütterte seltene Hühner und Tauben oder zupfte Goldborten, und alle thaten eigentlich garnichts. Sie hatten sich gleichsam die Prosa des Lebensdrama in ein prächtiges Metrum transferiert, und das ist ihre große negative Bedeutsamkeit, daß sie dadurch allerdings langehin das absolut Gemeine und Rohe unterdrückten und abwehrten. Aber Metrik ist noch keine Poesie, und den Gehalt des Lebens konnten sie dadurch nicht veredeln.

Die dritte und bei weitem brillanteste Gruppe endlich war die extreme. Hier figurierten die ganz gedankenlosen Verschwender, jene „im Irrgarten der Liebe herumtaumelnden Kavaliere“, welche zugleich den Zug frivoler Libertinage repräsentierten, der sich wie eine narkotische Liane durch die damalige Litteratur schlang. Zu diesem Berufe wurden die jungen Herren schon frühzeitig mit der sogenannten „guten Konduite“ ausgerüstet, d. h. sie mußtem bei meist sehr zweideutigen und abenteuernden Strolchen tanzen, fechten, reiten und französisch sprechen lernen. Die Eltern hatten vor lauter feiner Lebensart und gesellschaftlichen Pflichten weder Zeit noch Lust, sich um die langweilige Pädagogik zu kümmern, die eigentliche Erziehung war vielmehr gewöhnlich gewissenlosen oder unwissenden Ausländern von armer und geringer „Extraktion“ überlassen; die natürlich von ihren vornehmen Zöglingen in aller Weise dupiert wurden.....

Nach dergleichen Studien wurden dann die „jungen Herrschaften“ mit ihrem automaten Hofmeister auf Reisen geschickt, um insbesondere auf der hohen Schule zu Paris sich in der Praxis der Galanterie zu vervollkommnen. Da sie jedoch, bei Strafe der sozialen Exkommunikation, nirgend mit dem Volke, sondern wieder nur in den Kreisen von Ihresgleichen verkehren durften, die sich damals überall zum Erschrecken ähnlich sahen, so ist es leicht begreiflich, daß sie auf allen ihren Fahrten nichts erfuhren und lernten, und regelmäßig ziemlich blasiert zurückkehrten. Und ebenso natürlich machten sie nun zu Hause, um nur die unerträgliche Langeweile los zu werden, die verzweifeltsten Anstrengungen, fuhren mit Heiducken, Läufern und Kammerhusaren zum Besuch, rissen ihre alten Schlösser ein und bauten sich lustig moderne Trianons. Allein das forcirte Lustspiel nahm gewöhnlich ein tragisches Ende, dem kurzen Rausche folgte der moralische und finanzielle Katzenjammer. So ein Lebenslauf verpuffte rasch wie ein prächtiges Feuerwerk mit Geprassel, leuchtenden Raketen und sprühenden Feuerrädern, bis zuletzt plötzlich nur noch die halbverbrannten, dunklen Gerüste dastanden; und das verblüffte Volk rieb sich die Blendung aus den Augen und lachte auseinanderlaufend über den närrischen Spaß. — Der Spaß hatte jedoch auch seine sehr ernste Kehrseite, und gerade diese Gruppe hat dem Adel am empfindlichsten geschadet, wie denn überall liebenswürdiger Leichtsinn und Unverstand gefährlicher ist als abstoßende Bosheit. Denn sie waren es vorzüglich, die nicht nur ihren eigenen Stand in schlimmen Ruf brachten, sondern auch in den unteren Schichten der Gesellschaft, die damals noch gläubig und bewundernd zum Adel aufblickten, die Seuche der Glanz- und Genußsucht verbreiteten. Sie haben zuerst die schöne Pietät des von Generation zu Generation fortgeerbten Grundbesitzes untergraben, indem sie denselben in ihrer beständigen Geldnoth durch verzweifelte Güterspekulation zur gemeinen Waare machten. Und so legten sie unwillkürlich mit ihrem eigenen Erbe den Goldgrund zu der von ihnen höchst verachteten Geldaristokratie, die sie verschlang und ihre Trianons in Fabriken verwandelte.“

Zu welcher von diesen 3 Gruppen Eichendorffs Eltern gehört haben, läßt sich natürlich sehr schwer mit Sicherheit angeben. Auch wäre es durchaus nicht im Sinne des Dichters, wenn man hierbei irgendwie schematisch verfahren wollte. Fügt er doch selbst hinzu: „Es versteht sich von selbst, daß die Grenzen aller jener Gruppen, die hier nur des klaren Überblicks wegen so konzentriert und scharf gesondert wurden, im Leben häufig ineinanderliefen. Am isolirtesten standen wohl die Prätentiösen durch ihre außerordentliche Langweiligkeit, die sich aller Welt als guten Geschmack aufdringen wollten. Am leichtesten dagegen sympathisierten die erste und dritte Gruppe miteinander, denn die unbefangenen Landjunker besaßen eben noch hinreichenden Humor, um sich an dem Mutwillen und den tollen Luftsprüngen ihrer extremen Standesgenossen zu ergötzen, während die letzteren beständig das Bedürfnis immer neuer und frappanterer Amusements verspürten und sich von dem ewigen Nektar nach derberer Hausmannskost sehnten; es bestand zwischen beiden ein stillschweigender Pakt wechselseitiger Erfrischung." Will man aber trotzdem an der Möglichkeit einer Einordnung festhalten, so würde wohl den eben erwähnten Auslassungen zufolge Eichendorffs Vaterhaus der dritten Gruppe am nächsten gestanden haben, einmal wegen der Hinneigung zu der ersten Adelsklasse, der wir in den Tagebüchern auf Schritt und Tritt begegnen, da sie einen großen Teil des Lubowitzer Verkehrs bildete, und zweitens des äußeren sozialen Zuschnitts halber, denn die Eichendorffe lebten damals durchaus als grands seigneurs. Endlich ließe sich auch wohl annehmen, daß Eichendorff die zweite Gruppe kaum so scharf, ja beinahe boshaft beurteilt haben würde, wenn er ihr selbst direkt angehört hätte. Jedenfalls gehörte auch des Dichters Elternhaus zu den Familien, die nach seinen eigenen Worten „mit gleichsam nationalem Instinkt den alten Stammbaum frommer Zucht und Ehrenhaftigkeit in den Stürmen und Staubwirbeln der neuen Überbildung, wenn auch nicht zu regenerieren, so doch wacker aufrecht zu erhalten wußten." Wenn Keiter allerdings noch weiter geht und behauptet, daß dieses Hauswesen von einer innigen Frömmigkeit durchdrungen war, so ist das allem Anschein nach zu viel gesagt. Eine gut katholische Kirchlichkeit war im Elternhause Eichendorffs natürlich vorhanden, aber von besonders starker Betonung des religiösen Moments oder gar von irgend welcher Bigotterie war nichts zu spüren. In den Aufzeichnungen des kleinen Joseph finden wir zufälligerweise genau die Beichtgänge verzeichnet, aber allzuhäufig waren sie nicht. Die Lustfahrten, Theaterbesuche und Vergnügungen aller Art dagegen finden sich in erdrückender Menge. Aber auch der alternde Eichdorff, der sonst ganz gern ein wenig idealisiert, äußert sich in seinem „Erlebten" (S. 282) im allgemeinen wenig günstig, wenn er schreibt: „Der kleine Landadel trieb großenteils die Religion nur noch wie ein löbliches Handwerk, und blamirte sich damit nicht wenig vor den weitausgreifenden Fortschrittsmännern. Die vermeintlich gebildeteren Adelsklassen dagegen, denen die Lächerlichkeit jederzeit als die unverzeihlichste Todsünde erschien, hatten, schon längst, mit den freigeisterischen französischen Autoren heimlich fraternisirend, die neue Aufklärung als notwendige Mode- und Anstandssache, gleichsam als moderne Gasbeleuchtung ihrer Salons, stillschweigend bei sich aufgenommen, und erschraken jetzt zu spät vor den ganz unanständigen Konsequenzen, da ihre Franzosen plötzlich Gott abschafften und die nackte Vernunft leibhaftig auf den Altar stellten."

Mag auch für sein eigenes Vaterhaus dies herbe Urteil etwas einzuschränken sein, so läßt sich immerhin nicht leugnen, daß das gesellschaftliche Leben auf Schloß Lubowitz in glänzender Pracht und keckem Übermut keinem andern dieser andern altschlesischen Edelsitze nachgestanden hat. Für den traurigen Zusammenbruch des reichen Eichendorffischen Besitzes beim Tode von des Dichters Vater wird man die ersten Anfänge wohl schon in dieser Zeit vor 1807 zu suchen haben, auch wenn Herm. v. Eichdorff [1]) die Lasten des französischen Krieges als Hauptursache anführen mag.

Über die **Persönlichkeit** der **Eltern** des Dichters besitzen wir keine andern direkten Angaben als die Herm. von Eichendorffs [2]) „Sein Vater, der in der Jugend die damalige Universität zu Frankfurt a. O. besucht, viel auf Reisen zugebracht, auch einige Jahre als Offizier beim Falkenhaynschen Füsilierregiment gestanden hatte, war ein Mann von gediegener, doch mehr praktischer Bildung, klarem ruhigem Verstande, fromm und ehrenfest in Wandel und Gesinnung, dabei mitten im Luxus eines oft verschwenderisch reichen Lebens für seine eigene Person bis zur Sonderbarkeit einfach und anspruchslos und von einer Herzensgüte, die vielleicht nur zu oft gemißbraucht worden ist. Durch den zeitigen Tod beider Eltern schon als Knabe verwaist und unter fremden Leuten aufgewachsen, suchte er den Segen eines glücklichen Familienlebens, den er früh entbehrt, später als sein kostbarstes Kleinod sich zu wahren, und war seiner eigenen Familie jederzeit ein musterhafter Gatte und Vater. Empfänglich für alles Hohe und Schöne, wo er es auch traf, und nicht selten überraschend genial in seinem Urteil, blieb er einer begeisterten Auffassung doch in gewisser Befangenheit durchaus fremd, alles Außergewöhnliche im Leben, insbesondere auch die Dichtkunst mehr achtend als begreifend. Eine geistvolle, lebendige, überall entschieden und thätig eingreifende Dame war dagegen die Mutter, die von bedeutender Schönheit, und ihrem Gatten bereits im 17. Lebensjahre vermählt, Geselligkeit und heiteren Glanz gern um sich sah und zu verbreiten wußte, wenngleich auch ihr eine eigentlich poetische idealistische Richtung, die hervorragende Gabe ihrer sämtlichen Kinder, versagt war."

Ganz ähnlich ist die Charakteristik des Herrn von A. in dem Roman „Ahnung und Gegenwart" [3]) für den gewiß des Dichters Vater in

---

[1]) a. a. O. S. 502.
[2]) a. a. O. S. 426.
[3]) I. Kap. 7. S. W. II. S. 304. f.

manchen Zügen als Modell gedient haben mag. Auch aus den Tagebüchern läßt sich zu dem Gesagten wenig neues hinzufügen. Der Vater tritt in ihnen entschieden gegen die Mutter zurück, besonders in den ersten Jahren, wie das ja sehr erklärlich ist. Außer Frage steht jedenfalls seine etwas sehr weiche, um nicht zu sagen weichliche Gemütsveranlagung, für die mancherlei Beweise sich finden ließen. An ihren Kindern hingen die Eltern Eichendorffs mit seltener Innigkeit, wie namentlich ihr ergreifender Schmerz bei dem Tode ihres kleinen Töchterchens Louise (10. Sept. 1803) zeigt. Bezeichnend ist es auch wieder für Eichendorffs Vater, daß er sich vor dem Ende fortbegab, „da er", wie es heißt, „es nicht ohne Nachteil seiner Gesundheit hätte ertragen können." Für eine besondere Verziehung der Kinder finden wir eigentlich keinen Anhalt, aber daß es manchmal ein wenig an der nötigen elterlichen Aufsicht und wohl auch Strenge gefehlt haben mag, läßt sich vielleicht aus den Äußerungen Eichendorffs in „Ahnung und Gegenwart" schließen[1]). Der junge Graf Friedrich erzählt dort der Gräfin Rosa seine Jugendgeschichte und erwähnt dabei, daß er schon als Kind wißbegierig alle möglichen Bücher, besonders Ritterromane gelesen habe, bis sein Hofmeister dahinter gekommen und ihm die Lektüre verboten habe. Auch Herm. von Eichendorff (S. 428) spricht von „phantasienährenden Reisebeschreibungen und Übersetzungen englischer und französischer Romane und der nicht immer gehörig gehüteten Bibliothek seines Vaters." Die erste Stelle aus dem Roman wird man jedoch nur mit großer Vorsicht biographisch ausnützen dürfen, obwohl die Bezugnahme auf die Lubowitzer Jugendzeit wohl vom Dichter selbst zugestanden worden ist. Die zweite Bemerkung seines Sohnes mag schwerwiegender sein, aber wenn Keiter (S. 3) daraus die „ziemlich leichtfertige Auffassung von Liebesangelegenheiten in den Eichendorffschen Novellen" herleiten will, so ist das zum mindesten eine recht gewagte Behauptung.

Neben den Eltern wird in den Tagebüchern auch Eichendorffs Großmutter gelegentlich erwähnt, aber meist in unsympathischer Weise (z. B. 1. Okt. 1802, 27. Aug. 1806). Diese Freifrau von Kloch scheint eine heftige Art und wenig Verständnis für die Jugend besessen zu haben. Von den vier Geschwistern Eichendorffs kommt für seine Jugendzeit nur sein wenig älterer Bruder Wilhelm in Betracht. Ein jüngerer Bruder Gustav und ein Schwesterchen Louise starben früh, ein zweites Schwesterchen (wieder Louise genannt) ward erst 1804 geboren. Das Verhältnis der beiden ältesten Brüder war stets ein äußerst inniges[2]), obwohl Wilhelm etwas derber und temperamentvoller war. Aber auch er war ein sehr begabter und gerade künstlerisch (musikalisch wie poetisch) reich veranlagter Knabe.

---

[1]) I. Kap. 5. S. W. II. S. 285.

[2]) Nur einmal wird im Tagebuch (16. Okt. 1803) ein kleiner Zwist erwähnt.

Die besondere Erziehung der beiden jungen Freiherrn wurde von den Eltern dem Geistlichen Heinke übertragen, „einem würdigen, einsichtsvollen Manne“, wie ihn Herm. v. Eichendorff (S. 427) nennt. Daneben sollen Hauslehrer den speziellen Unterricht erteilt haben. In den Tagebüchern ist vom Herrn Heinke sehr viel die Rede und die Brüder müssen ihn sehr verehrt haben. Obwohl durch und durch Geistlicher, (er ward später Erzpriester), scheint er doch kein Spaßverderber gewesen zu sein, sondern nahm an den mancherlei Vergnügungen der Knaben gern und ungezwungen teil. Außer Heinke wird des öfteren ein jüngerer Theolog, der „Herr Kaplan“ erwähnt, der sich vermöge seines originellen Wesens und seiner treuen Kameradschaftlichkeit noch weit größerer Beliebtheit bei den jungen Baronen erfreute. Bei allerlei kleinen Abenteuern und tollen Scherzen war der Herr Kaplan der unzertrennliche Begleiter und der unentbehrliche Helfershelfer. Er wird darum später noch öfter zu nennen sein. Ein sonstiger Hauslehrer wird nicht erwähnt. Nach diesen Feststellungen würde unter der Figur des aufgeklärten Hofmeisters in „Ahnung und Gegenwart“ eben nur Heinke gemeint sein können; da jedoch das Bild so wenig passen will, ist wohl anzunehmen, daß Eichendorff ein wirkliches Vorbild für diese Gestalt nicht vorgelegen hat.

Über die allerersten Jugendjahre, d. h. bis zum Einsetzen des Tagebuches im Jahre 1800, wissen wir leider nur sehr wenig. Des Dichters frühste Kindheit fällt in die Zeit der französischen Revolution, deren Verlauf in Lubowitz nach Aussage des alten Eichendorff (H. v. E. S. 427) mit großer Spannung verfolgt wurde. „Mit fieberhafter Ungeduld ward damals der tägliche Postbote aus der benachbarten Stadt erwartet und allabendlich las der Vater die Nachrichten der Zeitungen im Familienkreise vor“. Auch in seinem „Erlebten“ (S. 278 f.) schildert der Dichter die damalige Stimmung und die darauf folgende Wirkung der Revolution recht anschaulich: „Es brütete eine unheimliche Gewitterluft über dem ganzen Lande, Jeder fühlte, daß irgend etwas großes im Anzuge sei, ein unausgesprochenes, banges Erwarten, man wußte nicht von was, hatte mehr oder minder alle Gemüter beschlichen.....

Man kann sich daher heutzutage schwer noch einen Begriff machen von dem Schreck und der ungeheueren Verwirrung, die der plötzliche Knalleffekt durch das ganze Philisterium verbreitete, als nun die Mine in Frankreich wirklich explodierte. Die Landjunker wollten gleich aus der Haut fahren und den Pariser Drachen ohne Barmherzigkeit spießen und hängen. Die Prätentiösen lächelten vornehm und ungläubig und ignorierten den impertinenten Pöbelversuch, Weltgeschichte machen zu wollen; ja es galt eine geraume Zeit unter ihnen für plebejisch, nur davon zu sprechen. Die Extremen dagegen, die ohnedem zu Hause damals nicht viel mehr zu verlieren hatten, erfaßten die Revolution als ein ganz neues und höchst pikantes Amusement und stürzten sich häufig kopfüber in den flammenden Krater.“ —

Den jungen Eichendorff selbst wird jedoch der wuchtige Gang der weltgeschichtlichen Ereignisse wohl wenig aufgeregt haben, und auch sonst darf man sich die direkte Einwirkung auf das heitere Lubowitzer Schloßleben nicht allzu stark vorstellen. Sonnenhell und ungestört wie ein goldenes Zeitalter blieb dem Dichter das Glück seiner Kindheit in der Erinnerung und als deren indirekten Abglanz, vielleicht verbunden mit mancher direkten, wenn auch nicht mehr nachweisbaren direkten Beziehung mag darum die anmutige Schilderung in „Ahnung und Gegenwart“ (I. Kap. 5) gelten, die so oft für Eichendorffs Jugend herangezogen wird. Viele Züge, die der Dichter hierin anführt, sind ganz gewiß individuell, und, ohne ihnen gerade eine grundlegende Bedeutung für des Dichters Geistesrichtung beizumessen, wie es Keiter (S. 3) thut, der hier von „einem festen Bollwerk gegen die Angriffe seiner lebhaften Phantasie“ spricht, wird man sie nicht außer Betracht lassen dürfen. Insbesondere für die kindliche Claudiusschwärmerei haben wir auch in den Tagebüchern (21. Sept. 1805) einen schönen Beweis, wenn der angehende Dichter bei seinem Durchmarsch durch Wandsbeck schreibt: „Hier wohnt Claudius, mit dem wir uns in einer Entfernung von 120 Meilen so oft, so traulich unterhalten hatten, der uns so manche selige Stunde schuf.“ Für eine besonders stark religiöse Stimmung des Knaben läßt sich dagegen außer dieser vereinzelten Stelle in „Ahnung und Gegenwart“ nichts anführen.

Herm. v. Eichendorff (S. 427) betont sodann das überaus frühe Erwachen der poetischen Schaffenslust in der Seele des Knaben: „So arbeitete er in seinen Mußestunden, statt wie andere Altersgenossen an lärmende Spiele zu gehen, unter anderem emsig an einer illustrierten Naturgeschichte, die er mit selbst kolorierten Abbildungen von allerlei Tieren und Pflanzen und mit dem begleitenden Texte versah, entwarf in bunten Farben die künstlichsten Schlachtpläne, für sein damaliges Alter von ungewöhnlichem Nachdenken zeugend, und verfaßte bereits in seinem zehnten Lebensjahre ein mehraktiges Trauerspiel, dessen Stoff der römischen Geschichte entnommen war, und das den kindlichen Verfasser beim Niederschreiben und so oft er es von neuem überlas, bis zu Thränen rühren konnte.“ Wir haben keinen Grund an diesen Angaben irgendwie zu zweifeln, obwohl bei dergleichen Jugendversuchen berühmter Männer gern ein wenig übertrieben wird. Aber erstlich steht es fest, daß der kleine Joseph ein entschieden begabter, um nicht zu sagen frühreifer Knabe gewesen ist, sodann haben wir für die eben erwähnte Naturgeschichte auch einen direkten Anhalt in der zweiten Notiz am Anfang der vorliegenden Tagebücher: „Habe ich die Naturgeschichte angefangen zu schreiben“ (15. Nov. 1800). Über die Art des Werkchens wird uns freilich nichts mitgeteilt. Übrigens sind doch auch diese gut durchgeführten Tagebücher an sich ein deutlicher Beweis von dem stark entwickelten Drange des zwölfjährigen Kindes, sich schriftlich zu bethätigen.

Schon gleich der Anfang verrät die bestimmte Absicht zu fortlaufenden Aufzeichnungen: „Den 12. November 1800 fing ich dies Tagebuch an, Joseph, Baron von Eichendorff, Lubowitz." Wie Herm. v. Eichendorff (S. 431) die Entstehung des Promemoria mit der Reise nach Karlsbad und Prag (1799) in Zusammenhang bringen will, ist mir allerdings unverständlich. Die meisten der ersten Eintragungen sind selbstverständlich sehr unwichtiger Natur, mitunter orthographisch wie syntaktisch unbeholfen und zeigen eben nur, daß der junge Dichter auch ein ganz harmloses Menschenkindlein war. Eine Notiz vom 26. Nov. 1800 „Hab ich mich poussieren lassen" giebt uns Auskunft über die Entstehung eines noch jetzt im Besitze der Familie befindlichen Wachsbildnisses. Für das Alltagsleben im Schlosse Lubowitz sind die überaus zahlreich vermerkten Besuchs- und Vergnügungsfahrten, die vielen Einladungen und Bälle, an denen der kleine Baron bereits teilnahm, recht bezeichnend. Neben dem Tanzen betrieb der zwölfjährige Knabe auch das Reiten und Baden mit großer Lust und Liebe. Der erste Ausritt mit Herrn Heinke (9. Dez. 1800), das erste Bad in der Oder (30. Mai 1801) sind für ihn wichtige Ereignisse und mit großem Vergnügen und dreifach dahintergesetztem „Ha ha ha" wird ein kleines Malheur als „ritterlich bestandenes Abenteuer" verzeichnet, bei dem er sich „mit seinem Pferdchen ins Wasser legte" (24. April 1801). Aus alledem sehen wir, daß der junge Eichendorff von früh auf ein herzhafter und abgehärteter Bube gewesen sein muß, obwohl er einmal ganz betrübt vermerkt „um diese Zeit habe ich ein auszehrendes Fieber bekommen" (10. Aug. 1801). Die Auszehrung war aber bald vorüber. Den Magen freilich verdarb er sich öfter, was bei den opulenten Schmausereien wohl nicht zu verwundern ist. Für die Dienstboten, zu denen die Herrschaft in einem freundlichen, fast patriarchalischen Verhältnis stand, hat der kleine Baron ein weitgehendes Interesse. Daß ein Diener fortgeht, daß „die Nanette ein Knäblein gebärt hat", bei dem er Pate stehen darf, ist beinahe eben so wichtig wie das Podagra des gestrengen Herrn Heinke oder der Fall des Kaplans in den Schloßteich. Auch die Tierwelt des Gutshofes spielt natürlich eine große Rolle. Wie der Pfau verunglückt ist, wieviel Junge der Seidenhase bekommen, wen der Waldmann gebissen hat, wann sein geliebtes „Pferdel" krepiert ist, wird sorgfältig verzeichnet. Daneben kommen die Schularbeiten doch nicht zu kurz und mit grimmigem Humor nennt er die Woche vor dem gefürchteten Examen eine „Charwoche" (19. Jan. 1801) und setzt erschüttert dahinter: „Ach Gott im Himmel!"

Bedeutsamer als diese Kleinigkeiten dürfte es erscheinen, daß sich schon hier die ersten Anfänge einer gewissen Naturbeobachtung verraten.

Wie der Winter (21. März 1801), der Frühling (24. Juni 1801) gewesen, wann die erste Lerche (28. Februar 1801), die erste Nachtigall gesungen (18. April 1801), wann er die erste Schwalbe (14. April 1801) gesehen, wird ebenso genau vermerkt wie die „ersten Schiffe, die auf das neue Jahrhundert 1801“ die Oder heraufkamen (27. Februar 1801). Anregend und fördernd für den bereits damals schon aufgeweckten Sinn des Knaben haben vielleicht auch die häufigen Besuche des nahen Ratibor gewirkt, wo man nicht nur die Jahrmärkte und Zirkusvorstellungen besuchte, sondern auch das Wachs- und Kunstkabinett, vornehmlich aber die Vorstellungen durchreisender Theatergesellschaften, unter denen die Heinrichsche (29. April 1801) und Vogtsche (6. und 24. Sept. 1801) dem Knaben besonders gefielen.

Unterdessen hatten die Eltern Eichendorffs beschlossen, ihre zwei ältesten Söhne Wilhelm und Joseph nach Breslau ins Konvikt zu geben. Damit neigte sich diese erste Lubowitzer Zeit ihrem Ende zu. Zuerst fuhr der Vater nach Breslau voraus, dann wurden die Sachen die Oder hinabgesandt und am 5. Oktober des Jahres 1801 ward Abschied von Lubowitz genommen. Besonders schwer scheint den Brüdern dieser erste Abschied nicht geworden zu sein wie dagegen in späteren Fällen; denn einmal fuhren Herr Heinke und die Mama nach der Residenz mit, und dann hatte die Zukunft mit ihren neuen, noch ziemlich unbekannten Verhältnissen doch gewiß für die herzhaften, kleinen Barone einen eigenen Reiz.

II. Breslau.

Die Schule, die nun die beiden Brüder Eichendorff in Breslau besuchten, war das katholische Maria-Magdalena-Gymnasium. Zugleich wohnten sie in einem sogenannten Konvikt, einem katholischen Internat. In seinem „Erlebten“ äußert sich Eichendorff im allgemeinen recht ungünstig über diese Institute. Während die protestantischen Gymnasien, fußend auf den humanistisch-reformatorischen Traditionen, eine gute, wenn auch etwas pedantische, philologische Bildung pflegten und, wie Eichendorff meint, „in dieser einseitigen Gründlichkeit doch Außerordentliches leisteten und eine Menge namhafter Gelehrten in die Welt sandten“, kann er ein Gleiches den katholischen Gymnasien nicht nachrühmen. „Diese befanden sich früher größtenteils in den Händen der Jesuiten, die eine mehr allgemeine Bildung mit einer gewissen klösterlichen Zucht und Strenge gar wohl zu vereinigen wußten. Jetzt aber, nach Aufhebung des Ordens, sahen sie sich plötzlich von allen Seiten den Anfechtungen des tumultuarischen Zeitgeistes, und zwar wehrlos, ausgesetzt. Denn die übrig gebliebenen Exjesuiten und mit ihnen ihre alten Erziehungstraditionen waren allmählich ausgestorben, und die neuen Lehrkräfte, wie sie die veränderte Zeit durchaus erforderte, noch keineswegs herangebildet. Es entstand daher, bevor man sich nur erst einigermaßen orientiert hatte, notwendig ein augenblicklicher Stillstand, eine sehr fühlbare, hin und her schwankende Unsicherheit und schüchterne Nachahmung des protestantischen Wesens, die natürlich anfangs ziemlich ungeschickt ausfallen mußte. Nur das fortdauernde Bedürfnis eines feierlichen Gottesdienstes erhielt hier noch lange Zeit eine ernste und gründliche musikalische Schule, aus der mancher berühmte Künstler hervorgegangen ist. Die Schüler veranstalteten zwar noch immer zur Weihnachtszeit theatralische Vorstellungen, aber statt der früheren, mit aller würdigen Pracht ausgestatteten Aufführung geistlicher Schauspiele, wo man nicht selten kühn auf die Meisterwerke Calderons zurückgegriffen hatte, wurden jetzt alberne Stücke aus dem „Kinderfreund", ja sogar Kotzebueaden gegeben. Auch ihre sogenannten Konvikte bestanden noch, wirkten jedoch häufig störend durch den aristokratischen Unterschied zwischen den armen Freischülern (Fundatisten) und den reichen Pensionärs, die fast ausschließlich dem Adel angehörten. Denn auch der Adel mußte nun, wenn er nicht von der Zukunft exkludiert sein wollte, dem allgemeinen Zuge folgen. Das nach dem neuen Maßstabe durchaus unzureichende Hauslehrer-Unwesen, sowie die Pariser Reisestudien hatten fast ganz aufgehört, der Offizierdienst reduzierte sich immer mehr erblich von Generation zu Generation auf bestimmte unbegüterte Militärfamilien, die jungen Kavaliere gingen auf die Gymnasien wie die Andern. Ihre Erziehung war also keine spezifisch adelige mehr, sondern mehr oder minder in die Volksschule aufgegangen." Es ist wohl anzunehmen, daß Eichendorff sich bei diesen etwas herben Auslassungen auch von eignen Erfahrungen hat bestimmen lassen, aber daß er trotz der geringwertigen Lehrleistungen in diesem Breslauer Gymnasium viel gelernt und andrerseits bei dem munteren, mitunter freilich etwas tollem Konviktleben sich zumeist recht glücklich gefühlt hat, läßt sich aus seinen Tagebüchern mit Sicherheit entnehmen. Wenn allerdings Keiter[2]) von einem „Zusammenleben, welches nur von gedeihlichem Einfluß sein konnte", spricht, so ist das bereits wieder mehr katholische Tendenz als Eichendorffs persönliche Überzeugung.

Am 9. Oktober 1801 waren die Brüder in das Konvikt eingetreten und Tags darauf besuchten sie zum ersten Male die Schule. Von irgend welchem Heimweh wird uns nichts berichtet, dafür tauchten sie allzuschnell mit unter in den Strudel des lustigen Konvikttreibens. Fleißig wurde von ihnen das Theater aufgesucht, da dessen Besuch den Konviktoren erlaubt war, und mancherlei Komödientitel werden vom

---

[1]) a. a. O. S. 284 f.
[2]) a. a. S. 5.

kleinen Joseph verzeichnet, von denen wir heutzutage kaum noch den Verfasser kennen.[1]) Im allgemeinen scheint Kotzebue der Lieblingsdichter gewesen zu sein, seltener kamen die Klassiker zu Worte, am ehesten noch Schiller, dessen „Jungfrau von Orleans" am 26. Februar 1802 zum erstenmale über die Breslauer Bretter ging. Das Stück, besonders die gute Darstellung der Titelrolle durch Madame Gölhaar machte einen tiefen Eindruck auf den jungen Baron (3. März 1802). Besser als mit den Schauspiel= scheint es in Breslau mit den Opernverhältnissen gestanden zu haben. Vor allem italienische Stücke, dann aber auch Mozarts „Zauberflöte" riefen die Begeisterung der Brüder mehrfach hervor, umsomehr, als der ältere, Wilhelm, selbst musikalisch recht begabt war, während Joseph, obwohl nur wenig selbstausübend (in Breslau lernte er etwas Klavierspielen und später auch das Guitarreschlagen) immerhin ein gutes musikalisches Verständnis besaß. Für die künstlerische Ausbildung der Beiden war jedenfalls diese an Kunstgenüssen so überreiche Breslauer Zeit von ziemlicher Bedeutung. Der melodische Wohlklang, die leichte Sangbarkeit der Eichendorffschen Lieder, die später einen Mendelssohn, einen Schumann geradezu begeisterte[2]), haben vielleicht diesen musikalischen Jugendeindrücken ihren ersten Anlaß zu verdanken.

Aber man ging nicht nur ins Theater, man spielte auch selbst Theater im Konvikt, und leichtverständlich ist es, daß die beiden munteren, temperamentvollen Barone mit glühendem Eifer bei diesen Aufführungen beteiligt waren. Schon wenige Wochen nach ihrem Eintritt (Ende Dezember 1801) übernahmen sie Rollen bei den ausgewählten Stücken. Joseph, nach seinem Jugendbildnis zu schließen, der hübschere und zartere von beiden, spielte des öfteren Frauenrollen (so schon bei diesem ersten Male neben einem Franz von Mühlen im „Edelmut" die Sophie im „Fähndrich"[3]), wobei eine gewisse Mamsell Hoffstädter ihm ihre Kleider lieh). Die Schüler bauten sich das Theater selbst auf, probten mehrfach zusammen und gaben endlich einige Galavorstellungen, die bisweilen mit einem fröhlichen Tänzchen schlossen, wozu benachbarte Mädcheninstitute oder Nonnenschulen die Damen stellten; so werden die Ursulinermamsellen, die Krokerschen und Kreuzerschen Fräuleins gelegentlich erwähnt. Häufiger noch als die Theater= waren die Musikaufführungen. Haydnsche Symphonieen (z. B. 28. Jan., 1. Mai 1802) und Oratorien (z. B. 13. April, 22. Mai 1802) wurden sorgfältig

---

[1]) Das Theaterarchiv vom Breslauer Stadttheater ist 1865 bei dem Brande vernichtet worden.

[2]) Mendelssohns wie Luise Hensels letzte Komposition war ein Eichendorffsches Lied, so daß der Dichter einmal scherzend bemerkte, er müsse die deutschen Komponisten vor seinen Liedern warnen, denn sie stürben daran.

[3]) März 1809. — „Der Fähnrich", Lustspiel in 3 Aufzügen von L. Schröder. „Der Edelmut", vielleicht = „Armut und Edelsinn", Lustspiel in 3 Aufzügen von Kotzebue.

einstudiert, während tagtäglich eine gutgewählte Tafelmusik anregend und geschmackbildend wirken sollte.

Auch sonst scheint das Leben der kleinen Barone im Konvikt recht erträglich gewesen zu sein, an Unterhaltungen allerlei Art und Ausflügen fehlte es nicht. Des öfteren wurden die Brüder eingeladen, namentlich vom Weihbischof von Schimonski, der Familie Salicé und anderen Bekannten und Verwandten, unter denen die „Ellguther Tanten“ eine besondere Rolle spielten. Im März 1802 kam sogar ihr Vater nach einer größeren Reise zum Besuch nach der schlesischen Hauptstadt, „nachdem er 8 Monate und 8 Tage abwesend war. O glücklicher Tag!“ wird jubelnd dahintergesetzt.

Mit den Kameraden vertrugen sich die Brüder anfangs sehr verschieden. Bald wurde ein großes und feierliches Schutz- und Trutzbündnis geschlossen (14. März 1802); bald gab es eine so gewaltige Schlägerei (16. März 1802), daß die Karzerstrafe nur mit großer Mühe vermieden werden konnte; ja einmal sehen wir den kleinen Baron höchst energisch zum Rektor gehen, um auf Bestrafung eines älteren Kameraden, eines Grafen Magnis, zu dringen, da ihm dieser ohne jede Veranlassung die Nase blutig geschlagen habe. Es heißt da (10. Juli 1802): „Obschon der Herr Rektor, um die Majestät dieses hochgeborenen Angeklagten nicht zu verletzen, die Sache ohne alles Aufsehen beilegen wollte, so wurde er doch durch mein unaufhörliches Dringen nach Rechtfertigung gezwungen, die Sache bei einer Konferenz allen Professoren vorzutragen, welche dann den Grafen v. Magnis zu einem Hausarrest auf 2 Rekreationstage verdammten.“

Diese Rekreationstage waren eine spezifische Konviktseinrichtung, nicht bloß freie Tage, die zu Spaziergängen bestimmt waren, sondern ordentliche Festtage, an denen die Konviktoren feierlich mit sogenannter „Janitscharenmusik“ auszogen. Eine andre eigentümliche Institution waren die Konditionen, d. h. die Erlaubnis abends Bier, Wein- oder Punsch zu trinken, daher man genauer Bier-, Wein- oder Punschkondition unterschied. Auch sie wurden häufig genug erteilt und scheinen mitunter fast zu kleinen Orgien ausgeartet zu sein.

Über die wissenschaftlichen Fortschritte Eichendorffs in diesem ersten Schuljahr erfahren wir in den Aufzeichnungen erklärlicherweise wenig. Zwar wird über die Konvikt- wie Gymnasialexamina getreulich Bericht erstattet, — bei dem ersteren machte ihm die Mathematik, bei dem letzteren die Erfahrungsseelenlehre zu schaffen (21. Febr., 1. April, 9. August 1802), — doch scheinen diese Schulprüfungen selbst mehr eine Art förmlicher Festaktus gewesen zu sein als entscheidende Examina. Wenn Eichendorff übrigens thatsächlich gute Fortschritte gemacht hat, so hatte er diesen Erfolg jedenfalls weit mehr seinem persönlichen Eifer und vielleicht auch der anregenden Nachhülfe des stets anwesenden Herrn Heinke zu danken, als dem anscheinend recht geringen Einfluß seiner

Lehrer. In den Aufzeichnungen selbst ist das deutliche Zunehmen der geistigen Urteilskraft und des schriftlichen Darstellungsvermögens recht wohl zu verfolgen.[1]) So zeigen die Beschreibungen der verschiedentlichen Ausflüge in die Umgegend bisweilen schon Spuren wirklich individueller Anschauung, die gerade der Natur immer wieder besonderes Interesse entgegenbringt; z. B. schreibt der 13jährige Knabe (9. Juni 1802) gelegentlich eines Spaziergangs nach Treschen: „Es war ein schöner Morgen, um 4 Uhr hatten wir das schlummernde Breslau im Rücken und wandelten, begrüßt von dem Gezwitscher der Vögel auf den betauten Wiesen immer längs den Ufern der Oder hin.“ Von dem Lauf der großen weltgeschichtlichen Ereignisse vernahm Eichendorff in Breslau noch wenig, immerhin betrachtete er „den Durchzug von 200 Mann Reußen, welche in französischer Gefangenschaft gewesen waren,“ mit Aufmerksamkeit und auch die damals nicht seltenen Theaterskandale interessiren ihn lebhaft.

Unterdessen waren die ersten Sommerferien herangekommen und am 15. August 1802, kurz nach dem actus publicus, reisten die Brüder, ihre wohlverdienten Testimonia in der Tasche, wohlgemut von Breslau ab, nachdem sie abends zuvor noch Schillers „Kabale und Liebe“ sich angesehen hatten. Die Reise, die selbstverständlich im Planwagen vor sich ging, war nicht ohne kleine Abenteuer. Der Wagen hatte kaum die Thore Breslaus verlassen, als dem Abholer einfiel, daß er 2 Fässer Rosoglio vergessen hatte. Der Kutscher mußte zurückfahren, um sie zu holen. Währenddessen schlugen die beiden fahrenden Junker an der Landstraße ihre Mittagstafel auf, wurden aber darob von all' den übrigen Schülern und Studenten, die ebenfalls zahlreich dieses Weges zogen, weidlich ausgelacht und verhöhnt. Mit unverdorbenem Humor ging dann die Reise weiter mit nur kurzer Rast in Löwen bis nach dem Dörfchen Mechnitz, wo ein besonders ländliches Nachtlager ihrer wartete. Es heißt da (16. August 1802): „Nachdem wir unser Abendessen verzehrt und sich[2]) über 2 Koseler Soldaten satt gelacht hatten, so sahen wir uns nach einer guten Ruhestätte um, und da wir zu unserm Leidwesen bemerkten, daß die Wirtsstube, in welcher wir diese Nacht logieren sollten, Menschen, Schweinen und Kälbern zugleich Schutz und Obdach darbot, so streckten wir unsre matten Glieder im Pferdestalle auf den Mist und schliefen so gut, als es uns damals die schreckliche Kälte zuließ.“ Man sieht, weichlich und verwöhnt waren die jungen Barone nicht. — Am andern Tage langten sie dann im herrlichen Lubowitz wieder an, woselbst gleich eine der ersten Bemerkungen lautet (30. August 1802): „notabene: es wird

---

[1]) Kerns (a. a. O. S. 121) Ansicht, daß Eichendorff in Breslau als Gymnasiast zu den besten Schülern gehört habe, möchte ich aber nicht ohne weiteres teilen. Von besonderen Auszeichnungen ist nie die Rede.

[2]) Dieser falsche Gebrauch des Reflexivpronomens (3. Pers. für 1te) ist in diesen Jahren durchgängig bei dem Verfasser.

hier nicht gemeldet, daß wir uns sehr oft in der Oder gebadet, gefischt, gejagt und selten was bekommen haben.“ Neben diesem Wassersport war es hauptsächlich der Lerchenfang, mit dem die Brüder manche heitere Stunde verbrachten. Der früher schon unzertrennliche Begleiter, der Herr Kaplan, war natürlich überall dabei und mit schalkhaftem Humor berichtet der junge Eichendorff einmal (17. Sept. 1802), wie er dem teuren Würdenträger beim Mondschein auf einem Stoppelfeld Tanzstunden gab. Der vielgestrenge Herr Heinke dagegen ließ sich nur für einen Tag auf der Durchreise blicken. Im übrigen ist von diesem Ferienaufenthalt wenig zu berichten. Am 31. August 1802 fuhren die Brüder nach Troppau und sahen dort mit Bewunderung den Erzherzog Karl, den berühmten Überwinder Jourdans und nachmaligen Sieger von Aspern, der dort gerade eine Truppenschau abhielt.

Noch ein anderer Vorfall (1. Okt. 1802) ist vielleicht bemerkenswert, da er ein schönes Licht auf den Charakter der beiden braven Jungen wirft. Ein ehemaliger Bedienter war durch einen Schuß in den Arm schwer verwundet worden und schwebte zwischen Tod und Leben. Trotzdem gerade große Schwierigkeiten vorhanden waren fortzukommen, ließen sich die beiden Barone nicht abhalten, noch abends zu Fuß nach Ratibor zu laufen, um den Schwerkranken zu besuchen. Mit der Laterne kamen sie erst gegen 11 Uhr abends nach Hause, „aber“, heißt es, „trotz aller Vorwürfe, die uns die allzubedenkliche Großmutter machte, fühlten wir Wonne, einen Unglücklichen zum Teil mit unsrer Liebe getröstet zu haben. Im Bewußtsein einer edlen That schliefen wir recht sanft nach dieser Motion“. [1])

Anfang Oktober kehrten die Brüder nach Breslau zurück. Dieses zweite Schuljahr scheint noch weit fröhlicher verlaufen zu sein als das erste. Von den Schularbeiten und Prüfungen lesen wir so gut wie nichts mehr, sie scheinen den jungen Konviktor also keine nennenswerten Schwierigkeiten gemacht zu haben. — Das kameradschaftliche Leben entfaltete sich nun zu besonders üppiger Blüte. Zahllose „Konditionen“, unendlich viele kleine Abenteuer und Allotria aller Art werden aufgeführt, die den jugendlichen Verfasser einst wohl sehr belustigt haben mögen, für uns aber von keinem Interesse mehr sein können. Es läßt sich aus alledem nur schließen, daß es ein Kreis heftig überschäumender, geistig jedoch nicht unbedeutender Geister gewesen ist, dem der angehende Dichter damals zugehörte. Von den meisten dieser Konviktskameraden wissen wir allerdings gar nichts weiter als ihre Namen. Mit unverhohlener Anerkennung nennt Eichendorff mehrfach einen gewissen Hubrich [2]), der die schöne Gabe besaß, die Stimmung mancher herrlichen Stunde in glücklichen Kompositionen festzuhalten. Auch ein

[1]) Übrigens, wie mitunter einige Stellen, von Wilhelm geschrieben.
[2]) Er starb bereits mit 22 Jahren als Student der Theologie.

gewisser Werner, der Verfasser der Eichendorff bisher fälschlich zugeschriebenen Schülerdichtung „Italien", imponierte dem jungen Konviktorenkreis durch sein poetisches Formtalent und seine Keckheit. Ein andrer, Namens Strantz, war der Rädelsführer bei allen möglichen Streichen und Tollheiten, ferner werden einige adlige Namen, besonders die Grafen Haugwitz und Magnis, die Barone von Strachwitz, Zedlitz und von Heppen, ein Herr von Garnier des öfteren erwähnt. Der überwiegende Teil der Kameraden scheint aber gut bürgerlicher Herkunft gewesen zu sein, unter denen wiederum Tilsch [1]), Friedrich, Klein [2]), Sauer, Forche [3]), Stein und Thiel [4]) dem Dichter näher gestanden haben.

Die Freiheiten, die den Konviktoren gewährt wurden, waren in der That ungewöhnlich weitgehend, sodaß das ganze Treiben nicht nur nominell [5]), sondern auch faktisch einen stark studentischen Anstrich erhielt. Als Beleg diene nur ein kleiner Zug (1. und 15. Januar 1803). Einer der Lehrer, Professor Legenbauer, rügte einmal von der Kanzel herab einige Freiheiten der „Studenten". Danach begann ein so allgemeines Räuspern, Schnaufen und Trampeln, daß der Herr Professor seine Grobheit augenblicklich in Elogen verwandeln mußte, ja bald darauf kursierte ein Zettel mit der Bemerkung „Nicht alles gehört auf die Kanzel", infolgedessen der würdige Präceptor sogar krank geworden sein soll. — Um ihrer ausgelassenen Kritik noch wirksamer fröhnen zu können, gründeten die Konviktoren eine Zeitung (29. Jan. 1803), in der Personen und Zustände witzig gegeißelt wurden. Auch der Konviktstisch, über dessen Darbietungen man sich gelegentlich in feierlicher Deputation beim „regens" bitter beklagte, scheint darin öfters behandelt worden zu sein. Nach Herm. v. Eichendorff (S. 482) ward diese Wochenzeitung, an der sich auch sein Vater betheiligt haben soll, durch Abschriften im Konvikt verbreitet, und zwar wurden die Artikel unter fingiertem Namen geschrieben und bestanden hauptsächlich aus satirischen Korrespondenzen, angeblich aus fremden Orten und Weltteilen. Aus den Tagebüchern erfahren wir darüber nichts näheres.

Die Konviktsaufführungen fielen in diesem Jahre anscheinend aus. Von den Stücken des Stadttheaters werden merkwürdiger Weise nur Kotzebues „Hussiten vor Naumburg" als bedeutsam hervorgehoben, während Lessings „Emilia Galotti" viel weniger Eindruck machte. In den Schluß des Schuljahres fiel das hundertjährige Jubiläum der Leopoldinischen Universität, an deren Feierlichkeiten die Brüder mit großem Interesse teil-

---

[1]) Mit ihm schloß der junge Joseph im Februar 1804 ein besonderes Freundschaftsgelöbnis.

[2]) Später Schriftsteller und Direktor des Koblenzer Gymnasiums.

[3]) Trat 1807 von Lubowitz aus als Freiwilliger erst in die preußische, später in die österreichische Armee.

[4]) Thiel, Forche, Sauer und Klein waren auch mit in Halle.

[5]) Eichendorff spricht immer von Studenten.

nahmen. Eichendorff, der bei der Schulfeier ein von Professor Ratsmann gedichtetes Lied deklamierte und nachher im Festzuge die letzte Manipel der sechsten Klasse führen durfte, giebt uns eine sehr ausführliche und recht anschauliche Schilderung dieses Festes, deren stimmungsvolle Einleitung lautet (18. August 1803): „Früh um $^1/_2$5 Uhr wurden auf dem mathematischen Thurme (Sternwarte) eben bei Sonnenaufgang nach allen 4 Weltgegenden hin Intraden gemacht und das Te deum laudamus abgeblasen, welches bald alle Fenster in dem benachbartem Teile der Stadt mit beschlafmützten Köpfen garnierte. Auch ich befand mich oben, von da ich mit Entzücken in die Fluren hinabblickte, die ich morgen besuchen sollte, und von denen die steigende Morgenröte den nächtlichen Schleier abhob.“ — Tags darauf verließen die jungen Barone in Begleitung zweier Freunde (Tilsch und Friedrich) Breslau und fuhren nach Lubowitz. „Die ganze, prächtige Nacht hindurch“, heißt es im Promemoria, „beguckten wir voll Freude über die nahe, schöne Zukunft die Sterne.“

Dennoch sollten gerade diese Ferien einen sonderlich trüben Charakter tragen, da der Tod zum zweiten Male in kurzer Zeit eine schmerzliche Lücke in die Eichendorffische Familie riß. Bereits im Frühjahr (26. April) 1803 war der kleinste Bruder Gustav im zarten Kindesalter plötzlich hinweggerafft worden und jetzt folgte ihm das wenige Jahre ältere Schwesterchen Louise plötzlich am 10. September. Den Tod des inniggeliebten Mädchens, das an heftigen Krämpfen infolge eines Scharlachfiebers verschied, ging namentlich den überaus zärtlichen Eltern gewaltig nahe. Der Vater begab sich noch vor dem Ende in Begleitung seiner beiden Söhne nach einem anderen Gute, da er das entsetzliche Herzeleid nicht mit ansehen konnte, während die Breslauer Schulfreunde die verzweifelte Mutter im Garten festhalten mußten, der aber, wie Eichendorff schreibt, „die Nachricht von dem Tode der Louisel so viel wütende Kraft einflößte, daß sie sich ihnen entriß und den noch warmen Leichnam umarmte, küßte und halb zerquetschte.“ Auch auf die Brüder, die vorher von der Begleitung des unglücklichen Vaters zurückgekommen waren, „wirkte der furchtbare Anblick des mit dem Tode kämpfenden Schwesterchens tief erschütternd.“

Infolgedessen verliefen die schönen Ferientage ruhiger und ernster als sonst, zwar an Besuch und Gegenbesuch fehlte es nicht, denn die Gastfreiheit des Eichendorffischen Hauses litt nicht unter der Trauer. Von den mancherlei Gästen dieser Tage interessierte die Knaben vornehmlich die alte, wetterharte Kriegergestalt des österreichischen Generals von Pitsch, der seinerzeit im siebenjährigen Kriege im Breslauer Collegio als Gefangner gelegen, ebenso zur Zeit Robespierres als Gefangener in Paris gewesen und endlich in der Schweiz dem tapfern österreichischen Feldmarschalleutnant Hotze den berühmten Luciensteig (14. Mai 1799) hatte erobern helfen. Eichendorff schreibt über ihn bei

Gelegenheit eines Besuches in Schillersdorf (3. Oktober 1803): „Dieser verehrungswürdige Mann, der das Ende des siebenjährigen Krieges und den ganzen französischen Krieg als Leutnant, Major, General mitgemacht hat und den wir überhaupt als einen äußerst belesenen und gebildeten Mann von vieler Einsicht und Erfahrung kennen lernten, entschädigte uns durch die lebhaften Erzählungen seiner mannigfaltigen Affairen und Beschwerden einigermaßen für die Schillersdorfer Langweile." — Am 12. Oktober ging es dann im Planwagen eines befreundeten Pfarrers (Wodartz) wieder nach Breslau zurück.

In dem nun folgenden letzten Jahre seiner Gymnasialstudien entfaltete sich das Schulleben des jungen Eichendorff mit seinen Freuden und Leiden, seinen Tollheiten und Melancholieen am reichsten und wechselvollsten. In den Aufzeichnungen nehmen freilich die ausgelassenen Streiche der Konviktores den weitaus meisten Raum in Anspruch und nach ihnen zu schließen, muß die Zucht und Ordnung im Internat allerdings viel zu wünschen übrig gelassen haben. Namentlich arteten die „Konditionen" öfters zu wüsten Gelagen aus, deren fast regelmäßige Folge eine ziemliche Trunkenheit, lärmende Auf- und Umzüge, Schlägereien u. dergl. gewesen sein müssen. (z. B. 1. Nov. 1803.) Auch der Respekt vor den Lehrern scheint im allgemeinen gering gewesen zu sein, obwohl dies Eichendorff persönlich selten durchblicken läßt. Einzelnen Professoren, wie dem Mathematiklehrer Rake und dem klassischen Philologen Rochowski, bewahrte er im Gegenteil eine dankbare Erinnerung. Überhaupt läßt sich aus verschiedenen Anzeichen schließen, namentlich aus der stark ironischen Art, mit der die Konviktsstreiche berichtet werden, daß der junge Baron mit seinem engeren Freundeskreise gerade den Haupträdelsführern ziemlich kühl gegenüber stand, wenngleich er gewiß kein Spielverderber war. Dazu kam außerdem, daß ihn schon zu dieser Zeit ernstere Studien mehr und mehr in Anspruch nahmen. H. v. Eichendorff[1]) erzählt, daß sein Vater in diesem Wintersemester 1803/4 ganze Nächte im ungeheizten Schlafzimmer gegen das ausdrückliche Verbot seiner Lehrer mit dem Studium der Klassiker, besonders des Homer, verbracht habe, wobei ihm ein befreundeter Kamerad, der bald darauf an den Folgen dieses ungesunden Übereifers starb, Gesellschaft geleistet haben soll. In den Tagebüchern läßt sich für die Homerstudien allerdings ein gewisser Anhalt finden, so heißt es unterm 25. Jan. 1804: „Das erste Mal oben in der Stube bis $^1/_2$12 Homer studiert, welches dann immer über den anderen Tag fortgesetzt wurde." Auch im Stil des Verfassers kommen seit dieser Zeit gern homerisierende Beiwörter vor, ganz abgesehn von den vielen latinisierenden Wendungen (z. B. die ständige relativische Anknüpfung). Ferner wird uns der Tod des erwähnten Freundes ausführlichst berichtet. Man war gerade in jenen

[1]) a. a. O. S. 432.

Februartagen des Jahres 1804 im Konvikt wieder lebhaft mit Aufführungen beschäftigt. Außer mehreren kleineren Stücken war es diesmal der „Wirrwarr“ von Kotzebue, dessen genaue Rollenverteilung uns im Promemoria mitgeteilt wird. Eichendorffs Bruder Wilhelm spielte den Herrn von Lilienstern, der junge Dichter selbst die Nichte des Herrn von Langsalm, Babette. Bei dieser Aufführung, die mehrfach wiederholt ward, wird sich auch die von H. v. Eichendorff erwähnte [1]) Auszeichnung Eichendorffs durch die Gemahlin des nachmaligen österreichischen Ministers Grafen Sedlnitzky, die ihm zum Lohn für sein graziöses Spiel ihren Fächer verehrte, zugetragen haben. Am 16. Februar abends nach einer Aufführung saß dann die ganze jugendliche Theatertruppe lustig bei einer „honetten Punschkondition nebst Kuchen“ zusammen, als plötzlich um Mitternacht die Nachricht vom nahen Ende ihres Kameraden Jakob Müller die Freude jäh unterbrach. „Ich und Stein“, heißt es da (16. Februar 1804) „begaben sich sogleich in die Stube neben dem Museum, wo wir den sanften Tod unseres unvergeßlichen Freundes an der Seite seines braven, trostlosen Vaters abwarteten. J. Müller, der Sohn eines Landmanns aus Cotzemauschel, ein Muster von Rechtschaffenheit und Fleiß, starb um 1 Uhr, an den Folgen der Lungensucht, die er sich durch sein Nachtstudieren zugezogen hatte, ein Opfer seiner Emsigkeit, im 20. Jahre.“ Unterm 17. und 18. Februar fährt er dann fort: „Schreckliche, schwarze Bangigkeit teils nach dem Fasching, teils nach dem edlen Müller. Das erste Mal im Refektorio studiert.“

Aus diesen Tagen stammt jedenfalls das erste erhaltene Gedicht Eichendorffs, ein dem verstorbenen Freunde gewidmeter Nachruf, den H. v. Eichendorff erwähnt.[2]) Seine weiteren Angaben über Eichendorffs Nachtarbeiten dürften aber zeitlich nicht genau sein. Die besonders anstrengenden Privatarbeiten mögen ja in dieser Zeit schon begonnen haben, obwohl sie zur Zeit der Aufführungen, die den jungen Baron so beschäftigten, nicht sonderlich wahrscheinlich sind. Die wirklich gesundheitschädliche Nachtarbeit des Knaben fällt nach den Angaben des Tagebuchs jedenfalls erst in das Sommersemester von 1804, als es galt, das Schlußexamen, insonderheit das philosophische, bei Professor Jungnitz und das mathematische bei Professor Racke zu absolvieren. Da lesen wir (1. Juli 1804): „Philosophisches Examen bei H. Prof. Jungnitz, nachdem wir die ganze Nacht studiert“ und (21. Juli) „wurde ich mit meinem Examenkopf fertig. Bald darauf die schlimme, mit kaum zu verstehender Mathematik und Blutspucken vermischte Zeit“ (25. Juli) „war ich mit H. Heinke bei H. Dr. Lindner, denselben wegen diesem Blutspucken um Rat zu fragen.“ Es mag dieser kleine Irrtum Hermanns von Eichen-

---

[1]) a. a. O. S. 433.
[2]) a. a. O. S. 432.

dorff nebensächlich erscheinen, aber ein größerer chronologischer Fehler hängt damit eng zusammen, daß er nämlich die Beendigung der Schulzeit seines Vaters überhaupt in das Frühjahr von 1804 verlegt. Keiter und alle andern sind dieser Angabe gefolgt. Das ist aber unrichtig. Den Tagebüchern zur Folge endigten die Gymnasialstudien der Brüder erst im August 1804 und selbst im folgenden Winter besuchte Eichendorff noch zeitweilig die Schule, wenn auch nur als Hospitant.

Der Tod des armen Müller ging übrigens den jungen Konviktores sonst nicht sonderlich zu Herzen, dafür spricht ein wenige Wochen darauf ausgeführter Ulk, der, an und für sich harmlos, doch durch seine offenbare Bezugnahme auf den kürzlich erfolgten Todesfall herzlos genug erscheint und als einziges der vielen aufgeführten Konviktabenteuer charakterisierend hier angeführt werden mag. (4. März 1804): „Nach dem Abendessen stopften, als wir beide im Refektorio Geschichte studierten, H. Winter und Strantz aus meinen Kleidern mit Betten und Wäsche einen Mann aus, den sie auf ein Bett mitten in die Stube legten und meine Person vorstellen ließen, indem sie den H. v. Heppen, der schon im Bette lag, durch die unerwartete Nachricht, daß ich plötzlich vom Schlage gerührt in den letzten Zügen liege und noch von ihm Abschied nehmen wolle, aus dem Bette jagten. Als dieser nun augenblicklich, mit Schlafrock und Schlafmütze angethan, in die Stube stürzte, ertönte ihm endlich von allen Seiten: „Er ist tot, er ist tot!“ entgegen. Dadurch, durch die Dämmerung und die Verstellung der Umstehenden getäuscht, betrauerte er mich gegen 10 Minuten als tot, bis er endlich durch Befühlen der vermeintlichen Leiche den Wahn entdeckte.“

Dieses letzte Schuljahr unterbrachen die Brüder durch 2 kürzere Ausflüge, den ersten zu Ostern nach Lubowitz, den zweiten zu Pfingsten auf den Zobten in Begleitung von acht Kameraden. H. v. Eichendorff verlegt auch diese kleine Zobtenreise fälschlicherweise in das Frühjahr von 1805. Bezeichnend für die Anschauungsweise des werdenden Romantikers ist übrigens folgende Stelle in der hübschen Beschreibung der lustigen Fußreise (22. Mai 1804): „Erwartungsvoll schritten wir nun über das Gestein und die Felsen, die uns so schaurig in die Ritter- und Feenwelt versetzten und erreichten endlich mit Freudengeschrei den Gipfel, wo plötzlich tief unter uns, noch in Morgendämmerung gehüllt, ringsumher unser geliebtes Vaterländchen in buntem Gemisch dalag.“ — Nach der Rückkehr trat dann das drohende Schlußexamen mit seinen düsteren Schatten immer mehr in den Vordergrund. Wie oben erwähnt, begann Eichendorffs sonst kräftige Gesundheit damals ein wenig zu wanken, aber das Übel scheint sich doch bald gehoben zu haben, wenigstens klagt er später nie mehr über Krankheit und nimmt bereits im August seine gewohnten Schwimmtouren in der Oder wieder auf. Ganz so glücklich wie die bisherigen Examina verlief dies letzte nicht, besonders bei dem Prof. Jungnitz, den man im Konvikt wohl nicht ohne

Grund „das krimmige Pfeffermandel“ nannte, „ging es malheureus“. Ob aus diesem Grunde ein nochmaliges Examen im Frühjahr 1805 bei demselben Professor erfolgte, läßt sich nicht feststellen, wenn auch vermuten; wahrscheinlicher jedoch ist anzunehmen, daß sich die Brüder freiwillig diesem späteren Examen unterzogen, ebenso wie bei den Professoren Heyde und Rochowski.

Anfang August 1804 kamen auch die Eltern nach Breslau, um die Zukunft ihrer Söhne zu besprechen. Nachdem bestimmt worden war, daß dieselben für das nächste Semester noch in Breslau verbleiben sollten, reiste man am 19. des Monats gemeinsam nach Lubowitz ab, nicht ohne 3 Tage zuvor die erste Aufführung des „Wilhelm Tell“ mit angesehen zu haben, bei der die Studenten besonders zahlreich anwesend waren. — Selbstverständlich hatten auch in dem vergangenen Jahre die jungen Barone das Theater eifrig besucht und nahmen, wie die Konviktores überhaupt, an dem möglichst auffallenden Herausrufen und sonstigen Auszeichnungen beliebter Schauspieler gelegentlich recht energischen Anteil. Wunder nehmen darf uns das nicht. Es war ja damals die klassische Zeit der Theaterskandale. Von einem interessanten Falle dieser Art, der für die damalige, gährende Volksstimmung recht bezeichnend ist, erzählt übrigens auch Eichendorff (29. Februar 1804): „Es wurde nämlich der „Marktschreier“ gegeben, welcher schon früher allgemeines Murren erregt hatte. Es trat daher dieses Mal Herr Schwartz noch vor Anfang des Stückes hervor, ob man heute den „Marktschreier“ oder etwa die „Dorfdeputierten“ sehen wolle. Das gesamte Publikum verlangte den „Marktschreier“. Unmittelbar darauf kam ein Schwarm Offiziere hineingestürzt, wohl angethan mit Pfeifen, in der Absicht den „Marktschreier“ auszupfeifen, welches sie auch anstatt zu Ende des Stückes, wider alle Billigkeit, gleich in der ersten Scene auf eine so betäubende Art ausführten, daß der Vorhang augenblicklich fallen mußte. Das übrige Publikum, das ausdrücklich den Marktschreier verlangt hatte, war darüber so aufgebracht, daß man aus den Logen auf die Offiziere „dumme Jungen“ herabrief, vom Viergroschenplatz aber eine Menge Volkes mit Scheidten bewaffnet herunterströmte, um die Herren Offiziere einmal recht herzlich durchzuwackeln. Durch die Wachen wurde jedoch noch Mord und Totschlag verhütet. Auch im Parterre kam es zwischen Offizieren und Civilisten so zu Händeln, daß ein Offizier gegen einen Studenten den Degen zog. Die Folge war, daß 8 Offiziere arretiert wurden, von Berlin aber in den Zeitungen alles Pfeifen und Poltern bei Arretierung verboten wurde. Tags darauf verlangten die Civilisten wieder den „Marktschreier“.“

Die „Lubowitzer Jubelperiode“, wie Eichendorff seine Ferien einmal nennt, des Herbstes 1804 war eine der glänzendsten und ungestörtesten. Nach dem schweren Druck des sommerlichen Schlußexamens gaben sich die Brüder mit doppeltem Behagen dem dolce far niente des schönen Edelsitzes hin. Unter diesen Umständen kann man dem jungen Tagebuchschreiber nicht sonderlich zürnen, wenn er nur wenige, kurze Notizen giebt und mit harmloser Offenheit darüber setzt: „Notabene wegen zu großer Faulheit können bloß Fragmente aus der Geschichte der andern Hälfte des Augusts und des künftigen Monats geliefert werden.“ Immerhin sehen wir noch genügend daraus, daß Schwimmen und Jagen, letzteres namentlich mit dem Vogelherd, im Vordergrunde standen und daß übermütige Streiche unter Assistenz des tollen Kaplans nicht fehlten. Viele dieser heiteren Scenen spielten sich zu Sumin ab, dem altertümlich gebauten, wunderbaren Jagdschlosse[1]), dessen reizvolle landschaftliche Umgebung sich tief in das Gedächtnis des angehenden Dichters einprägte.

Mit dem 1. Oktober setzen jedoch die Notizen wieder ausführlicher ein und zwar nicht ohne Grund. Bei Gelegenheit eines Ausflugs nach dem benachbarten Slavikau lernte der junge Mulus ein reizendes Mädchen kennen, das er bald zur Dame seines Herzens erhob. So harmlos und kindlich die ganze Sache war, so lieblich mutet sie uns an, denn der schon langsam in Eichendorff erwachende Poet weiß uns die Gestalt seiner „kleinen Morgenröte“, so nennt er das Mädchen, in seinen Aufzeichnungen, bereits mit dem zarten Hauch einer geheimnisvollen Poesie zu umgeben. Ja, in der lebendigen Schilderung vom 1. Oktober 1804 zeigen sich schon leise Spuren dichterischer Komposition: „Fuhr gegen 11 Uhr unsere ganze Compagnie nach Slavikau, wo wir, nachdem wir bis 4 Uhr getafelt hatten, von den Brzeznitzern ganz erwarteterweise — überrascht wurden. Darauf wurde die Frau Pächterin vom Herrn Pfarrer abgeholt und ein christliches Tänzchen aufgeführt. Das ist so ungefähr der Plan des Lustspiels. Zu den Verschönerungen und Maschinen gehören: die Saalpartien, die rührenden Scenen in der camera obscura und überhaupt die Lichtscheu, welche der ganzen Handlung eine sehr geschickte Abwechselung von Licht und Schatten gab. Ferner der dicke Menschenbeobachter im Winkel, das Getümmel von Wut, Rache und Eifersucht in der Brust des Edlen v. G.[2]), dessen Dissonanzen sich endlich in die Seelenharmonie eines sanften Rausches auflösten, — die Fledermäusejagd und die schöne Morgenröte eines noch schöneren Tages: die kleine Demoiselle Pitsch. Um 3 Uhr morgens hatte endlich die Posse ausgespielt und Zuschauer und Schauspieler — Komiker sowohl als Tragiker — verließen teils befriedigt, teils unbefriedigt das Theater.“ Wer diese Demoiselle Pitsch gewesen, läßt sich nicht genauer feststellen; ihr Name wird nicht wieder genannt, als „Morgenröte“ jedoch finden wir sie des öfteren wieder erwähnt, z. T. mit neckischen Wortspielen, so z. B. (11. Oktober 1804): „Im Zurückwege schien mir die kleine Morgenröte

---

[1]) 1825 leider völlig abgebrannt.
[2]) Wohl sein Freund v. Garnier.

zu hell ins Gesicht und ich wurde natürlich geblendet.“ Unmöglich wäre es übrigens nicht, daß es eine Verwandte des obengenannten Generals von Pitsch gewesen, dessen Bruder auch in Leobschütz Guardian (Abt) war, aber irgend welcher Beweis dafür läßt sich nicht finden. Bei den verschiedenen kleinen Scherzen und Abenteuern der folgenden Oktobertage erscheint sie immer in Begleitung einer gewissen Madame Koschatzki[1]), doch wird darum nicht ohne weiteres an Verwandtschaft zu denken sein. Besuch und Gegenbesuch wechselten nun in rascher Reihenfolge zwischen Lubowitz und Slavikau, ja man überraschte sich spaßhafterweise schon frühmorgens in den Federn (11. Oktober), um dann den Tag in ausgelassenen Streichen, allerhand Spielen, Land- und Wasserpartien, Maskeraden, Konzerten und Gelagen zu verbringen. Bis spät in die Nacht schallte dann der helle Jubel und das fröhliche Lachen, die melodischen Kantaten und Arien, das vielfache Echo der zahllosen Freudenschüsse durch den dämmernden Schloßgarten und das weite, stille Oderthal. Nur allzu schnell gingen die schönen Tage vorüber, und diesmal ward auch das Scheiden doppelt schwer. Am 18. Oktober 1804 schreibt der junge Joseph nur die kurze Bemerkung nieder: „Tragische Scenen, schwarzer Humor“, aber ein dreifacher Abschied von den Slavikauer Damen läßt das übrige erraten, und selbst auf der Reise steht ihm „das schöne Bild Lubowitzens noch wehmütig vor Augen“. (22. Oktober 1804.)

In Breslau zogen die Brüder nun in ein neues Quartier, in das „meyerhoffsche Haus“, wo sie wohl ganz mit Herrn Heinke zusammenlebten. Das folgende Semester (W. S. 1804/5) bildete für sie gewissermaßen ein Übergangsstadium vom Gymnasium zur Universität. Einerseits wurden die alten Studien ergänzt, indem sie noch mitunter im Gymnasium hospitierten, andererseits die neuen Studien begonnen durch Teilnahme an den Universitätsvorlesungen, speciell an der des Altphilologen Prof. Manso über Horaz, Virgil, Herodot und Sophokles. Auch Privatunterricht wurde genommen in Physik bei Prof. Jungnitz, in neuerer Philosophie bei Prof. Rochowski, ferner in der englischen Sprache bei einem gewissen Johnson, „der es aber bald darauf“, wie Eichendorff witzig bemerkt (Februar 1805), „für ratsam fand, mit einigen — quasi gestohlenen (d. h. vorausbezahlten) Monaten Breslau und seine Gläubiger plötzlich und ohne Abschied zu verlassen.“ Ebensowenig Glück hatten die jungen Barone mit ihren französischen Studien, die sie, wie auch Fechtstunden, schon im vorhergehenden Jahre begonnen hatten, da sie ihren Lehrer le Feuvre nach einem Monat bereits wieder entlassen mußten. Trotzdem betrieben sie das Französisch eifrig weiter, sodaß sie in diesem Winter bereits mit Herrn Heinke Voltaires „Henriade“ lesen konnten (31. Oktober 1804). Auch einer „Lesegesellschaft der neuesten Journale“ trat Eichendorff damals bei (1. November 1804).

[1]) Wohl die Pächtersfrau des eichendorffischen Gutes Slavikau.

So begegnet uns überall das energische Streben nach Erweiterung des bisherigen Gesichtskreises. Mit besonderer Spannung warteten aber die jungen Barone auf den Ablauf des Winters, um die Reise nach Halle, der freien Studentenstadt, antreten zu können.

Kurz vorher, im Januar 1805, besuchte sie ihre Mutter in Begleitung des Freyle von Larisch, die hauptsächlich gekommen war, um sich die vielgerühmte Oper „Fanchon" [1]) anzuhören, Anfang Februar aber unverrichteter Sache wieder abfahren mußte. Daß dieses Freyle von Larisch des Dichters nachmalige Frau gewesen sei, ist kaum anzunehmen, da dieselbe damals erst $12^1/_2$ Jahr gewesen sein könnte; immerhin ist es ein Beweis dafür, daß schon zu jener Zeit einige Beziehungen zwischen beiden Familien bestanden haben, obwohl der Name der Larisch sonst kaum genannt wird. Bei Gelegenheit dieses Besuches machte man auch zwei sehr gelungene Schlittenausflüge nach Treschen. Allen voran die Brüder in einem leichten Rennschlitten, sodaß der jugendliche Dichter unwillkürlich dabei an die olympischen Spiele denken mußte. Auch bei ihrer Abreise wurden die Damen teils im Schlitten, teils zu Pferde eskortiert.

Unterdessen war der festgesetzte Abschiedstag, der 25. März, immer näher herangerückt. „Vorher wurden", so schreibt Eichendorff selbst, „noch zwei Examina abgemergelt, ein anderes nach mehreren hartnäckigen Angriffen aufgegeben, die hundert- und einfältigen Abschiedsvisiten abgelaufen, das Alte unserer Garderobe verschachert, das Neue eingepackt und so mit fröhlichen Blicken in die nahe, schöne Zukunft der festgesetzte Termin erwartet. Der Vorabend des wichtigen Tages wurde festlich gefeiert. Zum letzten Male durchsegelte unsere alte Iris, Madame Schnautz, die Straßen Breslaus, um Thee, Zucker ꝛc. [einzukaufen], die des H. Heinke's kunstverständige Hand in Punsch verwandelte. Wir beide, H. Heinke, Tilsch, Sauer und Forche machten die Gesellschaft aus. Rückwärts gewandt den Blick in die Vergangenheit, durchträumten wir noch einmal die Freuden, die wir mit einander genossen hatten, die uns unsere gegenseitige Freundschaft durch mehrere Jahre gewährte. Doch bald sprach sich der [es] etwas zu gut meinende Arak reiner aus. Ein tumultuarisches Gebrülle, worunter sich besonders die Verwünschungen des H. Sauer auszeichneten [2]), durchbebte das Haus, bis wir endlich gegen 11 Uhr alle ermattet von einander schieden. Nachdem wir noch die Reste der Gypspfeifen, in die Ecke der Stube hinschleudernd, zerschmettert hatten, wandelten auch wir nebst Forche, welcher als morgiger Reisekumpan, auf unserm Bettsacke bei uns übernachtete, über die Trümmer nud Pfeifenruinen ins Bette. Der 25. März war endlich der Tag, der uns zum letzten Male als Breslauer Studenten begrüßte.

---

[1]) Fanchon, das Leyermädchen, von Kotzebue, Musik von Himmel.
[2]) Er mußte zunächst weiter in Breslau studieren.

Um 7 Uhr bestiegen wir, als wir uns nochmals bei H. Heinke empfohlen hatten, in Gesellschaft H. Forches die Lohnkutsche, die Brust voll hohen Feuers, das der H. Prof. Rochowski noch bei dem letzten Abschiedsbesuche durch seinen herzlichen, freundlichen Rat in uns angefacht hatte und ausgerüstet mit einem Empfehlungsschreiben an H. Prof. Wolff in Halle vom Grafen Otto v. Haugwitz." Über Ohlau und Brieg langten die Brüder zwei Tage darauf in Lubowitz an.

Damit schloß die erste, große Epoche im Jugendleben des Dichters ab. Daß bei seinem damaligen Rückblick auf die Breslauer Zeit die schönen und lieblichen Erinnerungen in den Vordergrund traten, ist sehr erklärlich; daß aber das Urteil des gereiften Mannes später ein herberes werden konnte, ja mußte, läßt sich ebenfalls verstehen. Gymnasium und Konvikt standen in Breslau schwerlich auf der Höhe ihrer Zeit. Gewiß hat es einzelne treffliche Lehrer gegeben, aber nach allem, was uns aus diesen doch völlig harmlosen Aufzeichnungen entgegentritt, war ihre Zahl gering. Autorität und Disziplin der Lehrer, Erziehung und Überwachung der einzelnen Schüler ließ offenbar manches zu wünschen übrig. Vor allem aber muß die allzufrühe Gewährung von allerhand akademischen Freiheiten zerstreuend gewirkt haben, sodaß das ganze Konviktleben ein viel zu studentisches Gepräge erhielt.

Auf Eichendorff selbst hat jedoch dies leichtsinnige, ja mitunter wüste Treiben kaum einen irgendwie schädlichen Einfluß ausgeübt. Die gute Erziehung von Haus aus, die mannigfachen regen Familienbeziehungen, der stete Umgang mit dem tüchtigen Heinke und nicht zum mindesten der zähe Stahl seines eigenen früh und selbständig entwickelten Charakters ließen ihn diese etwas stürmische Schulperiode gut überstehen, ja mancherlei wertvolle geistige, namentliche auch künstlerische Anregung mit hinaus ins Leben nehmen. Die reichen ästhetischen Genüsse, die wiederholte Gelegenheit zu litterarischer Selbstbethätigung und schließlich der aufmunternde, teilweis recht innige Verkehr mit begabten und originellen Freunden, alles das wirkte auf den geistig erst erwachenden Dichter wie ein frischer, belebender Frühlingshauch, und gern glauben wir, daß schon in dieser Breslauer Zeit auch mancherlei poetische Versuche von ihm gemacht worden sind. H. v. Eichendorff [1]) erwähnt als erhalten nur eine Elegie auf den Tod Jakob Müllers, während Eduard Höber [2]) eine nur angefangene Dichtung „Italien" [3]), die Max Koch [4]) ohne nähere Begründung in das Jahr 1814 verlegt, in diese Schulzeit setzt. Daß beide Vermutungen unrichtig (da diese Dichtung gar nicht von Eichendorff, sondern von seinem Kameraden Werner verfaßt ist), wird später ausführlicher nachzuweisen sein.

---

[1]) a. a. O. S. 432.
[2]) a. a. O. S. 10. f.
[3]) Berliner Nachlaßmanuskripte. Blatt 116—20.
[4]) a. a. O. S. 96.

Befremdend wirkt es gerade auf den Leser der Tagebuchaufzeichnungen, wenn Höber als Hauptmerkzeichen dieser wie der nächstfolgenden Jugendjahre die tiefe, innige Religiosität des jungen Joseph hervorhebt und sie aus der elterlichen und Heinkes geistlicher Erziehung herleiten will. Es kann uns nicht beikommen, diese Religiosität in den Jugendgedichten irgendwie leugnen zu wollen, aber die angegebenen Gründe sind kaum stichhaltig. Es mag sein, daß Eichendorff schon in Breslau religiöse Anwandlungen gehabt hat, aber in den durchaus vertraulichen Notizen begegnet uns außer den üblichen Beichtgängen nichts, was darauf schließen ließe. Frische, gesunde Lebenslust, sprudelnde Laune und übermütiger Humor tritt uns dagegen überall offen entgegen. Daß der junge Eichendorff ein stiller, verschlossener Träumer gewesen, vielleicht gar mit einem Stich ins zelotisch muckerhafte, dafür findet sich nirgends auch nur der leiseste Anhalt. Selbstverständlich soll seine innere Frömmigkeit damit durchaus nicht in Zweifel gezogen werden, aber beides läßt sich doch sehr wohl vereinigen. Höber hat eben durch seine fälschliche Heranziehung des Gedichtes „Italien“, sowie durch Ausscheidung der Heidelberger Zeit des Dichters aus der von ihm angesetzten ersten Periode der Jugendgedichte kein ganz richtiges Bild gewinnen können. Außerdem mag schließlich noch bedacht werden, daß so manches jugendlich unreife Talent für seine ersten poetischen Tastversuche zu religiösen Motiven greift, weil es glaubt, auf diesem Gebiete am leichtesten die erforderliche Innigkeit der Empfindung zu finden, vollends wenn eine gut katholische Erziehung ihm einen Kult und eine Religion nahe legt, deren starke, sinnlich-ästhetische Wirkung ihren fascinierenden Zauber auf ein Dichtergemüt fast noch nie verfehlt hat.

Bei wirbelndem Schneegestöber kamen die jungen Barone in Lubowitz an, um noch einmal die liebe Heimat mit all' ihren landschaftlichen und gesellschaftlichen Reizen, die sie nun bald für längere Zeit entbehren sollten, voll zu genießen. Für die ersten Tage freilich bannte sie das unwirtliche Winterwetter in die Stube, in der sie mit gutem Humor musizierten, besonders mußte die beliebte Oper „Fanchon“ den Stoff dazu hergeben. Kaum aber kam der erste Frühlingstag ins Land, da stürmte man lustig hinaus. Das alte, rauschende Treiben der Feste, Partieen, Bälle und Aufzüge begann von neuem.

Einer der ersten Besuche galt natürlich dem nahen Slavikau, wo der junge Eichendorff mitten unter den „jungen Lämmern und Hühnern des Hofes, unter den Treibhaus- und Orangenblüten die Blüte aller Blüten, die kleine Morgenröte [1]) wieder sah“ (Ende März 1805). An dieser kurzen, scheinbar unbedeutenden Notiz erkennen wir schon den

---

[1]) Später nur noch einmal flüchtig erwähnt 25. Aug. 1806.

leise und noch halb unbewußt gestaltenden Dichter. Wie Goethe seinen mannigfachen Frauen- und Mädchengestalten mit feinfühligem Künstlerverständnis stets einen besonderen wohlabgetönten Hintergrund zu verleihen wußte (so z. B. Friederike den blühenden Feldrain und die wogenden Kornfelder, Lotte die wimmelnde Kinderschaar und den Abendsonnenschein), so thut es auch hier Eichendorff, freilich ganz instinktiv, indem er uns das liebliche Geschöpfchen zeichnet, umgeben von dem frischen Leben des Gutshofes, unterm duftenden Blütenschmuck eines noch halb schlummernden Vorfrühlings.

Von den lustigen Fahrten der damaligen, noch anspruchslosen Generation giebt uns Eichendorff auch in seinem „Erlebten"[1]) ein reizendes Genrebildchen: „Voraus fuhren die Damen im besten Sonntagsstaate, bei den schlechten Wegen nicht ohne Lebensgefahr, unter beständigem Peitschenknall in einer meist mit vier starken Rappen bespannten, altmodischen Karosse, die über dem unförmlichen Balkengestell in ledernen Riemen hängend, bedenklich hin und her schwankte. Die Herren dagegen folgten auf einer sogenannten „Wurst", einem langen, gepolstertem Koffer, auf welchem diese Haimonskinder dicht hintereinander und einer dem andern auf den Zopf sehend, rittlings balancierten".

Nicht minder primitiv, aber um so gemütlicher waren auch die kleinen Hausbälle, die man sich gegenseitig ausrichtete oder schnell improvisierte. „Hier zeigte es sich, wie wenig Apparat zur Lust gehört, die überall am liebsten improvisiert sein will und jetzt so häufig von lauter Anstalten dazu erdrückt wird. Das größte, schnell ausgeräumte Wohnzimmer mit oft bedrohlich elastischem Fußboden stellte den Saal vor, der Schulmeister mit seiner Bande das Orchester, wenige Lichter in den verschiedenartigsten Leuchtern warfen eine ungewisse Dämmerung in die entfernteren Winkel umher und über die Gruppe von Verwalter- und Jägerfrauen, die in der offenen Nebenthüre Kopf an Kopf dem Tanze der „Herrschaften" ehrerbietig zusahen. Desto strahlender aber leuchteten die frischen Augen der vergnügten Landfräuleins, die beständig untereinander etwas zu flüstern, zu lachen und zu necken hatten. Ihre unschuldige Koketterie wußte noch nichts von jener fatalen Prüderie, die immer nur ein Symptom von sittlicher Befangenheit ist. Man konnte sie füglich mit jungen Kätzchen vergleichen, die sorglos in wilden und doch graziösen, anmutigen Sprüngen und Windungen im Sonnenscheine spielen. Denn hübsch waren sie meist, bis auf wenige dunkelrote Exemplare, die in ihrem knappen Festkleide, wie Päonien, von allzu massiver Gesundheit strotzten. — Der Ball wurde jederzeit noch mit dem herkömmlichen Initial-Schnörkel einer ziemlich ungeschickt ausgeführten Menuett eröffnet, und gleichsam parodisch mit dem geraden Gegenteil dem tollen „Kehraus" beschlossen. Ein besonders gutgeschultes Paar gab

[1]) a. a. O. S. 266.

wohl auch, von einem Kreise bewundernder Zuschauer umringt, den „Kosackischen" zum Besten, wo nur ein Herr und eine Dame ohne alle Touren, sie in heiter zierlichen Bewegungen, er mit grotesker Kühnheit abwechselnd gegeneinander tanzten. Überhaupt wurde damals, weil mit Leib und Seele, noch mit einer gewissen Aufopferung und Kunstbeflissenheit getanzt, gegen die das heutige vornehme, nachlässige Schlendern ein ermüdendes Bild allgemeiner Blasirtheit darbietet. Dabei schwirrten die Geigen und schmetterten die Trompeten und klirrten unaufhörlich die Gläser im Nebengemach, ja zuweilen, wenn der Punsch stark genug gewesen, stürzten selbst die alten Herren, zum sichtbaren Verdruß ihrer Ehefrauen, sich mit forcierter Gelenkigkeit mit in den Tanz; es war eine wahrhaft ansteckende Lustigkeit. Und zuletzt dann noch auf der nächtlichen Heimfahrt durch die gespensterhafte Stille der Winterlandschaft unter dem klaren Sternhimmel das selige Nachträumen der schönen Kinder."

In dieser von köstlich erfrischendem Humor und ahnungslosem Jugendglück überschäumenden Stimmung verlief auch der Slavikauer Frühlingsball, den die Frau Koschatzki den Breslauer Studenten „zum Valet gab" (18. April 1805), bei dem die geliebte, keine „Morgenröte" nach des Dichters Angabe „wie immer und überall alles überstrahlte, zumal als kosackische Tänzerin." Auch die Rückreise bei Laternenschimmer fehlt nicht als kleiner Zug in dem lieblichen Miniaturbild, das sich als letzter Heimatseindruck tief in die Seele des scheidenden Studiosen eingeprägt haben mag.

Tags darauf fand die etwas geräuschvollere Abschiedsfeier in Lubowitz statt, an der natürlich Frau Koschatzki mit ihrem „weiblichen Zubehör", der Herr Kaplan, der liebe, treue Vasall, und vor allem Schöpp, ein verehrtes Faktotum, das die Brüder nach Halle begleiten sollte, lebhaft beteiligt waren. Nach der Henkersmahlzeit, „die ein Schöpppunsch krönte," heißt es da (19. April 1805) „wurde zum letzten Male der ganze Vorrat an Cantaten erschöpft, dann die Kanone in Nacht und Nebel zum Lusthause geschleppt, schnell möglichst geladen und endlich durch die mit Vivatbrüllen und Musketenfeuer unterbrochene Abfeuerung derselben ins Thal herab, der ganzen benachbarten nächtlichen Gegend unser Abschied verkündet. Interessant war dabei besonders der schöne Nachhall, welcher sich vom Berge aus bis in die fernsten Forsten hineinwälzte".

Am nächsten Morgen begann die Reise nach der fernen Saalestadt Halle, freilich zunächst mit stiller Wehmut. „Ein quälendes Erwachen", schreibt Eichendorff (20. April 1805), „traurig öffneten sich meine Blicke zum letzten Male allen den umgebenden Schönheiten Lubowitzens, um sie anderthalb Jahre lang desto schmerzlicher zu vermissen. Um 8 Uhr war der allgemeine Aufbruch von Lubowitz. Auf einem Berge am letzten Dorfe von Steblau trennten wir uns endlich auch vom Papa, der uns mit dem H. Kaplan bis dorthin begleitet hatte. Nach diesem düsteren Augenblick setzten wir allein mit der Mama, die uns bis Breslau begleitete, mit traurigem Herzen unsere Reise fort."

In Breslau wurden noch einige Besuche gemacht, dann ging es über Liegnitz, Haynau und Bunzlau der sächsischen Grenze zu, die man bei Waldau (Kreis Sagan) passierte. Mit gutem Humor schreibt der Verfasser (25. April): „Hier erinnerte uns die Schönheit der beiden Wirtstöchter an das Sprichwort „Sachsen, wo die schönen Mädchen wachsen," welches wir auch durch ganz Sachsen bestätigt fanden". Hinter Görlitz fuhren sie mit stillem Entzücken an der hochragenden Landskrone vorüber und „noch lange", heißt es, „labten wir uns an dem schönen Anblicke der Landskrone, die uns zur linken Hand lag, doch bald verwandelte ihn die Nacht in einen großen, kolossalischen, dunklen Fleck, bis endlich die ganze Gegend vor unsern Augen in undurchdringliche Finsternis verschwand." Die Reise ging selbstverständlich mit dem Postwagen vor sich und von Schlummer war bei den gutgemeinten Rippenstößen des Wagens nicht viel die Rede." Während man in Schlesien den adligen Herrschaften am liebsten drei Pferde vorspannte, hielt es hier in Sachsen sogar schwer, überhaupt nur Tiere zu erhalten „wegen dem unglaublichen Zug zur Leipziger Messe."

In Dresden trafen die Brüder, die in dem „Hotel de Pologne" abstiegen, einige per pedes apostolorum vorausgewanderte Kommilitonen, mit denen sie nun unter Führung eines Lohnlakais Dresdens Sehenswürdigkeiten in Augenschein nahmen, teilweise allerdings mit recht kritischem Auge. Ueber den folgenden Theaterbesuch bemerkt Eichendorff sehr charakteristisch (27. April): „Abends gingen wir in das Theater, wo von der italienischen Hoftruppe die berühmte opera „Die Horatier und Curatier" gegeben wurde. Der Kurfürst mit seiner ganzen Familie, der Minister und mehrere fremde Prinzen waren anwesend, wobei uns das steife Hofzeremoniell sehr amüsierte. Die scheußliche Spiegelkarpfengestalt des unförmlichen Kastraten, der noch dazu einen Helden vorstellen sollte, das echt italienische Rasen im Spiele und das ewige Geklatsche im Parterre machte uns hingegen so widrige Langweile, daß wir den Entschluß faßten, außer in Berlin-Wien nicht sobald wieder eine italienische Oper zu besuchen." — Bei günstigem Wetter durchfuhr man am andern Tage das herrliche Elbthal, dessen Anblick dem Reisenden „einen unaussprechlichen Genuß gewährte und mit seinen freundlichen Weinbergen, anmutigen Lustschlössern und Gartenpartieen die schöne Vergangenheit von Lubowitz oft zurück rufte." Am 29. April kamen sie über Meißen, Hubertusburg und Wurzen in Leipzig an und kehrten hier im „alten Joachimsthal" ein. Schon bei dem ersten Gang auf den Markt überraschte sie der frappante Abstand zwischen dem steifen und toten Zeremoniel in Dresden und dem heitern, eleganten Gewimmel in

Leipzig sehr angenehm.“ Im Theater sahen sie sich „die Stricknadeln“ von Kotzebue an.

Nach einem kleinen Rencontre mit einem groben Fuhrmann (dergleichen Zusammenstöße erwähnt Eichendorff auf seinen Reisen des öfteren), näherte man sich über Großkugel endlich am 30. April 1805 dem künftigen Bestimmungsort. „Schon auf dem Wege,“ heißt es da, „hatten wir in einem Wirtshause, wo wir ein wenig ausstiegen, Gelegenheit, den Respekt der Haller Bürger (Philister) vor einem Burschen kennen zu lernen. Ein Haller Uhrmacher nämlich, der sich dort befand, beneventierte uns, sobald er erfuhr, wer wir sind, aufs geschmeidigste und wagte es nicht wieder den Hut aufzusetzen. Bald darauf erblickten wir endlich mit pochendem Herzen die Thürme von Halle und mehrere Burschen, welche zu Pferde in Stürmern und Kanonen bei uns vorbeisprengten, erinnerten uns, daß wir uns einer fremden Welt näherten. Gegen 4 Uhr erreichten wir Halle und bezogen alsobald die Residenz, wo uns Herr Ronge zwei Stiegen hoch zwei Stuben auf ein halbes Jahr gemietet hatte.“

III. Halle.

Unter den Universitäten Deutschlands gebührt Halle ein besonderer Ehrenplatz; seit den Tagen des Christian Thomasius bis auf die Gegenwart hat diese Hochschule einen starken und überaus bedeutsamen Einfluß auf das deutsche Geistesleben ausgeübt. Ebenbürtig ihrer älteren Schwester, der wichtigen Reformatiosuniversität Wittenberg, deren Namen sie seit 1815 mit angenommen, bildete Halle im 18. Jahrhundert den Mittelpunkt der tief greifenden pietistischen Bewegung, die für unser damals in ödem Formalismus und finstrer Orthodoxie erstarrtes Gefühlsleben eine zweite Reformation bedeutete. Aber auch ihre Gegenbewegung, der Rationalismus, fand einen ihrer Hauptstützpunkte in Halle und lange kämpften beide Geistesrichtungen hier in heftig auf- und niederwogendem Kampfe, der wie überall mit dem Siege der Aufklärung endete.[1]) Damit schien auch für Halle eine Zeit des Stillstandes gekommen zu sein. Doch nicht lang, so regte sich, etwa um die Wende des 18. Jahrhunderts, ein neues, geistiges Leben in der alten Saalestadt, die abermals zur Wiege einer deutschen Renaissancebewegung ausersehen war. Wie immer in der Geschichte geistiger Entwickelungen, setzte jedoch auch hier das Neue nicht mit einem Tage ein, sondern erwuchs ganz allmählich auf dem Boden des Alten. Es war

[1]) vergl. W. Kawerau: Aus Halles Litteraturleben. Halle 1888.

die jugendfrische Romantik, die hier in Halle ihre ersten und vielleicht edelsten Blüten trieb, deren würziger Duft auch das leichtempfängliche Poetengemüt Eichendorffs berauschen sollte.

Gerade in damaliger Zeit sah es im allgemeinen nicht sonderlich erfreulich aus auf den deutschen Universitäten, wie Eichendorff selbst in einer längeren Einleitung zu seinem Aufsatze „Halle und Heidelberg" (Erlebtes II.) ausführt, um das besondere Hervorleuchten dieser beiden Hochschulen zu begründen. Es heißt da unter anderem [1]):

„Die Philosophen setzten in ihrer Logik, wie wenn man beim Lesen erst wieder buchstabieren sollte, umständlich auseinander, was sich ganz von selbst verstand; die Theologen lehrten eine elegante Aufklärungsreligion; die Juristen ein sogenanntes Naturrecht, das nirgends galt und niemals gelten konnte. Nur etwa die Lehrer des römischen Rechts machten hie und da eine auffallende Ausnahme, weil der Gegenstand sie zwang, sich in das Positive einer großartigen Vergangenheit zu vertiefen. — —

Jene halbinvaliden und philosophischen Handwerker, da sie an sich so wenig Anziehungskraft besaßen, suchten nun mit allerlei schlauen Kunststücken zu erwerben; die derbsten unter ihnen durch zum Teil sehr schmutzige Witze und Späße, die alljährlich bei demselben Paragraphen wiederkehrten; die vornehmern, zumal wenn sie heiratslustige Töchter hatten, durch intime Soireen und Plaudertheés, um die bärtigen Burschen zu civilisieren. Und das gelang auch ganz vortrefflich, denn zu ihnen hielt in der That bei weitem die Mehrzahl der jungen Leute, nämlich alle die unsterblichen Bettelstudenten, wie man sie billigerweise nennen sollte, da sie bloß auf Brod studieren. Es war wahrhaft rührend anzusehen, wie da in den überfüllten Auditorien in der schwülen Atmosphäre der entsetzlichsten Langenweile Lehrer und Schüler um die Wette verzweiflungsvoll mit dem Schlummer rangen und dennoch überall die Federn unermüdlich fortschwirrten, um die verschlafene Wissenschaft zu Papier zu bringen und in sauberen Heften gewissenhaft heimzutragen. — — —

Die allgemeine Stimmung oder vielmehr Verstimmung war schon seit langer Zeit so prosaisch geworden, daß der romantische Anflug für ein Sakrilegium gegen den gesunden Menschenverstand gehalten und höchstens als ein barocker Jugendstreich noch toleriert wurde. Der schwere Proviantwagen der Brodwissenschaften bewegte sich langsam in dem hergebrachten Geleise eines hölzernen Schematismus, die Religion mußte Vernunft annehmen und beim Rationalismus in die Schule gehn, die Natur wurde atomistisch wie ein todter Leichnam zerlegt, die Philologie vergnügte sich gleich einem kindisch gewordenen Greise mit Silbenstechen und endlosen Variationen über ein Thema, das sie längst

[1]) a. a. O. S. 293. f. 298. f.

vergessen, die bildende Kunst endlich tröstete sich mit einer sklavischen Nachahmung der sogenannten Natur.

Die Kraftgenies in den achtziger Jahren des vorigen Jahrhunderts hatten durch ihre Übertreibung und lärmende Renommisterei das Übel eigentlich nur noch schlimmer und unheilbarer gemacht, indem sie in vollem Burschenwichs ohne weiteres aus der Universität in die Welt hinaussprengten und Leben und Litteratur burschikos einrichten wollten, was natürlicherweise einen allgemeinen Landsturm der Gelehrten gegen diese Freibeuter auf die Beine brachte. Zwar hatten Lessing, Hamann und Herder nach den verschiedensten Richtungen hin schon Blitze und Leuchtkugeln dazwischengeschleudert. Allein Lessings kritische Blitze waren nur kalte Schläge, und da sie nicht zündeten, meinte jeder, es gelte dem Nachbar, und hielt ihn getrost für den Seinigen. Herder dagegen trug aus aller Welt herrliche Bausteine zusammen, als es aber ans Bauen kam, war er inzwischen alt und müde geworden, sein Leben und Wirken blieb ein großartiges Fragment; und Hamanns Geisterstimme verklang unverstanden in den Wolken. Auch in der Poesie hatten Göthe und Schiller bereits den neuen Tag angebrochen, aber sie hatten noch keine Gemeinde. Das Wetterleuchten dieser Genien, obgleich den Frühling andeutend und vorbereitend, blendete und erschreckte vielmehr im ersten Augenblick die Menge; man hörte überall die Sturmglocken gehn, niemand aber wußte, ob und wo es brennt, die Einen wollten löschen, die Anderen schüren, und so entstand die allgemeine Konfusion, womit das neunzehnte Jahrhundert debütierte."

Diesen traurigen Zuständen, die allerdings etwas übertrieben oder mindestens allzu einseitig aufgefaßt sind, stellt dann Eichendorff als belebendes Moment die erwachende Romantik gegenüber, die in Halle am energischsten zu tage trat.

Man ist gewohnt, die romantische Periode Halles von 1804—1806 zu rechnen; von dem bedeutungsvollen Jahre, in dem Steffens und Schleiermacher hier zu lehren begannen, bis zur ersten Schließung der Universität durch Napoleon. Thatsächlich gehen jedoch die Anfänge der Romantik weit vor 1804 zurück. Zugleich wirkte das Alte noch immer in den Männern der neuen Richtung nach. Der Theologe Schleiermacher selbst stand noch mit beiden Füßen auf dem Boden des alten Pietismus, der Philosoph Kayßler fast ebenso auf dem der alten Aufklärung, so sehr er es auch zu leugnen suchte. Als wichtigster Vermittelungsfaktor zwischen alt und neu diente schließlich der Philologe Wolf, der schon seit den 80er Jahren des vorigen Jahrhunderts hier lehrte und in seiner originell-genialen Lehrweise den alten Klassizisten in gleicher Weise ein Stein des Anstoßes war wie den neuen Sturmgeistern, deren viel bewundertes Haupt der glänzende Naturphilosoph Hendrik Steffens war. Neben der jüngeren, spezifisch romantischen Richtung wirkte aber nicht minder stark der Geist unseres klassischen

Litteraturzeitalters in Halle fort. Lag Jena und Weimar überhaupt nicht allzufern für eine direkte Einwirkung, so mußte diese nun doppelt zur Geltung kommen, seit das Goethesche Mustertheater im benachbarten Lauchstädt seinen langjährigen Sommerwohnsitz aufgeschlagen hatte und hier gerade seine höchste Blüte erreichte.[1])

Somit war es kein Wunder, daß Halle in den ersten Jahren unseres Jahrhunderts die geistig lebendigste und darum auch besuchteste Universität Deutschlands war. Und gerade während der drei Semester (von 1805—1806), die Eichendorff hier studierte, erreichte dieses frische Haller Leben seinen Gipfelpunkt und ward für die Geistesbildung des Dichters von grundlegender, wenn nicht gar ausschlaggebender Bedeutung.

Eichendorff selbst hat diesen Eindruck auch noch in seinem letzten Lebensjahre sehr deutlich empfunden und sich in dem ebenerwähnten zweiten Aufsatze seines „Erlebten" darüber eingehend Rechenschaft gegeben. Aber gerade dieser Aufsatz, der bis jetzt als alleinige und darum maßgebende Quelle für Eichendorffs Jugend galt, wird durch die Tagebuchaufzeichnungen, die von 1805 an immer eingehender werden, sehr bemerkenswert ergänzt, ja mitunter geradezu eingeschränkt. Der alternde Dichter mit seiner besonnenen Lebensweisheit und seiner überzeugungstreuen, aber durchaus nicht immer toleranten Gesinnung sah eben diese Zeit aus der Vogelperspektive seiner späteren Erinnerung sehr wesentlich anders an, als sie wohl einst der junge Student aus der unmittelbaren Nähe der Gegenwart gesehen hatte, eine Erscheinung, die wir mehr oder weniger bei allen Memoirenwerken beobachten können. Eine Verschiedenheit der Thatsachen kann ja unmöglich vorliegen, wohl aber eine solche des Urteils. Doch gerade bei Eichendorff, von dessen Leben wir so sehr wenig wissen, ist diese letztere von höchster Bedeutung, weil seine Biographen bisher immer mehr schließen mußten, als sie beweisen konnten. So mußten nach den Urteilen des Greises die Eindrücke, die einst der Jüngling erfahren hatte, rekonstruiert werden und dabei waren mancherlei Irrtümer ganz unvermeidlich. Dennoch bleiben auch die Aufzeichnungen von 1857 für uns von hohem Wert, da sie uns vor allem zeigen, welche dauernde Bedeutung diese Jugendeindrücke für das Leben und die Weltanschauung des Dichters gehabt haben.

Am 30. April 1805 waren die Brüder Eichendorff in Halle angelangt und schon die erste Notiz zeigt uns, wie wunderbar ihre neue Heimat sie anmutete: „Der seltsame Eindruck, den die Furchtsamkeit der Bürger und Offiziere, die schon von weitem vom breiten Steine weichen, die Höflichkeit der Professoren und das Prosit und überhauptige Betragen der Studenten, die bald, die Beine auf die Gasse heraushängend, in den Fenstern saßen und brüllten, bald in Stürmern,

---

[1]) Goethe: Tages- und Jahreshefte 1807. Weim. Ausg. Bd. 36. S. 5.

Kanonen, Helmen, Uniformen, Pumphosen &c. bei mir vorbeidonnerten, ferner das Geklirre der Rappiere auf den Straßen und dergleichen auf mich machten, läßt sich nicht beschreiben. Auch konnten wir uns lange nicht daran gewöhnen, vor Bekannten nicht den Hut abzunehmen."

Zunächst galt es die Bekanntschaft der künftigen Lehrer zu machen. Obenan stand natürlich der berühmte Friedrich August Wolf, den Eichendorff übrigens sehr häufig mit zwei f schreibt. Die erste Begegnung bereits war recht charakteristisch, der Eindruck aber kein besonders günstiger. Eichendorff schreibt (8. Mai 1805): „Trugen wir dem Geh. Rat und Professor Wolff unser Empfehlungsschreiben vom Grafen Otto von Haugwitz ab. Doch die Art, wie uns Wolff empfing, sprach bald das Joviale und Boshaft-satyrische des Charakters dieses Mannes aus. „Wer ist denn dieser Haugwitz", sagte er, „ist das etwa der, der auch manchmal in Journalen lateinische Verse übersetzt? Ach ja, ich erinnere mich, er schrieb, als er hier studierte, meine Hefte immer am reinlichsten ab." — Dies waren die einzigen Folgen unseres Empfehlungsschreibens." — Bedeutend liebenswürdiger empfing sie „mit der ihm eigenen Liberalität" ihr schlesischer Landsmann, Professor Kayßler, der den jungen Baronen tags darauf schon seinen Gegenbesuch machte.

In dem Kollegienplan (13. Mai 1805), der nun für das Sommersemester aufgestellt wurde („I. bei Herrn Prof. Wolff: 1. Altertümer des römischen Rechts von 10—11 vormittags; 2. philologische Encyklopädie von 2—3 nachmittags und 3. Pindari carmina im Seminario. II. bei Hofrat Schütz: 1. Plauti Trinummus, Sonnabend und Freitag von 11—12; 2. Aristophans Wolken, Donnerstag und Mittwoch von 11—12. III. beim Herrn Prof. Kaißler: 1. Psychische A[n]thropologie von 3—4; 2. Über die rechte Art zu studieren, Montag und Mittwoch abends von 6—7") nahmen diese beiden Professoren Wolf und Kayßler auch die erste Stelle ein, daneben noch der Hofrat Schütz, dem die Brüder aber persönlich nicht näher getreten zu sein scheinen. Auch in dem folgenden Semester fehlt weder Wolf noch Kayßler im Stundenplan (27. Sept. 1805, Schluß), doch zugleich tritt die Jurisprudenz hier schon in den Vordergrund: („Von 8—9 morgens: Institutionen bei Woltaer; von 9—10 Staatsrecht beim Geh.-Rat Schmalz; von 10—11 Ciceros Tusculanen bei Wolf; von 11—12 Naturrecht bei Hofbauer, nachmittags: von 2—3 Erfahrungsseelenlehre bei Kaißler; von 3—4 griechische Altertümer bei Wolf; von 5—6 philosophische Encyklopädie bei Wolf als Fortsetzung für diejenigen, die das Kollegium voriges Semester bei ihm gehört, wobei auch die dazugehörigen Werke, alle Kunstwerke, Münzen und Gemmen vorgezeigt wurden.") — Ein völlig verändertes Bild bietet aber der Belegplan des dritten Halleschen Semesters: Jura stehen im Mittelpunkt, daneben praktisches Fach- und Sprachstudium, während die philosophischen Studien ganz fehlen

(5. Mai 1806): („Herr G. A. Müller privatissime auf unserer Stube Dienstags, Donnerstags und Sonnabends von 8—9 Uhr früh englische Sprache; bei Prof. Dabelow: Rechtsgeschichte von 9—10 und Privatrecht von 10—11; bei Dr. Schmieder: Bergbau und Hüttenkunde Mittwoch und Sonnabend von 11—12; französische Sprachübung bei Seelmann von 7—8 abends.")

Aus diesen 3 Plänen, sowie aus sonstigen kleinen Notizen läßt sich ein ziemlich deutliches Bild von Eichendorffs Studiengang erkennen. In Anlehnung an seine bisher mit so warmem Eifer betriebenen klassischen Studien sucht er hier in Halle erst seinen Wissensdrang zu befriedigen. Wolf fesselt ihn trotz aller seiner ihm oft anstößigen bizarren Genialität durch seine große Lebendigkeit und den Reichtum seiner Kenntnisse. Schütz in seiner trocken gelehrten Manier läßt ihn kalt. Daneben treibt es den angehenden Dichter sich mit den Geheimnissen der Philosophie und Psychologie durch Professor Kayßlers Vorlesungen vertraut zu machen und die zuvorkommende, weltmännische Art des Schlesiers berührt ihn sympathisch. Von irgend welcher tadelnden Kritik Kayßlers lesen wir in den Tagebüchern nichts. Nur über Wolf werden mitunter einige Notizen gebracht, die uns zeigen, daß seine Formlosigkeit selbst den sonst sehr liberalen Haller Studenten manchmal zu weit ging.[1]) — Ganz allmählich wandte sich späterhin Eichendorff dem juristischen Fachstudium zu, aber in Halle jedenfalls ohne innere Begeisterung, denn nirgends geht der Tagebuchschreiber auf diese juristischen Kollegs oder seine Lehrer näher ein, auch 1857 hat er für diese Männer kein Wort der Anerkennung.

Neben den gewohnten Kollegs, von denen Eichendorff überhaupt nur selten spricht, hebt er die Vorlesungen des berühmten Phrenologen Gall besonders hervor, namentlich wohl, weil Goethe ihnen beiwohnte. Er schreibt (8. und 15. Juli 1805): „Hielt der berühmte Dr. Gall

[1]) So klagt Eichendorff besonders über seine Unpünktlichkeit; bald läßt er seine Vorlesungen ausfallen, um mit Goethe eine Reise zu machen (13. Aug., 26. Aug. 1805) bald verdoppelt er sie, „um seine Faulheitslücken wieder zu ergänzen" (29. Aug. 1805) bald vergißt er, zum Kolleg zu kommen (4. Sept. 1805), bald schließt er seine Vorlesungen ganz plötzlich mit einer „flüchtigen Handreverenz" 29. März 1806). Charakteristisch für das Verhältnis zwischen Professoren und Studenten im vorletzten Fall ist es, wenn Eichendorff erzählt: „Da wir nachmittags um 5 schon bis 1/4 6 vergebens auf Wolf, der Antiquitäten lesen sollte, gewartet hatten, so fingen die gesamten Auditoren an, ihren Unwillen durch Trampeln, Pfeifen und Pochen an den Tag zu legen. Da er aber auch um halb noch nicht erschien, stürzte alles mit solchem Gebrülle aus dem Auditorio, daß das ganze Haus erbebte und die Dämchen im gegenüberliegenden Hause zum Fenster heraussahen und mit ängstlicher Aufmerksamkeit die Scene beobachteten. Als nun der ganze Haufen lärmend unter Wolfs Fenstern stand, riß endlich Wolf die Fenster auf, deprecierte wiederholt auf die Gasse hinaus, versicherte, die Uhr verhört zu haben, und bat die Herren, zurückzukehren und wenigstens noch die halbe Stunde zu lesen, welches denn auch geschah mit Händeklatschen."

4

hier seine erste Vorlesung über die Schädellehren in dem großen Saale des „Kronprinzen". Auch wir beide hatten uns ein Entreebillet, das einen Louisd'or kostete, gekauft. Das Publikum, meistens Studenten, war sehr zahlreich. Was uns aber fast mehr als die Schädellehre interessierte, war, daß wir hier nicht nur alle unsere berühmten Professoren, die in Summa gegenwärtig waren, sondern auch den unsterblichen Goethe kennen lernten. H. v. Goethe, welcher diesen Sommer das Bad in Lauchstädt genoß, logierte nämlich, solange Galls Vorlesungen währten, hier beim Professor Wolff, und besuchte täglich das Schädelkollegium (von 6—8 abends), wodurch wir in den Stand gesetzt wurden, die Physiognomie des großen Mannes und die Art seines Umganges, die wir nach geendigter Vorlesung beobachten konnten, unserer Seele einzuprägen. Auch Bertuchen und den Kapellmeister Reichhardt lernten wir hier kennen. — Dabei auch die mannigfache Billetkontrebande, Loders lächerlich-wichtige Geschäftigkeit, Wolffs Satyrmiene über den Spurcismus und Steffens Lächeln nicht zu vergessen." Sowie Gall geendet, trat Steffens als sein Gegner auf. Unterm 16. Juli notiert Eichendorff darüber: „Trat Prof. Steffens ebenfalls im Kronprinzen in 3 Vorlesungen öffentlich als Widerleger gegen Gall auf. Alle, die Gall gehört hatten und alle seine eigenen Zuhörer erhielten Entreebillets. Besonders riß Steffens in seinem letzten Vortrage durch lebendige, lodernde Kraft seines Enthusiasmus jeden seiner Zuhörer hin."

Diese beiden Stellen sind, ganz abgesehen von den in ihnen enthaltenen Schilderungen, auch darum besonders wichtig, da sie die einzigen sind, an denen Eichendorff von Steffens redet. Daß trotzdem die fascinierende Persönlichkeit des romantischen Naturphilosophen stark auf das Gemüt des Jünglings gewirkt hat, steht wohl außer allem Zweifel, denn auch später wird er durch Görres sofort an Steffens erinnert (19. Mai 1807); aber dennoch scheint es mir bedenklich, so ohne weiteres von einem maßgebenden Einflusse des Norwegers zu reden, wie dies Herm. v. Eichendorff[1]), Heinr. Keiter[2]) und Herm. Palm[3]) thun. Alle diese Biographen begehen den großen, wenn auch erklärlichen Fehler, den Äußerungen des alten Eichendorff, die doch ganz allgemeine Schilderungen sein sollen, eine rein persönliche Erfahrung zu Grunde zu legen. Die interessante Schilderung der Haller Romantik, die Eichendorff 1857 niederschrieb, lautet: „Am auffallendsten wohl zeigte sich die Verwirrung, welche diese plötzliche Revolution anrichtete, auf der damals frequentesten Universität, in Halle, weil dort das heterogenste Material auch den entschiedensten Kampf provocirte. Hier trennte sich Alles in zwei Hauptlager: in das stabile der Halbinvaliden, und das bewegliche

---

[1]) a. a. O. S. 436 ff.
[2]) a. a. O. S. 14.
[3]) a. a. O. V. S. 723.

des neuen Freicorps, während das letztere wieder in mehrere verschiedenartige Gruppen zerfiel, welche aber von der Jugend, die noch nicht so ängstlich sondert, unter den Begriff der Romantik zusammengefaßt wurden. An der Spitze der Romantiker stand Steffens. Jung, schlank, von edler Gesichtsbildung und feurigem Auge, in begeisterter Rede kühn und wunderbar mit der ihm noch fremden Sprache ringend, so war seine Persönlichkeit selbst schon eine romantische Erscheinung, und zum Führer einer begeisterungsfähigen Jugend vorzüglich geeignet. Sein freier Vortrag hatte durchaus etwas Hinreißendes durch die dichterische Improvisation, womit er in allen Erscheinungen des Lebens die verhüllte Poesie mehr divinierte, als wirklich nachwies. Am unmittelbarsten mußte diese Naturphilosophie begreiflicher Weise die Medizinier berühren, unter denen die besseren Köpfe sich jetzt von der bisherigen Empirie zu dem ritterlichen Steil und zu Froriep wandten, die überall auf das geheimnisvolle Walten höherer Naturkräfte hindeuteten. — Eine andere Gruppe wieder bildeten die jungen Theologen, welche sich um Schleiermacher scharten. Dieser merkwürdig komponierte Geist schien seiner ursprünglichen, stacheligen Anlage nach zum Antipoden der Romantik geeignet, und doch hielt er wacker zu ihr, und hat auf demselben platonischen Wege der Theologie, die damals zum Teil in toten Formeln, zum Teil in fader Erfahrungsseelenlehre sich erging, wieder Gemüth erobert; eine Art von geharnischtem Pietismus, der mit scharfer Dialektik alle Sentimentalität männlich zurückwies. — Am entferntesten wären vielleicht die Philologen geblieben, hätte nicht Wolf, obgleich persönlich nichts weniger als Romantiker, hier wider Wissen und Willen die Vermittelung übernommen durch den divinatorischen Geist, womit er das ganze Altertum wieder lebendig zu machen wußte, sowie durch eine geniale Humoristik und den schneidenden Witz, mit dem der stets Streitlustige gegen Schütz und andere, welche die Alten noch immer mumienhaft einzubalsamieren fortfuhren, fast in dramatischer Weise beständig zu Felde lag. — Zwischen diese Gruppen klemmte sich endlich noch eine ganz besondere Spezies von Philosophen herein, die den unmöglichen Versuch machte, die Kant'sche Lehre ins Romantische zu übersetzen. Hierher gehörte Professor Kayßler, ein ehemaliger katholischer Priester, der geheiratet, und nun, gleichsam zur Rechtfertigung dieses abenteuerlichen Schrittes, sich eine noch abenteuerlichere Philosophie erfunden hatte. Er hatte es indeß als doppelter Renegat mit den Kantianern wie mit den Romantikern verdorben; seine trockenen, abstrusen Vorträge fanden fast nur unter seinen schlesischen Landsleuten geringen Anklang, und wir wollten ihn hier bloß nennen, um das Bild der damaligen elementarischen Gährung möglichst zu vervollständigen. — Gegenüber allen diesen neuen Bestrebungen lag aber die breite, schwere Masse der Kant'schen Orthodoxen und der Stockjuristen, sämtlich von dem wohlfeilen Kunststück vornehmen Ignorierens fleißig Gebrauch machend; unter den letzteren einerseits

Schmaltz, der nachherige Geheimrat der Demagogenjäger, der die Kant'sche Philosophie, die er vor kurzem sich in Königsberg geholt, auf seine faselige Weise elegant zu machen suchte; andererseits Dabelow, König, Woltaer u. a., die von der Philosophie überhaupt nichts wußten".

Diese scharfpointierten Charakterzeichnungen enthalten offenbar das Urteil eines gereiften Mannes, das gewiß auf genauester Kenntnis der betreffenden Persönlichkeiten und auf lebendiger persönlicher Anschauung fußt, aber unbefangene Jugenderinnerungen sind es keineswegs, ebensowenig wie z. B. die Charakteristik Steffens[1]) in Eichendorffs „Geschichte der poetischen Litteratur Deutschlands" so bezeichnet werden könnte. Der Dichter selbst hat diese Schilderungen aber auch als solche nicht betrachtet wissen wollen, sonst hätte er wohl nicht erklärend zur Einleitung geschrieben: „Freunde hatten mich längst aufgefordert, meine Memoiren zu schreiben, ohne daß ich mich dazu bisher zu entschließen vermochte. Nun der Abend meines Lebens immer tiefer hereindunkelt, fühle ich selbst ein Bedürfnis, im scharfen Abendrot noch einmal mein Leben zu überschauen, bevor die Sonne ganz versunken. Ich will jedoch weniger meinen Lebenslauf schildern, als die Zeit, in der ich gelebt, mit einem Wort: Erlebtes im weitesten Sinne. Wenn dennoch meine Person vorkommt, so soll sie nur der Reverbère sein, um die Bilder und Ereignisse schärfer zu beleuchten. Man tadelt an den Memoiren häufig, daß sie entweder die Sentimentalität oder die Reflexion zu sehr vorwalten lassen. Mir scheint, wer die eine oder andere absichtlich sucht, fehlt ebenso, als wer sie ängstlich vermeidet. Sie wechseln beide notwendig im Leben, und so will ich denn schreiben, wie sichs eben schicken und fügen will. Und wenn auch immerhin weder meine Persönlichkeit noch meine Schicksale ein allgemeineres Interesse ansprechen, so dürften doch vielleicht manche Streiflichter dabei auch eine Zeit erhellen, die uns so nah und doch bereits so fern liegt und der Gegenwart so fremd geworden ist.[2])"

Wenn also Eichendorffs Biographen diesen späteren Schilderungen einen zu großen persönlichen Wert beilegten, so begingen sie einen doppelten Fehler; sie mißverstanden einmal die Absicht des Dichters und überschätzten zweitens den Einfluß der geschilderten Personen für den Dichter. Auf Grund der uns nunmehr zugänglichen Tagebücher wird man daher manches richtig zu stellen und anderes einzuschränken haben, wenigstens in Beziehung auf den Dichter selbst. Steffens hat ganz gewiß dem jungen Baron schon damals gewaltig imponiert, aber eine direkt persönliche Beziehung oder gar Beeinflussung ist, für Halle wenigstens, abzuweisen. Ein Schüler des begeisternden Naturphilosophen war Eichendorff nicht. In noch weit stärkerem Maße gilt dasselbe von

---

[1]) II. Teil. 3. Aufl. Paderborn 1896. S. 49 f.
[2]) Sämtl. Werke. 3. Aufl. IV. S. 593 f.

Schleiermacher [1]), den Eichendorff in seinem Promemoria nicht ein einziges Mal erwähnt. Das Urteil des Dichters über Kayßler hat sich jedenfalls mit der Zeit sehr gewandelt. Derselbe Professor, der im Leben des Haller Studenten keine ganz unwichtige Rolle spielte, erschien dem gereiften Denker später als ein völlig unklarer Kopf. Den tiefsten Eindruck empfing der junge Eichendorff in Halle ohne Frage von Wolf, und auch die Anerkennung dieses Mannes hat späterhin eher zu- als abgenommen, im Gegensatz zu andern Schülern dieses Gelehrten, z. B. Aug. Twesten. [2])

So sehr man sich gewiß hüten muß bei einem Manne wie Eichendorff, von dem wir so wenig biographisches Material besitzen, allzuviel e silentio zu argumentieren, so sorgsam gilt es andererseits das Vorhandene zusammenzutragen. Mit Recht erwähnt Herm. v. Eichendorff, daß sein Vater sich schon in Halle eingehend mit Novalis, Tieck und Goethe beschäftigt habe. Für Tieck und Novalis haben wir in den Aufzeichnungen einen direkten Anhalt, so unterm 13. August 1805: „Um diese Zeit meine Morgenspaziergänge auf den Giebichensteiner Felsen mit Sternbalds Wanderungen von Tieck“, und unterm 30. April 1806: „Die angenehmen Abende bei Sauer, wobei Novalis, teils Spaß mit Münnich &c“. Die Goethestudien liegen ebenfalls sehr nahe bei den häufigen Besuchen des Lauchstädter Theaters. Heinrich Keiter, der in seiner Eichendorffbiographie Hermann v. Eichendorffs wohlabgewogene Andeutungen gern aufbauscht, geht natürlich auch hierbei viel zu weit, wenn er sagt [3]): „Daneben lief eine eingehende liebevolle Beschäftigung mit den Werken der romantischen Dichter, von denen die hervorragendsten bereits die deutsche Leserwelt entzückten. Außer Novalis Dichtungen, welche ihn besonders anmuten mußten, zogen ihn Tiecks Roman: „Sternbalds Wanderungen“, in welchem er die christliche Kunst in schwärmerischer Darstellung verherrlicht, sowie dessen „Genovefa,“ das Hohelied der Romantik, mit seiner durchaus katholischen Weltanschauung in hervorragendem Maße an. — — — Goethe blieb ihm aber immer, wenn er auch dessen Abneigung gegen jede positive Religion vorwarf, der Heros der deutschen Dichtkunst, und er ist in seiner Treue gegen ihn bis an sein Lebensende nicht wankend geworden..... Seltsamerweise war auch Jean Paul, der direkte Gegenfüßler Goethes in poetischer Hinsicht, sein Freund. Der sittliche Ernst des Humors, die unerschrockene Kampfeslust gegen alles Lügnerische und Gemeine zogen den gleichgesinnten Jüngling mächtig an“. Es ist Keiters Hauptfehler, daß er die Jugend seines Dichters immer wieder vom Höhepunkt der späteren

---

[1]) Vermutlich rührt die persönliche Bekanntschaft mit ihm von 1809 und 10 her, in welchen Jahren die Brüder Eichendorff Studien halber in Berlin weilten.

[2]) D. Aug. Twesten von Georg Heinrici. Berlin 1889.

[3]) A. a. O. S. 14 f.

Entwickelung betrachtet und dadurch zu falschen Schlußfolgerungen betreffs des Thatsächlichen gelangt. Die späteren Äußerungen Eichendorffs über diese Dichter, und daraus ist Keiters Urteil gefolgert, zeigen uns nur, wie er später über sie gedacht hat, aber keineswegs ihre Bedeutung für seine eigene Jugend.

Eichendorffs Natursinn, der wohl schon früh durch die reizende Umgebung seiner idyllischen Heimat geweckt worden sein mag, wurde in Halle weiter gestärkt durch zahlreiche Ausflüge zu Fuß und zu Pferd in die landschaftlich wie historisch nicht uninteressante Umgegend. Besonders bevorzugte der Dichter den romantischen Gibichenstein (z. B. 13. Mai, 13. August 1805, 6., 13. und 18. Juli 1806); auch das Dörfchen Passendorf (z. B. 13. Mai 1805, 3. Mai 1806), Brucksdorf (z. B. 8. April 1806) und der Petersberg (z. B. 31. August 1805) wurden besucht. Sind es auch meist nur ganz kurze Bemerkungen, die er im Tagebuch den Thatsachen beifügt, so verraten sie doch deutlich die schwärmerisch verklärte Stimmung, die den jungen Studenten dabei oftmals umfing und die ihm an seinem Lebensabend noch recht wohl erinnerlich war. Ein Beispiel möge genügen. Den 6. Juli 1806 notiert Eichendorff: „Den schönen Abend mit Klein und Thiel auf dem Gibichensteiner Felsen zugebracht, die Klarinetten aus dem Thale und den Ruderschlag des Kahnes unter uns". Den 18. Juli darauf: „Nachmittags mit Wilhelm im Giebichensteiner Kirschgarten. Unser Ausruhen dem Felsenthale gegenüber an Reichardts Garten. Romantische Erinnerungsblicke nach Tost". Fast genau dementsprechend ist die Stelle aus dem „Erlebten", II. „Halle und Heidelberg[1]): „Übrigens stand Halle, so unfreundlich auch die Stadt und ein großer Teil ihrer Umgebung ist, in jener Zeit noch in mancherlei lokalen Rapport mit der romantischen Stimmung. Der nahe Gibichenstein mit seiner Burgruine, an die sich die Sage von Ludwig dem Springer knüpft, war damals noch nicht modern englisiert und eingehegt, wie jetzt und bot in seiner verödeten Einsamkeit eine ganz artige Werkstatt für ein junges Dichterherz.

Völlig mystisch dagegen erschien gar Vielen der am Gibichenstein belegene Reichhard'sche Garten mit seinen geistreichen und schönen Töchtern, von denen die eine Goethesche Lieder komponierte, die andere sogar Steffens Braut war. Dort aus den geheimnisvollen Boskets schallten oft in lauen Sommernächten, wie von einer unnahbaren Zauberinsel, Gesang und Guitarrenklänge herüber; und wie mancher junge Poet blickte da vergeblich durch das Gitterthor oder saß auf der Gartenmauer zwischen den blühenden Zweigen die halbe Nacht, künftige Romane vorausträumend."

Ob Eichendorff damals bereits dergleichen Gedanken durch den Kopf gegangen sind, läßt sich leider nicht feststellen, da sich aus der Haller

---

[1]) A. a. O. S. 301 f.

Zeit gar nichts Poetisches erhalten hat; vermuten läßt es sich nach dieser Äußerung immerhin. Ganz falsch ist jedoch die Haller Vulgärtradition, daß Eichendorff die berühmten Verse:

„Da steht eine Burg überm Thale
Und schaut in den Strom hinein,
Das ist die fröhliche Saale,
Das ist der Gibichenstein.

Da hab' ich so oft gestanden,
Es blühten Thäler und Höhn,
Und seitdem in allen Landen
Sah ich nimmer die Welt so schön!"

die der Stadtrat Richard Niemeyer 1879 auf den Eichendorff-Denkstein (zwischen Gibichenstein und Trotha) setzen ließ, als Student in Halle gedichtet habe. Die zwei Strophen, zu denen noch fünf weitere gehören [1]), stammen vermutlich aus dem Jahre 1840 [2]), in das ein zweiter kürzerer Aufenthalt Eichendorffs in Halle fällt, den Herm. v. Eichendorff in seiner Biographie merkwürdigerweise ganz mit Stillschweigen übergeht. Das Lied erschien zuerst in dem „Musenalmanach für 1841" (also Ende 1840) herausgegeben von Th. Echtermeyer und Arnold Ruge und zwar unter der Überschrift „Bei Halle." Damals stand Eichendorff wieder auf demselben Boden, den er seit 1806 nicht mehr betreten hatte, und damals gedachte er wohl auch mit stiller Wehmut an

---

[1])

Durchs Grün da Gesänge schallten,
Von Rossen, zu Lust und Streit,
Schauten viel schlanke Gestalten,
Gleichwie in der Ritterzeit.

Wir waren die fahrenden Ritter,
Eine Burg war noch jedes Haus,
Es schaute durchs Blumengitter
Manch schönes Fräulein heraus.

Das Fräulein ist alt geworden,
Und unter Philistern umher
Zerstreut ist der Ritterorden
Kennt keiner den andern mehr.

Auf dem verfallenen Schlosse
Wie der Burggeist, halb im Traum,
Steh' ich jetzt ohne Genossen
Und kenne die Gegend kaum.

Und Lieder und Lust und Schmerze
Wie liegen sie nun so weit —
O Jugend, wie thut im Herzen
Mir deine Schönheit so leid.

[2]) nicht 1841, wie die Sämtl. Werke angeben. I. S. 163.

die herrliche, heitere Jugendzeit zurück, die er einst hier verbracht hatte. So allein läßt sich das ganze Lied verstehen, so allein läßt sich auch der starke Ausdruck „Und seitdem in allen Landen sah ich nimmer die Welt so schön" erklären, eine Erklärung, die mit der des begeisterten Haller Lokalpatrioten freilich wenig gemein hat. Auch das andere Lied „Die Saale" stammt aus diesem zweiten Aufenthalt Eichendorffs in Halle. [1])

Eichendorffs Leben als Haller Student muß in der That ideal schön und glücklich gewesen sein. Mit voller, jugendlicher Begeisterung nahm er an dem rauschenden, übermütigen Treiben der Musensöhne teil, das in Halle noch ein stark mittelalterliches Gepräge trug. Eichendorff kommt auf den Geist des damaligen Studententums ausführlicher zu sprechen in der Einleitung zu „Halle und Heidelberg" [2])

„Allein nebenher ging auch noch ein anderer geharnischter Geist durch diese Universitäten. Sie hatten vom Mittelalter noch ein gut Stück Romantik ererbt, was freilich in der veränderten Welt wunderlich und seltsam genug, fast wie Don Quixote, sich ausnahm. Der durchgreifende Grundgedanke war dennoch ein kerngesunder: der Gegensatz von Ritter und Philister. Stets schlagfertige Tapferkeit war die Kardinaltugend des Studenten, die Muse, die er oft gar nicht kannte, war seine Dame, der Philister, der tausendköpfige Drache, der sie schmählich gebunden hielt und gegen den er daher, wie der Maltheser gegen die Ungläubigen, mit Faust, List und Spott beständig zu Felde lag; denn die Jugend kapituliert nicht und kennt noch keine Konzessionen.

Die damaligen Universitäten hatten überhaupt noch ein durchaus fremdes Aussehen, als lägen sie außer der Welt. Man konnte kaum etwas Malerischeres sehen, als diese phantastischen Studententrachten, ihre sangreichen Wanderzüge in der Umgebung, die nächtlichen Ständchen unter den Fenstern imaginärer Liebchen; dazu das beständige Klirren von Sporen und Rappieren auf allen Straßen, die schönen jugendlichen Gestalten zu Roß, und alles bewaffnet und kampfbereit wie ein lustiges Kriegslager oder ein permanenter Mummenschanz."

Auch in den Tagebüchern tritt uns dieses überkecke, fast barocke Studententum in viel konkreteren Zügen geschildert, wieder entgegen. Persönlich scheint der junge Baron von vornherein eine etwas mehr beobachtende Stellung inmitten dieses wilden, mitunter recht wüsten Treibens eingenommen zu haben, aber ein Spaßverderber war er keineswegs. Im Gegenteil, mancherlei schneidige Ritte und Fahrten, lustige Streiche und feierliche Komitate, ausgelassene Ständchen und Umzüge und sonstige Allotria zeichnet er auf, die uns bei einem Studenten nicht Wunder nehmen, ja sogar anmuten, aber von keinem allgemeineren Interesse sein können. Nur beiläufig mag hierbei erwähnt werden, daß

---

[1]) S. W. S. I. 329.
[2]) a. a. O. S. 294 f.

Heinrich Keiter sich irrt, beziehungsweise Herm. v. Eichendorff falsch verstanden oder gar oberflächlich abgeschrieben hat, wenn er angiebt[1]), daß Eichendorff „sich den Landsmannschaften ferngehalten habe“. Die beiden jungen Barone verkehrten nicht nur viel mit schlesischen Landsleuten, sondern gehörten sogar mit Leib und Seele zur „schlesischen Landsmannschaft“, für die sie sich auch geschlagen haben.[2]) Das adlige Element war überhaupt darin, wenn auch nicht überwiegend, so doch sehr stark vertreten (z. B. Strachwitz, Lüttwitz, Scheliha, Matuschka, Wedell, Lettow u. a.) und so ist es auch wohl erklärlich, daß die „Schlesier“ in Halle auch äußerlich eine hervorragende Rolle spielten und nach der Ansicht des jungen Eichendorffs „alle Landsmannschaften an Pracht und Glanz übertrafen“ in ihren „roten Kollets mit schwarzen Kragen, Rabatten und Aufschlägen mit Gold gestickt“.[3])

Interessanter ist, was Eichendorff von dem allgemeinen Treiben der Haller Studentenschaft berichtet. Nicht nur die Bürger, sondern auch das Militär wurde von den Studenten geradezu tyrannisiert. Ein Beispiel mag genügen (5. Sept. 1805): „Prügelte ein Student die Schildwache, die ihm auf der Straße die Tabakspfeife wegnehmen wollte. — Auch stieß neulich ein Student eine Schildwache, die so verwegen war, sich ihm auf den breiten Steinen absichtlich in den Weg zu stellen, zum Schilderhause hin und forderte den Offizier, der es sah und den Studenten nicht ganz höflich anredete, auf der Stelle heraus. Der Offizier aber, ein Hasenfuß, verklagte den Studenten anstatt Satisfaktion zu geben. Da aber 1. die Schildwache wirklich zum Schilderhause gehörte und 2. es ein Hauptgesetz für die hiesigen Offiziere ist, sich ohne unmittelbaren Beruf in keine Studentenaffäre zu mischen, so hatte er selbst noch die Ehre einen Tag in Arrest zu kommen. NB. Um diese Zeit auch die famöse Hetze um die königliche Jette.“ Aus der Darstellung ist klar zu ersehen, daß der sonst besonnene Eichendorff völlig mit dem anmaßenden Benehmen des Studenten einverstanden war. Daß die Studenten in Halle die erste Rolle spielten, war selbstverständlich, nur wie sie es thaten, mutet uns mitunter ein wenig sonderbar an, so nahmen sie nicht nur den „breiten Stein“ (den Bürgersteig), allein für sich in Anspruch, auch friedliche Handwerksburschen wurden überfallen und fortgeschleppt, auf jeden Gruß ward mit „Profit“ geantwortet und besonders liebten sie es, die Beine in ihren Kanonen und dabei qualmend zum Fenster „hinauszusitzen“. Ein jeder Bürger war in den Augen des Haller Studenten ein verachtungswürdiger Philister, von dem man anmaßender Weise Höflichkeit forderte, sie ihm aber nicht

---

[1]) a. a. O. S. 7.

[2]) 14. März 1806. Über Eichendorffs spätere Stellung zum Duell vergl. „Erlebtes“ II. S. 326.

[3]) So z. B. beim Rektorwechsel. 12. Juli 1806. Ihre Rivalen waren die Westphalen (weiße Kollets, dunkelgrün mit Silber).

erwies. Selbst die Professoren nahm man dabei nicht aus, wie denn auch in ihren Vorlesungen die Studenten ihre Helme nicht absetzten (13. Mai 1805). Nur die Halloren nahmen seit alter Zeit eine bevorzugte Stellung ein, einmal wohl als Schwimmlehrer der Studenten (auch Eichendorff vervollkommnete seine Schwimmkunst in ihrer tüchtigen Schule) [22. Aug. 1805] und dann gab ihnen ihre historische Tradition, die sie in Tracht und Sitte sorgfältig wahrten, eine Art Gleichberechtigung in den Augen der aufs mittelalterlich-prunkende gerichteten Studentenschaft. So galten die Halloren als ihre guten Freunde, brauchten nicht wie andere Sterbliche den Hut vor ihr abzunehmen und durften sie sogar duzen. Eichendorff war anfangs nicht wenig erstaunt, als ihm die derben Halloren ihr „Prosit Fux“ zuriefen, während die Professoren ihn zuerst grüßten (Mai 1805). Obwohl es in Halle, so lang die Studenten anwesend waren, eigentlich nie ruhig ward, so gab es auch besondere Tage, an denen die Studentenschaft ihren ganzen Glanz entfaltete, so vor allem zum Rektorwechsel. Eichendorff giebt uns sowohl unterm 12. und 13. Juli 1805 als auch unterm gleichen Datum des Jahres 1806 eingehende Schilderungen dieses akademischen Festtages, die uns nicht nur ein anschauliches Bild zeichnen, sondern auch deutlich verraten, mit welchem Stolze und mit welcher Liebe der Schreiber selbst dabei gewesen ist.

Die Achtung, oder besser gesagt, Furcht vor dem Haller Studenten erstreckte sich auch auf die weitere Umgebung der Universitätsstadt. Eichendorff führt bei Gelegenheit seiner vielen, zum Teil recht heiteren Ausflüge manche ergötzliche Beispiele dafür an. Sogar in Städten wie Merseburg, Lauchstädt, ja selbst Leipzig that sich der Haller Student keinen Zwang an. Gerade diese Besuche sind aber auch in anderer Beziehung für Eichendorffs Entwickelung wichtig, da sie hauptsächlich des Theaters wegen unternommen wurden. Unterm 15. Mai 1805 schreibt er z. B.: „Unternahmen wir eine kleine Spazierreise nach Merseburg. Ich, Wilhelm, Strachwitz und Fritsch der Dünne ritten, Wilhelm in Kanonen und Pfundsporen, Strachwitz und Fritzsch in völligem Burschenwichs. Thiel, Leiser und Brüher fuhren in einem Einspänner. Wir kamen um 2 Uhr in Merseburg an, labten uns mit Chokolade und Kuchen, besuchten dann die hiesige uralte, merkwürdige Kirche, wo wir uns die Kanzel, worauf Dr. Luther gepredigt hat, Luthers Meßgewand, das ihm sein Käthchen gestickt hat, Kaiser Heinrichs Grabmal und Prachtornat, den Mantel der heiligen Kunigunde und einen uralten Altar u. s. w. ansahen. Darauf begaben wir uns ins Theater, welches mitten in einem schönen Parke liegt. Auch hier hatten wir Gelegenheit den Respekt zu bemerken, den man vor Haller Studenten hat. Wir sahen uns nämlich ungehindert im Theater die Garderobe und die Bühne selbst an. Nach geendigtem Stücke aber riefen wir, ohngeachtet des elenden Spiels, einen Akteur heraus und machten uns endlich gegen halb neun wieder auf den Rückweg nach Halle." Unterm 28. Juni heißt es weiter: „Da wir gehört hatten, daß Iffland den 28. in Leipzig den Franz Moor in den Räubern spielen werde, so entschlossen wir beide, H. Kabath, Sauer und Fritsch der Dicke uns eine kleine Spazierreise zu Fuß bis Leipzig (5 Meilen von Halle) zu machen. Wir versammelten uns früh 5 Uhr bei H. Sauer und setzten um sieben unsern Wanderstab in Bewegung. Gegen halb 11 erreichten wir das sächsische Städtchen Schkeud[n]itz, wo wir Chokolade und einige Portionen rohen Schinken zu uns nahmen. Nach 2 Uhr waren wir endlich, nachdem uns H. Kabath noch unterwegs mit Vorlesungen aus Küchelbäckers „Studentenjahre" unterhalten hatte, sehr ermüdet in Leipzig angekommen und im goldnen Horn, dem gewöhnlichen Gasthofe der Haller Studenten, eingekehrt. Da aber die heute erwarteten Räuber erst morgen gespielt werden sollten, so entschlossen wir uns morgen noch in Leipzig zu bleiben und erst übermorgen nach Halle zurückzukehren. Wir machten auch die Bekanntschaft des Bruders des H. Heinke und eines gewissen Buchmanns, die beide in Leipzig studierten und die Sauer alsobald hergeholt hatte. Darauf begaben wir uns insgesamt ins Theater, wo uns das unübertreffbare Spiel Ifflands einen unaussprechlichen Genuß verschaffte." 29. Juli. „Kamen wieder 3 Haller Burschen in Stürmern, Helmen, Uniformen und Kanonen zu Pferde hier an und quartierten sich in der Stube neben uns ein. Um 10 Uhr früh besuchten wir auch ein Kollegium beim Prof. Plattner, dessen phantastischer, gemeiner Vortrag und grobe Ausfälle uns gewaltig Langeweile machten. Auch hatten wir Gelegenheit, die Armseligkeit der hiesigen Studenten zu bedauern, deren akademische Freiheit uneingedenk ihrer eigenen Kraft in dem Meere von Schwengeln und andern Philistern versinkt. Abends wohnten wir endlich der Vorstellung der Räuber bei, wo die 3 oben erwähnten Hallenser in den Logen herumparadierten. Auch heute ergriff und rührte uns Ifflands fürchterliches, erschütterndes Spiel als Franz Moor ebensosehr, als uns sein gestriges komisches, leichtes Spiel unterhalten hatte." 30. Juni. „Begaben wir uns auf die Rückreise. Gegen 11 Uhr langten wir in Schkeuditz an, wo wir wieder zu Mittag aßen. Nach dem Mittagessen fiel es uns plötzlich ein, daß heute in Lauchstädt die Braut von Messina gegeben werden sollte, alsobald faßte ich, Kabath und Fritsch den Entschluß, uns so schnell als möglich auf den Weg nach Lauchstädt (3 Meilen von Schkeuditz) zu machen und uns die Gelegenheit nicht entschlüpfen zu lassen, die höchst merkwürdige Aufführung dieses Stückes mit eigenen Augen zu sehen. Da aber Wilhelm und Sauer durchaus nicht dazu zu bereden waren, so trennten wir uns von ihnen. Sie gingen nach Hause, wir setzten aber unsern Plan durch und kamen nach 5 Uhr ganz struppiert und halb ohnmächtig in Lauchstädt an. Lauchstädt, $1^1/_2$ Meilen von Halle, hat eine reizende Lage und ist ein häufig besuchter Badeort, von welchem in Halle die ganze Sommerzeit die Lauchstädter Zeit heißt, weil es im Sommer so sehr von Haller Studenten zu Pferd und Wagen überschwemmt wird, daß die Leerheit auf den Gassen von Halle auffallend wird. Viele Bursche mieten sich auch, ohne sich um die Kollegien in Halle zu kümmern, den ganzen Sommer über in Lauchstädt ein. Das erste bei unserm Eintreten in Lauchstädt war die schreckliche Nachricht, daß heute — statt der „Braut von Messina" „Die beiden Klingsberge" gegeben würden und wir folglich geprellt wären. Zu müde von großer Ärgernis hinkten wir durch die prächtigen Laubengänge am Theater, welche einen niedlichen Teich mit einer Schwaneninsel umschließen, und wo wir Haller Studenten mit schönen, eleganten Leipziger Damen sponsieren sahen, ins Gasthaus. Hier labten wir uns mit ein paar Gläsern Limonade und kamen endlich, nachdem wir bei Passendorf über das Wehr gegangen waren, mit noch einigen Studenten um 10 Uhr abends in Halle an, wo ich mich beim Zuckerbäcker und endlich im Bette von diesen abenteuerlichen Strapatzen erholte."

Das kleine Mißgeschick entmutigte Eichendorff aber keineswegs. Die Besuche in Lauchstädt wurden in der Folgezeit immer häufiger, und die tiefen Eindrücke, die er in dem dortigen Theater empfing, gehören zweifellos zu den bedeutsamsten der ganzen Haller Zeit. Am 3. August 1805 sah er in Lauchstädt den „Götz von Berlichingen" und schreibt über diesen Ausflug: „Wollten wir beide mit Thiel und Fritsch dem Dünnen eine Spazierreise nach Lauchstädt zu Fuß unternehmen. Da ich mich aber bei dem schlüpfrigen Wege der Länge hin in den Koth streckte, so kehrten wir beide alsobald wieder um, ließen die andern ihre Fußwanderung allein fortsetzen, kleideten uns schnellmöglichst um, mieteten uns Pferde und ritten hinüber. Bald nach unserer Ankunft in Lauchstädt begaben wir uns ins Theater, welches klein aber geschmackvoll gebaut ist, und wo eben Götz von Berlichingen von Göthe gegeben wurde. Da die Vorstellung nicht sogleich anfangen wollte, machten die Studenten, von denen das Theater wimmelte, mit ihren Kanonen und Pfundsporen einen so unbändigen Lärm, daß sich alles die Ohren zuhalten mußte. Desto mehr aber erfreute uns das vortreffliche Schauspiel und die nicht minder gute Darstellung der Schauspieler, die sich in Weimar unter den Augen Göthes und Schillers gebildet haben. Se. Exzellenz, Geh. Rat von Göthe, saß daneben mit seiner Dem. Vulpius in der Loge und blickte so herab auf das Entzücken, welches das Kind seines Geistes verbreitete. Nach der Komödie, die sehr spät aus war, besahen wir uns noch den Saal, wo die Lauchstädter Badeherrschaften ihre Bälle halten, auf denen die hiesigen Studenten ebenfalls die Hauptrolle spielen und bei den Leipziger Damen ihr Glück machen. Darauf ritten wir mit Christ und noch einigen Studenten zurück und kamen um 12 Uhr nachts, nachdem wir noch in Schlettau gekneipt hatten, wieder in Halle an, wo wir uns noch beim Zuckerbäcker, den wir erst aufbollern mußten, gütlich thaten." Am 14. Juni 1806 erwähnt Eichendorff „die Eröffnung des Lauchstädter Theaters mit Fiesco"; am 9. Juli desselben Jahres besucht er „Göthes Eugenie" („natürliche Tochter"), deren Rolle die von ihm vielbewunderte Madame Wolf gab. Am 17. Juli sah er dieselbe Schauspielerin in Göthes „Egmont" als Klärchen. Die letzten Stücke, denen Eichendorff in Lauchstädt beiwohnte (23. Juli 1806), waren der „Freyer von Kalydon"[1]) und „Die Gefangenen" nach Plautus, „letzteres besonders echt antik mit Prologus und Masken unter Direktion und Aufsicht unsers Geh. Rats Wolf", fügt er hinzu.

Dergleichen Fahrten von Haller Studenten nach Lauchstädt waren ganz gewiß nichts Außergewöhnliches, — im Gegenteil, sie gehörten damals in Halle ebenso zur studentischen Sitte, wie die Fahrten der Jenenser nach Weimar, — aber ihre Bedeutung für Eichendorff darf man darum nicht geringer anschlagen. Das liebliche Rococomodebad im heitersten Sommersonnenglanz, durchflutet von den jungen, glänzenden Kavalieren des sächsischen Adels, den zierlichen Gestalten der Haller und Leipziger Patrizierdämchen, daneben die mittelalterlich aufgeputzten Figuren derber, übermütiger Studenten und plötzlich dazwischen die markanten Züge eines Weimarer Schauspielers — ist es nicht ein klassisches Vorbild für die ganz ähnlich lebensfrohen, farbenprächtigen Bilder jenes heiteren Kunstzigeunertums, das uns Eichendorff in so vielen seiner späteren Romane und Novellen geschildert hat. Oder wenn er abends, gewaltig ergriffen von der Größe des Gesehenen, mit seinen lustigen Gesellen aus dem Theater kam, wenn er darauf (wie er mehrfach erzählt) in fröhlicher Tafelrunde bei Eckerlein unter den rauschenden Linden die empfangenen Eindrücke mit den Komilitonen austauschte, wenn er endlich durch die stille, mondhelle Sommernacht bei Liedersang und Peitschenknall nach Halle zurückfuhr oder ritt, — sollten da nicht in der Seele des jungen Poeten die Gedanken und Gefühle schon leise geschlummert haben, die nachher in den schönsten seiner Lieder und Erzählungen so wunderbar märchenhaft und doch so wahr und warm empfunden zum Ausdruck kamen.

Neben diesen mehr allgemeinen Stimmungseindrücken, die sich ja selten direkt nachweisen lassen, aber bei einem hervorragenden Stimmungsdichter wie Eichendorff doppelt sorgfältig beachtet werden müssen, steht selbstverständlich der starke und ungemein bildende Einfluß der eigentlichen Kunstgenüsse Lauchstädts im Mittelpunkt. Aus verschiedenen eingehenden Betrachtungen des berühmten Badeortes[2]) läßt sich klar ersehen,

---

[1]) Wohl richtiger die „Feier von Kalidon", Trauerspiel in 2 Aufzügen, vergl. Burkhardt S. 60. u. 124.

[2]) Otto Nasemann: Neujahrsblätter, hersgg. v. d. histor. Kommision der Provinz Sachsen. No. 9. Bad Lauchstädt. Halle 1885. — Gustav Wustmann: Aus Leipzigs Vergangenheit. Gesammelte Aufsätze, letzter über „Lauchstädt". Leipzig 1885. — Varnhagen von Enses Nachlaß. Briefe von der Universität

daß die Leistungen des dortigen Sommertheaters ganz vorzügliche, ja geradezu mustergültige gewesen sein müssen. Göthe selbst schreibt ja in seinen „Tages- und Jahresheften"[1]) 1807: „Eigentlich erholte sich das Weimarische Theater erst durch einen längeren Aufenthalt in Halle und Lauchstädt, wo man vor einem gleichfalls gebildeten, zu höheren Forderungen berechtigten Publikum das beste, was man liefern konnte, zu leisten genötigt war. Das Repertorium dieser Sommervorstellungen war vielleicht das Bedeutendste, was die weimarische Bühne, wie kaum eine andere, in so kurzer Zeit gedrängt aufzuweisen hatte." Im Jahre 1805, dem ersten Haller Jahr Eichendorffs, bemerkt Goethe ebendaselbst über das Repertoir: „Das Repertorium enthielt so manches dort noch nicht gesehene Gute und Treffliche, sodaß wir mit dem anlockenden Worte „zum ersten Male" gar manchen unserer Anschläge zieren konnten. Als meistens neu oder doch sehr beliebt erschienen an Trauer- und Heldenspielen: Othello, Regulus (von Collin), Wallenstein, Nathan der Weise, Götz von Berlichingen, Jungfrau von Orleans, Johanna von Montfoucon (von Kotzebue)." Die engere Freundschaft Goethes mit Friedrich August Wolf[2]) führte dann auch zu der Aufführung antiker Dramen, denen die Haller Studentenschaft natürlich mit verdoppeltem Interesse folgte. Sehr eingehend, zum Teil recht ergötzlich schildert Eichendorff das Lauchstädter Theater und seinen Einfluß auf die Haller Musensöhne auch in seinem „Erlebten"[3]): „Von nicht geringer Bedeutsamkeit war auch die Nähe von Lauchstädt, wo die weimarischen Schauspieler während der Badesaison Vorstellungen gaben. Diese Truppe war damals in der That ein merkwürdiges Phänomen, und hatte unter Goethes und Schillers persönlicher Leitung wirklich erreicht, was späterhin andere, z. B. Immermann in Düsseldorf vergeblich anstrebten, nämlich das Theater zu einer höheren Kunstanstalt und poetischen Schule des Publikums emporzuheben. Sie hatten allerdings, und wir möchten fast hinzufügen: glücklicherweise, keine eminent hervorragenden Talente, die durch das Hervortreten einer übermächtigen Persönlichkeit so oft die Harmonie des Ganzen mehr stören als fördern, gleichwie die sogenannten schönen Stellen noch lange kein Gedicht machen. Aber sie hatten, was damals überall fehlte, ein künstlerisches Zusammenspiel. Denn eben jener höhere Aufschwung der waltenden Intentionen hob alle gleichmäßig über das Gewöhnliche und schloß das Gemeine oder Mittelmäßige von selbst aus; jeder hatte ein

---

in die Heimat. Darin „Gelegentliche Berichte eines Hallenser Studenten Ab. Müller". Leipzig 1874. — Tagebücher eines alten Schauspielers von Genast (dem Älteren). Leipz. 1862. — Wold. Kawerau: Aus Halles Litteraturleben. Halle 1888. S. 313 ff.

[1]) Weimarer Ausgabe. Bd. 36. S. 5.

[2]) Sie hatten sich 1795 schon kennen gelernt, traten sich aber erst 1804 näher. Vergl. M. Bernays: Goethes Briefe an F. A. Wolf. Berlin. 1868.

[3]) a. a. O. II. S. 303 f.

intimeres Verständnis seiner Kunst und seiner jedesmaligen Aufgabe, und ging daher mit Lust und Begeisterung ans Werk. Und so durften sie wagen, was den berühmtesten Hoftheatern bei unverhältnismäßig größeren Kräften damals noch gar nicht in den Sinn kam. Mitten in der allgemeinen Misere der Kotzebueaden und Iffländerei eroberten sie sich kühn ganz neue Provinzen; gleichsam die Tragweite der Kunstwerke und des Publikums nach allen Seiten hin prüfend, brachten sie Calderon auf die Bühne, gaben den Alarcos und den Jon der Schlegel, Brentanos Ponce de Leon usw.[1]) — Man kann sich leicht denken, wie sehr dieses Verfahren gerade das empfänglichste und dankbarste Publikum der Studenten enthusiasmieren mußte. Die Komödienzettel kamen des Morgens schon, gleich Götterboten, nach Halle hinüber, und wurden, wie später etwa die politischen Zeitungen und Kriegsbülletins, beim „Kuchenprofessor" eifrigst studiert. War nun eines jener litterarischen Meteore oder ein Stück von Goethe oder Schiller angekündigt, so begann sofort eine wahre Völkerwanderung zu Pferde, zu Fuß, oder in einspänigen Kabriolets, nicht selten einer großen Retirade mit lahmen Gäulen und umgeworfenen Wagen vergleichbar, niemand wollte zurückbleiben, die Reicheren griffen den unbemittelten mit Entrée und sonstiger Ausrüstung willig unter die Arme, denn die Sache wurde ganz richtig als eine Nationalangelegenheit betrachtet. In Lauchstädt selbst aber konnte man, wenn es sich glücklich fügte, Goethe und Schiller oft leibhaftig erblicken, als ob die olympischen Götter wieder unter den Sterblichen umherwandelten. Und außerdem gab es dort auch vor und nach der Theatervorstellung in der großen Promenade noch eine kleine Weltkomödie, in welcher, wenigstens in den Augen der jüngeren Damen, die Studenten selbst die Heldenrollen spielten. Diese fühlten sich hier überhaupt wahrhaft als Musensöhne, es war ihnen zu Mute, als sei dies alles eigentlich nur ihretwegen veranstaltet; und sie hatten im Grunde Recht, da sie vor allen andern das rechte Herz mitbrachten."

Man sieht jedenfalls aus dieser äußerst plastischen Schilderung, daß dem alternden Dichter gerade diese Lauchstädter Erinnerungen noch ganz besonders lebhaft vor der Seele standen und man kann wohl mit Recht hieraus einen Schluß ziehen inbezug auf ihre tiefgreifenden Wirkungen, auch wenn Eichendorff trotz der vielen dramatischen Anregungen seiner Jugend, trotz seines eingehenden persönlichen Interesses für das Drama nie zum eigentlichen oder gar erfolgreichen Dramatiker werden sollte. Den modernen Menschen wird auch hier wie bei so vielen dieser allzu temperamentvollen Äußerungen des Haller Studententums gelegentlich ein Lächeln ankommen, ebenso wie die Lauchstädter Badegäste[2]) und selbst

[1]) Hier irrt sich Eichendorff, Brentanos „Ponce de Leon" ist von der weimarischen Truppe nicht gespielt worden.

[2]) Nasemann a. a. O. S. 27.

die Schauspieler[1]) bisweilen der helle Ärger überkam über das tolle, anmaßende Gebahren der Studiosen im Theater, ihr respektwidriges Spektakeln und Peitschenknallen. Aber dennoch wird man diesem kraftvollen Jugendmut seine Sympathie nicht ganz versagen können, obwohl er, ganz ähnlich wie 10 Jahre später der der Turner und Burschenschafter, seine Stärke besonders gern in kindischem Gegensatz zu dem Mode- und Formentand der sogenannten guten Gesellschaft suchte. Genasts Ansicht, daß die Studenten der wenigst gebildete Teil des Publikums wären, steht jedenfalls vereinzelt da. Auch Goethe selbst sprach gern von den „leidenschaftlich fordernden Jünglingen“ und nannte sogar den rüpelhaften Renommisten, der einmal die Frau des Haller Kanzlers Niemeyer fast umstieß, mit gutem Humor „eine große Natur“[2]). Und so darf im großen und ganzen dieses Haller Studententum trotz all seiner Auswüchse doch als ein wichtiges Anzeichen des neuen jugendfrischen Geistes gelten, der nach der Erniedrigung Deutschlands durch Napoleon unserm Vaterlande die Kraft verlieh, auch in der schwersten Zeit ungebeugt zu bleiben und sich bald zu neuer Größe wieder zu erheben. Daß diese Auffassung auch ohne Frage im Sinne Eichendorffs ist, beweist sein Aufsatz „Halle und Heidelberg“ zur Genüge.

Mitten in den Aufenthalt Eichendorffs in Halle fällt die erste, größere Reise der beiden jungen Barone nach Hamburg und Lübeck. Die Schilderung dieser Reise nimmt den weitaus größten Teil der Haller Aufzeichnungen ein und nicht ganz mit Unrecht. Für jeden Menschen ist die erste große Reise in wichtiges Ereignis, eine Art Markstein auf dem Wege seiner allgemeinen Bildung und Menschenbeurteilung; vollends aber für einen Dichter wie Eichendorff, der für die stillen Reize der Natur, für für die sinnigen Züge unseres Volkslebens ein ganz besonders scharfes Auge besaß, bei dem der echt deutsche Wandersinn von Jugend auf so kräftig entwickelt war.

Nichtsdestoweniger tritt diese Reise mit ihren tiefgreifenden Eindrücken bei den Biographen Eichendorffs ganz in den Hintergrund. Herm. v. Eichendorff[3]), dem der Reisebericht selbstverständlich vorgelegen hat, thut sie merkwürdigerweise mit 7 Zeilen ab und begeht dabei noch zweierlei direkte Fehler, einmal von einem Besuch Eichendorffs bei Claudius zu sprechen und andererseits Bremen unter den Reisezielen mitanzuführen, obwohl nach Angabe des Tagebuchs von beidem gar nicht die Rede sein kann. Keiter[4]) geht natürlich noch weiter und argumentiert nach seiner Gewohnheit e silentio, daß „der Anblick der weiten Wasserfläche an Eichendorffs idyllisch gestimmter, frohem Natur-

---

[1]) Nasemann a. a. O. S. 35. Brief des Schauspielers Becker (H. v. Blumenthal) an den Landkammerrat Kirms 28. Juli 1799.

[2]) Varnhagen von Ense a. a. O. S. 109.

[3]) a. a. O. S. 438 f.

[4]) a. a. O. S. 15.

genuß zugeneigter Seele spurlos vorübergegangen zu sein scheint“, da wir in seinen Dichtungen nichts von dem „Eindruck der stillen Meeresmajestät“ finden. Dieser leichtsinnigen Folgerung ist zunächst nur die schlichte Thatsache gegenüber zu stellen, daß der junge Dichter gerade den Tag, an dem er bei Hamburg zum ersten Male an die Elbemündung kam, ausdrücklich in seinem Promemoria (18. September 1805) als „einen der schönsten seines Lebens“, seine Fahrt von Lübeck auf die Ostsee hinaus (22. Sept. 1805) als „Krone und Gipfel seiner Reise“ bezeichnet hat. Das konnte Keiter allerdings nicht wissen, da ihm die Tagebücher nicht, wie H. v. Eichendorff, zugänglich waren. Aber wissen konnte und mußte er, daß außer dem oben erwähnten kleinen poetischen Bruchstücke (Elegie) nichts von Gedichten Eichendorffs erhalten ist, was weiter zurückreichte als bis 1808. Und aus dem Schweigen dieser späteren Dichtungen Schlüsse zu ziehen betreffs der Eindrücke des Jahres 1805, ist doch zum mindesten recht gewagt.

Am 10. September des Jahres 1805 traten die beiden jungen Barone in Begleitung des treuen Schöpp, ihres heimatlichen Dieners, die Reise an. „Früh nach 7 Uhr“, heißt es da, „verließen wir mit Extrapost unsere verwünschte Residenz. Gegen 10 Uhr erreichten wir das schöne Amt Seeburg, wo uns der herrliche Anblick der beiden unübersehbaren Seen, des Salz- und Süßsees mit ihren Inseln &c. ein kleines Vorspiel der unendlichen Meeresansicht, die unser harrte, gab“. Also gleich in den ersten Worten drückt sich die große Spannung, mit der sie dem Meere zueilten, deutlich aus. Über Eisleben und das „miserable“ Mannsfeld ging es, vom Postillon mit allerlei Harzsagen unterhalten, nach Ballenstädt, wo sie den regierenden Fürsten von Bernburg zu sehen bekamen. Von hier aus begann die Fußreise durch den Harz, „jeder die grüne Reisetasche umgehangen, den Mantel um den Rücken geschnallt“. Bald hinter Gernrode, wo sie sich auf dem Stufenberge, nach einem kräftigen Mittagbrote, an der „himmlischen Aussicht bis Magdeburg einerseits und auf den düstren, schwarzen Harz andererseits“ ergötzt hatten, erlebten sie ihr erstes romantisches Abenteuer. Schöpp, „als einstweiliger Marodeur“, war direkt nach Blankenburg vorausgeschickt worden, während die jungen Barone sich zwei Führerinnen genommen hatten, die sie „über den Mägdesprung nach der Drahtmühle leiten sollten. Wir durchwandelten zuerst einen schönen, dunklen Eichenwald“ heißt es da, „und dann den großen Thiergarten des Fürsten von Bernburg, als uns plötzlich an einem sich herabsenkenden Hohlwege die Ansicht des echt schweizerischen Thales des Dörfchens Mägdesprung überraschte. Alsobald erkletterten wir den Felsengipfel des unmittelbar daran stoßenden Berges und mit Schauder blickten wir hinab in die heilige Einsamkeit des schwarzen Selkethales, dessen grause Stille durch das monotone Rauschen der Selke noch fürchterlicher gemacht wird. Von hier ging es, obschon es bereits anfing, dunkel zu werden, zu der Teufelsmühle, diesem fürchterlichen Kolosse von der Natur selbst kühn aufgethürmter Felsenmassen, die wir mit vieler Mühe erklimmten, und so mitten aus dem beengenden Dunkel des Waldes eine unbeschränkte Aussicht genossen. Bald darauf hatten wir das Vergnügen, weidende Rehe auf einer nahen Wiese zu belauschen. Nun ging es immer tiefer in die grause Nacht des unendlichen Waldes hinein. Schon blickte der Mond durch die ernsten Gipfel der Eichen und rings um uns war es still wie in einer Gruft, als uns plötzlich aus dem Dickicht etwas anschaubte. Wir blickten umher und siehe — ein großer, wilder Eber, eine Bache und mehrere Frischlinge standen mit blitzenden Augen vor uns. Eh' wir uns besinnen können, kommt die gesammte wilde Familie mit wütenden Geberden auf uns los, die beiden Führerinnen nehmen mit Angstgeschrei Reißaus, Wilhelm hinterdrein und die Schweine beschließen folgend die Suite. Ich rettete mich auf einen hohen Baumsturz, bis endlich die Waldfamilie das inhumane Projekt aufgab uns einzuholen und seitwärts in den Forst einlenkte. Kaum hatten wir uns von diesem Schrecken erholt, als uns die beiden Führerinnen durch ihr Geständnis, sich gänzlich verirrt zu haben, nicht minder erschreckten. Nur mit matter Dämmerung beleuchtete der Mond einen Fußsteig, der sich nach und nach im Dickicht verlor. So irrten wir, oft an Lubowitz denkend, hin und her, und lauschten oft vergebens, ob wir nicht etwa durch die stille Nacht den Hammerschlag der Drahtmühle hören möchten, bis wir endlich nach langem Umherirren eine Schenke erreichten; da diese aber mitten im Walde lag, und wie wir durch die Fenster sahen, voll wilder, bärtiger Männer war, so fanden wir es nicht rathsam, hier mit unserm Gelde zu übernachten, sondern liefen ohngeachtet unserer großen Müdigkeit über Feld, Busch und Garten bis zum Wirtshause des nächsten Dorfes Suderode, wo wir dann eine halbe Meile von dem Stufenberge entfernt waren, den wir zu Mittag verlassen hatten! Nachdem wir die schon schlafenden Wirtsleute mit vieler Mühe geweckt und etwas Butterbrot zu uns genommen hatten, ruhten wir auf einer elenden Streu von dem abenteuerlichen Tage aus". Tags darauf (12. Sept.) bestiegen sie die Roßtrappe und Eichendorff schreibt darüber: „Durch keine Um- und Beschreibung mag ich dieses göttliche Naturschauspiel entweihen, nur durch Andeutungen einzelner Züge will ich die Phantasie aufmuntern in Stunden der schönsten Erinnerung sich das große Bild neu und lebend, allein würdig dem Original wieder zu schaffen. Um das ganze recht zu genießen, möchte man einen Januskopf mitbringen! Denn die Gegend selber ist janisch: vorne starren uralte Häupter ewiger Felsen, indeß im Rücken die liebliche Jugend bunter, unendlicher Thäler herauflacht. Gegenüber die ungeheuere Felsenmauer — der unabsehbar, tiefe Grund, von Wasserfällen durchbraust — einzelne Ebereschen hangend — über dem Abgrund schwebende Schmetterlinge wie flatternde Silberflocken, wie Sternchen in tiefer Nacht — im Hintergrunde Aussicht in furchtbare Höhen dunklen Schwarzwalds".

In Blankenburg, das man nun endlich erreichte, ward das herzogliche Schloß mit seiner Gemäldesammlung eingehend besichtigt, Dürer, Cranach und Rubens besonders aufmerksam studiert; dann auf dem Weitermarsch „überraschte sie plötzlich der ersehnte Anblick des alten Vater Brocken. Ernst und grauenerregend sah er uns an aus seinem düstern Hintergrunde, schon ehrwürdig hin über die Ebenen und Gefilde, die im Abendrothe glühten, während sein Haupt noch der Tag mit lichtem Glanze verklärte. Wir konnten uns nicht enthalten diesem ersten Ziele unserer Wanderung ein Vivat zu bringen und uns einige Zeit unter eine Eiche hinzustrecken". Der 13. September war dem Besuch der Baumanns- und Bielshöhle, sowie der Ersteigung des Brocken gewidmet. Letztere beschreibt der angehende Dichter recht anschaulich: „Durch wilde, schauerliche Waldgegenden, welche ein starker Windbruch noch fürchterlicher machte, näherten wir uns allmählich diesem altdeutschen Riesengreise, dessen majestätisches Haupt düstere Wolken dem Auge der niederen Welt verhüllten. In einem einsamen gräfl. Stollbergischen Meierhof, dem gewöhnlichen Ruhepunkt der Brockenpilger, labten wir uns an guter Milch und Kuchen. Von hier aus wird der Weg immer steiler, aber auch immer überraschender. Bald anfangs durchwandelten wir eine schöne Wiese, mit unzähligen, sehr hohen, roten Blumen geschmückt. Die Ilse und andere Quellen, welche das ebene Land als wilde Gebirgsströme durchtoben, rieseln hier in spielender Kindheit durch die einsame Landschaft. Rings um uns weideten schöne Heerden mit Glockengeläute. Auf einzelnen hervorragenden Felsen klimmten einsame Jäger und Gebirgsmädchen umher und klaubten Waldbeeren. Oft blieben wir stehen und schauten in die schwarzen, waldigen Thäler hinab, zwischen denen sich plötzlich eine unbeschränkte Aussicht in ganze Länder eröffnet. Jetzt empfing uns ein Wald von kleinem, dichtem Nadelgehölz, aus dem wir erst herauskamen, als wir die Heinrichshöhe erreicht hatten. Mit trunkenem Entzücken genossen wir hier das unbeschreibliche Panorama, das aber bald durch düsteres Gewölk, welches am Brocken hinschwebte und sich dann über die Thäler hinwegwälzte, unsern Blicken entzogen wurde. Nachdem wir uns hier der kalten, schneidenden Luft wegen, in unsere Mäntel gehüllt hatten, tauchten wir uns wohlgemut in das wogende Meer von Wolken, welche uns bald so einhüllten, daß wir einander kaum sehen und errufen konnten. Der Berg war so öde, die Wolken flohen schnell und durch den Riß derselben tönten plötzlich die wunderbaren Melodieen einer Schalmey, so klagend, so herzergreifend — wie aus fernen, fremden Welten klang das Glockengeläute einer Heerde darein, die zwischen den Wolken die furchtbare Wildnis durchklimmte. Betäubt von dem Mährchenzauber unserer Umgebung erreichten wir endlich gegen Abend das große, neue Brockenhaus, das wir aber nicht eher erblickten, bis wir davorstanden. — Gegen 10 Uhr trat ich mit dem Wirt vor das Haus. Rings um uns starrte eine grausenvolle Nacht, schwarze Wolken durchkreuzten einander zu unseren Füßen, aus fernen, tiefen Klüften heulte ein fürchterlicher, kalter Sturm herauf. Augenblicke lang zerriß oft der Sturm die düstere Wolkendecke über uns, dann fuhr plötzlich der helle Schein des Mondes, wie ein langer Blitz, über den ganzen Himmel und beleuchtete auf eine Sekunde mit matter Dämmerung die öde Einsamkeit. Staunend und nicht ohne inneres Beben fühlte ich in diesen Augenblicken die Abgeschiedenheit von aller Welt, die furchtbare Nähe des Himmels und jetzt erst verstand ichs, warum gerade hier auf dem Blocksberge die Hexen tanzen sollten".

Über Wolffenbüttel, Braunschweig („durch die weltberüchtigte Lüneburger Haide, die markalste Reichsprosa Deutschlands," die er recht gut schildert), Celle und Harburg führte Eichendorff dann der Weg nach Hamburg. Am 18. September heißt es: „Endlich war der Tag da, an dem wir das längstersehnte Hamburg sehen sollten. — Auf dem angenehmen Spaziergange bis zum Hafen (von Harburg) sahen wir französisches Militär, dessen spießbürgerliches Exterieur eben nicht viel Empfehlendes hat. Besonders liebenswürdig präsentierten sich die Schildwachen, die mit rundem Hute, zerrissenen Strümpfen und Schuhen, kurz mit allen Reizen der Mannigfaltigkeiten angethan, dastanden. Wir bestiegen das Packetboot und glitten nun über die silberne Fläche dahin. Es war einer der schönsten Morgen meines Lebens. Rechts streckten sich liebliche Landschaften mit Dörfern, Pavillons und holländischen Mühlen, links eine Menge kleiner Inseln mit Schwänen, neben uns flogen Boote mit rothen Segeltüchern und tacktmäßigem Ruderschlag vorüber. Robinson, Campe und alle die seligen Stunden der Kindheit, die wir von Hamburg verträumt hatten, gaukelten vor unserer Seele und mit klopfendem Herzen sahen wir dem Anblicke Hamburgs entgegen. Endlich lag sie vor uns, diese steinerne Welt mit ihren Palästen und Thürmen, und ein Wald von tausend und abermal tausend von himmelhohen Masten deutete uns den Hafen. Je näher wir demselben kamen, desto öfter überraschten uns Ungeheuer von Schiffsgerippen, die am Ufer ausgebessert wurden. Endlich langten wir im Hafen an. Welchen Eindruck dieses seltsame, einzige Schauspiel auf uns machte, ist unbeschreiblich. Mit staunendem Entzücken fuhren wir in das tosende Chaos hinein, wie eine fremde Feenwelt umschlossen uns rings die ungeheuren Seepaläste. Hier wurde gezimmert, dort gerudert, da klommen Matrosen an den Masten hinan, hier schwebten andere am Tauwerke zwischen Himmel und Wasser, und ein dumpfes Getöse von 1000 Stimmen, in hunderterlei Sprachen tönte darein. Nachdem wir bei einer Warte von einem Hamburger Stadtoffizier ein examen rigorosum überstanden hatten, landeten wir endlich und unser Engländer führte uns in eine gute auberge (in den schwarzen Adler), wo wir ein eignes Stübchen bekamen.

Hier bot uns das Gewühl von eleganten Equipagen und Menschen aus allen Nationen ein neues, interessantes Schauspiel dar, und wir waren anfangs von diesem Leben und Treiben halb betäubt. Nicht weniger frappierte uns die hiesige Lebensweise, welche ein Vorspiel Londons ist. Nirgends wird hier vor $^{1}/_{2}$4 zu Mittag gegessen. Bier, als gewöhnlichen Trank scheint man hier nicht zu kennen, überall wird durchaus Rothwein getrunken. Wir speisten an der table d'hôte, wo wir das Vergnügen hatten, Menschen in achterlei Sprachen auf einmal sprechen zu hören. (Die zwei schwedischen Dicklinge, die rustikalischen Engländer mit ihrer Mignon, die Champagnerfranzosen, der dicke Wirt, der dänische Husarenoffizier.) Abends besuchten wir das Theater, das dem Breslauer sehr ähnlich, nur größer und schöner ist; es wurde der Ring von Schröder gut gegeben und — Herr Herbst aus Breslau spielte eine Gastrolle."

Nachdem man sich alle Hamburger Sehenswürdigkeiten besehen, auch das französische Theater (la maison à vendre und le calif de Bagdad), sowie nochmals das deutsche (Eduard von Schottland[1]) und Wallensteins Lager) besucht hatte, verließ man am 21. September „das schöne Hamburg, das so lange das Ziel der Wünsche und Erwartungen war, die es auch alle nicht nur erfüllte, sondern übertraf." Recht bezeichnend für Eichendorffs pietätvollen Sinn heißt es weiterhin: „Bei jeder Schönheit Hamburgs dachten wir: Hier hat auch unser Vater gestanden, dies hat er angestaunt und dieser Gedanke verdoppelte unsern Genuß." Auf der Fahrt nach Lübeck wurde sodann Wandsbeck berührt und dankbar des alten Claudius gedacht: „Hier wohnt Claudius, mit dem wir uns in einer Entfernung von 120 Meilen so oft, so traulich unterhalten hatten, der uns so manche selige Stunde schuf. Wir freuten uns, uns in der Nähe dieses alten Freundes zu befinden." Ein Besuch kann, wie schon oben erwähnt, darunter natürlich nicht verstanden werden.

Noch denselben Abend erreichten die Brüder Lübeck, wo sie zwei Tage blieben, alle historischen Gebäude, Kirchen und Gemälde sorgsam betrachteten, besonders wieder Dürer und dann den Totentanz in der Marienkirche. „Krone und Gipfel" seiner Reise nennt Eichendorff schließlich die Fahrt nach Travemünde. „Mit der gespanntesten Erwartung", schreibt er, „sahen wir dem Augenblick entgegen, wo wir das Meer zu Gesicht bekommen würden. Endlich lag das ungeheure Ganze vor unsern Augen und überraschte uns so fürchterlich schön, daß wir in unserm Innern erschraken. Unermeßlich erstreckten sich die grausigen Fluten in unabsehbare Fernen. In schwindlicher Weite verfloß die Riesenwasserfläche mit den Wolken, Himmel und Wasser schienen ein unendliches Ganze zu bilden. Im Hintergrunde ruhten ungeheure Schiffe, wie an den Wolken aufgehangen. Trunken von dem himmlischen Anblick erreichten wir endlich Travemünde, ein an der Küste erbautes niedliches

[1]) Von Kotzebue bearbeitet nach Duval.

Städtchen, welches des Seebads wegen häufig von Fremden besucht wird. Gleich nach unserer Ankunft bestiegen wir im Hafen ein Boot und ließen uns bis auf die sogenannte Lübecker Rhede, d. h. 1½ Meilen in die offene See hinausschiffen. Mit klopfendem Herzen verließen wir die enge Beschränkung des Hafens und segelten in das Unermeßliche hinein. Vergebens suchte unser Auge ein Ende, eine Grenze. Schauer erfüllten uns bei diesem Anblicke und wir sahen uns oft genötigt, unsere Augen von dem herrlichen Schauspiel abzuwenden." Wie schon in Hamburg lauschten auch hier die Brüder mit stillem Entzücken dem Matrosengesang. Als sich dann ein kleiner Sturm erhob, ließen sie sich nochmals auf die hohe See hinausrudern und „genossen das herrliche Schauspiel die ungeheure Wassermasse in wogender Bewegung zu sehen." Dann nahmen sie „Abschied vom schönen Travemünde, das allein mit seinen Herrlichkeiten der ganzen Reise wert war", und vom Meere, „dessen Anblick", wie der jugendliche Dichter begeistert schließt, „ewig meiner Seele vorschweben wird."

Rasch traten die Barone dann den Rückweg nach Halle an und zwar über Gadebusch, Schwerin, Lentzen, Perleberg, Wilsnack, Havelberg, Magdeburg, Bernburg. Meist natürlich zu Wagen, nur bei Perleberg heißt es: „Schnallten wir unsere Equipage in unsre Harzbündel und setzten die Reise zu Fuß fort. Doch mit welcher Jämmerlichkeitsgeberde schaute uns hier die Welt an. Wir witterten gar bald, daß wir uns im Lande der Aufklärung befanden — Sandebnen und Aussicht auf Haidekraut. Wie oft dachten wir nicht ohne heimliche Schadenfreude an Göthes Musen und Grazien in der Mark." — Am 27. September kamen sie wieder in der heimischen Saalestadt an, wo sie „alsobald in (ihrem) neuen Logis: den „drei Königen" auf der kleinen Ulrichsstraße einkehrten."

Diese siebzehntägige Ferienreise war ganz gewiß für den jungen Eichendorff von großer Bedeutung, obwohl sich das natürlich im einzelnen nicht direkt nachweisen läßt; nur hie und da kommen später kurze Beziehungen oder Erinnerungen vor. Nicht nur sein Gesichtskreis ward durch das Neugesehene selbstverständlich erweitert, auch sein Anschauungsvermögen mußte dementsprechend zunehmen. Und da ist es natürlich besonders interessant verfolgen zu können, wie der angehende Romantiker beobachtet. Das wichtigste ist ihm überall die Natur. Für die reichen, mannigfach wechselnden Bilder der Harzer Gebirgslandschaft hat er ein offenes Auge; nicht nur das Idyllisch-liebliche, auch das Imposant-erhabene, womöglich gar mit dem leisen Beigeschmack des Gruseligen versetzt ihn in besonderes Entzücken, während ihn die melancholische Öde der Lüneburger Haide oder der weiten Märker Sandwüsten unangenehm berührt. Ähnlichen Geschmack verrät er, als er an die See kommt. Aber seine Schilderungen sind schon nicht mehr rein rekapitulierend, sie sind mitunter schon direkt komponiert. Recht geschickt weiß er die landschaftliche und seelische Stimmung hinzuzunehmen, auch die Tageszeit mit ihren wirkungsvollen Begleiterscheinungen in Licht und Luft vergißt er nicht (z. B. Sonnenaufgang, Dämmerung, Mondschein usw.); ebenso wenig, wenn es irgend möglich ist, die Belebung des Bildes durch einzelne Gestalten oder kleine malerische Züge (z. B. die halbverschlafenen Mädchenköpfe am Fenster, während wandernde Gesellen frühzeitig vorbeiziehen, ein Motiv, das er schon als Breslauer Konviktor verwertet, ferner im Harz die einsam klimmenden Jäger, die Waldbeeren klaubenden Gebirgsmädchen, das Glockenläuten der Heerden, das Singen der vereinzelten Haidelerche in der Lüneburger Haide, die haarsträubenden Erzählungen des alten Steuermanns usw.). Mögen das alles auch Züge sein, die in Reiseschilderungen anderer Studenten ebensowohl vorkommen werden, so muß man trotzdem bei Eichendorff besonders darauf achten, weil solche Züge eben später typisch für seine Darstellungsweise geworden sind, ich nenne nur beispielsweise die verschiedenen akustischen Wirkungen, die er so gern zur Stimmungsfärbung ausnutzt, (so hier schon den Gesang der Matrosen im Hafen, das Blasen des Postillons, die klagenden Melodieen einer Schalmey auf dem Brocken, das Fallen der Tropfen in den Höhlen, das Singen und Lauteschlagen, gerade wie später sein berühmtes Rauschen verschlafner Brunnen, sein Klappern der Mühlräder u. a. m.). — Neben der eigentlichen Natur interessiert den reisenden Studenten natürlich auch vielerlei anderes. Daß er Bauten, Gemälde und sonstige Kunstschätze sorgfältig betrachtet, ist an sich nicht weiter bemerkenswert, aber daß ihn gerade Dürer, Cranach und der Totentanz besonders anziehen, ist vielleicht nicht unwichtig für den späteren Romantiker. Aufmerksam achtet er auch, soweit das bei der kurzen Reise möglich ist, auf Land und Leute, auf das mannigfaltige Militär, auf die gesellschaftlichen und sprachlichen Unterschiede, bemerkt z. B. auf den ersten Blick, welch' himmelweiter Unterschied zwischen dem Hamburger und Lübecker Leben herrscht. Mit Vorliebe knüpft der weltgewandte junge Schlesier Reisebekanntschaften an, nicht nur studentische Becherbeziehungen, sondern auch mit allerlei Leuten aus dem Volk, mit Bürgern verschiedener Stände, Offizieren und mehreren Ausländern. So zeigt er in jeder Weise einen starken Bildungsdurst, der umso mehr auffallen dürfte, als Eichendorff für einen damaligen Studenten eine ganz ungemeine Bildung besaß. Er beherrschte das Französisch so sicher, daß er einen französisch redenden Kourier in Verlegenheit setzt, er unterhält sich angelegentlich mit Engländern in ihrer Muttersprache, die er doch erst vor kurzem zu lernen begonnen hatte. Er schreibt vor allem in diesen mehr ausgeführten Landschaftsbildern einen so gewandten ja bisweilen äußerst prägnanten Stil, (so nennt er z. B. die Lüneburger Haide eine lungensüchtige Steppe, spricht von der Marionettenziererei der Braunschweiger Bürgermädchen, vom Geisterlispeln der Höhlentropfen, von seiner staubigen Handwerksburschenattitüde, von Champagnerfranzosen usw.), daß man oft verwundert fragen möchte, ob der Verfasser auch wirklich erst 17 Jahre zählt. Eichendorff ist ja späterhin nicht nur, wie alle Welt weiß, ein sehr volksthümlicher Lyriker, sondern auch ein ganz vorzüglicher Prosaschriftsteller geworden, der mit zu unsern besten deutschen Stilisten gehört. Ja ich glaube, daß er als solcher im großen und ganzen weit mannigfaltiger und charakteristischer ist wie als Versdichter. Mag er als Poet gewiß wunderbar schlichte, tiefergreifende Töne gefunden haben, sein Repertoir ist doch sehr beschränkt, eine gewisse Eintönigkeit läßt sich nicht leugnen. Als Prosaist dagegen sprüht er von lebendiger Mannigfaltigkeit, von geistreichen Antithesen und blühender Schilderung, von übersprudelndem Humor wie von pathetischem Schwung und ist vor allem ein wahrer Meister in feiner Ironie. Leider steht er sich ja in seinen späteren Prosaschriften durch eine einseitig katholische Tendenz selbst im Licht. Wo diese aber einmal zurücktritt, wie z. B. in den zwei farbenprächtigen Aufsätzen des „Erlebten", da wirkt er geradezu begeisternd auf den Leser. Der angehende Prosadichter regt sich aber in den eben behandelten Aufzeichnungen von der norddeutschen Reise ziemlich merklich. Wenn ich darum vorher behauptete, daß diese Reise für den werdenden Dichter von tiefgehender Bedeutung gewesen sei, so darf neben der allgemeinen Erweiterung des geistigen Horizonts überhaupt, neben der verfeinerten Naturbetrachtung und Menschenbeobachtung, das durch diese neue Anschauung sichtlich gesteigerte Darstellungsvermögen nicht am geringsten anzuschlagen sein. Der gewaltige Eindruck des Gesehenen wirkte unwillkürlich kräftigend auf das Darstellungstalent und weckte die Lust am selbständigen Schaffen, mehr vielleicht als hundert gelesene Bücher. Und je weniger sich in dieser Zeit ein solcher Entwickelungsprozeß an poetischen Versuchen verfolgen läßt, um so mehr und genauer gilt es eben auf die uns in so reichem Maße zugängliche Prosa zu achten. Gerade aber in einzelnen Schilderungen dieser ersten großen Studentenreise erreicht die Darstellung schon mitunter jene Höhe, in der die gemeine Fertigkeit des Berichterstatters aufhört und die eigentliche Kunst des Erzählers beginnt.

Nach dieser Reise verblieb Eichendorff noch zwei Semester in Halle. Die Aufzeichnungen aus dieser folgenden Zeit sind sehr gering und flüchtig und in ihren wertvollen Momenten bei dem vorangehenden Gesamtbilde des Haller Lebens bereits herangezogen worden. Die „dreiknigliche Hausburschenschaft", wie sich die neue Studentengesellschaft (wozu auch die Breslauer Schulkameraden Forche, Klein und Thiel gekommen waren), nach ihrem nunmehrigen Wohnhaus benannten, scheint ein fast noch tolleres Leben geführt zu haben als Eichendorffs frühere Wohngenossen, und mit Behagen wird mancher gute Ulk verzeichnet, obwohl nach den oben angeführten Kollegienplänen auch die Arbeit zu ihrem Rechte gekommen sein muß. Am 1. August 1806 ward dann Abschied von Halle genommen, ein zunächst nur provisorisch geplanter

Abschied (daher fehlte auch das solenne Komitat), der aber durch die bald darauf hereinbrechenden weltgeschichtlichen Ereignisse ein definitiver werden sollte. Eichendorff schreibt darüber: „Traten wir unsere längst ersehnte Ferienreise nach Schlesien an. Schon vor 3 Uhr morgens wurde der Tag von der gesammten dreiköniglichen Hausburschenschaft aus seiner Dämmerung heraufgeschreckt und um 4 Uhr wanderten wir bereits, begleitet von unsern Freunden Thiel, Klein, Läufer nnd Fritsch mit Sang und Klang über den noch schlummernden Markt, noch beim Galgthor verfolgt von den Abschiedsblicken der schönen? — Galathe, die im völligen Nachthabit ans Fenster fuhr. Endlich hatten wir das falsche Halle im Rücken und aus vollem Herzen frohatmend streckten wir uns dem frischen Morgen voll blumiger Hoffnungen und Erwartungen entgegen. Nachdem wir ohnweit von Bruckdorff gekommen waren, erreichte uns unser Postwagen, der mit Schöpp nachkam. Jetzt nahmen wir herzlichen Abschied von unsern traurigen Begleitern, brachten der Freiheit Halles noch ein vivat, mit etwas pereat für die Philister vermischt und fuhren auf und davon." Wenn Eichendorff hier vom „falschen Halle" spricht, so ist das wohl mehr eine studentische Phrase als der Ausdruck irgend einer verbitterten Stimmung. Es gehört in ein und denselben Zusammenhang mit dem vivat und pereat.

Im allgemeinen war des Dichters spätere Erinnerung an diese 3 Haller Semester durchaus lieblich und sonnig, schon in den folgenden Aufzeichnungen aus Lubowitz haben wir dafür zahlreiche Anhaltspunkte. Für die Entwickelung seines Geistes war ferner diese Zeit ungemein bedeutsam. Auf Schritt und Tritt läßt sich verfolgen, wie sein Blick schärfer, sein Streben selbständiger wird. Gerade diese ungebundene Haller Studentenfreiheit war für seine etwas zurückhaltende, mehr reflektierende Natur von ausgezeichneter Wirkung und verlieh ihr eine größere Freiheit und Unmittelbarkeit, kräftigte überhaupt sein persönliches Selbstbewußtsein. Inwieweit sein poetisches Talent in Halle gefördert wurde, entzieht sich leider unserer Beobachtung, da uns keine Versuche aus dieser Zeit erhalten sind. Was dagegen seine Prosa anlangt, ist bei Gelegenheit der norddeutschen Reise soeben erörtert worden. Das eine steht jedenfalls fest, daß zu Eichendorffs eigentümlich romantischer Lebensanschauung hier in Halle der erste Grund gelegt wurde. Eigentlich bestimmend für diese Richtung sollte freilich erst der Heidelberger Aufenthalt werden.

In Begleitung Schöpps und des intimeren Haller (auch schon Breslauer) Freundes, namens Forche, eilten die jungen Barone möglichst rasch über Leipzig, Oschatz, Dresden der schlesischen Heimat zu. Kurz vor Breslau stießen sie plötzlich auf ihre Mutter und Herrn Heinke, die ihnen entgegengekommen waren. In der schlesischen Hauptstadt wurde 2 Tage gerastet, alte, liebe Erinnerungen und Bekanntschaften aufgefrischt, so der verehrte Professor Rochowski und der Weihbischof von Schimonski besucht, selbstverständlich auch die „„Komödie". Den Empfang in Lubowitz schildert Wilhelm, der gelegentlich seinen Bruder Joseph im Tagebuch vertritt, sehr anschaulich (19. Aug. 1806): Das Herz pochte uns, je näher wir Lubowitz kamen. Schon sahen wir links den Annaberg in trübe Nebel gehüllt, es begann zu regnen, die Luft war kühl. Hinter Blaschwitz stiegen wir aus, um den schlimmen Berg zu Fuß zu gehen. Als wir ihn zur Hälfte erstiegen hatten, standen oben auf dem Gipfel die weißen Pferde und der Papa kam uns entgegen. Ich hätte umsinken mögen vor lauter Freude. Wir liefen, was wir konnten und fielen atemlos in die Arme des Vaters. Nun kamen auch die Übrigen nach, alles begrüßte sich und wir setzten uns auf die Wurst zum Papa und fuhren mit ihm dem Slavikauer Walde zu. Auf einmal fiel ein Schuß, dann noch einer und dann eine Kanonensalve. Die Pferde wurden wild, wir sprangen vom Wagen. Es war uns zu Ehren. Ich und Forche schnellten die Hieber und zogen vom Leder. Nun kam Herr Sintak, der Urheber und Schöpfer dieser Knalle und des Getöses im Walde uns feierlich salutieren. Wir dankten ihm, neigten die Hieber und begleiten diesen Artilleriehauptmann mit gezücktem Stahl bis hinter die Kanonen und Bombenkessel. Nun fuhren wir nach Lubowitz. Wir waren noch eine halbe Stunde entfernt, als uns Herr Lieutenant Seher vom Bimkingschen Kavallerie-Regiment entgegensprengte, uns zu empfangen. Als wir uns Lubowitz nahten, erhob sich ein fürchterlicher Kanonendonner, von allen Wällen der Veste Lubowitz, aus allen Bomben- und Kesselschlünden. Pauken und Trompeten schmetterten, die ganze Gemeinde sah zu. Nun kam uns unser lieber Kaplan entgegen, der Kommandeur der großen Kanonade, dem wir herzlich um den Hals fielen. Dann sahen wir auch den Herrn Pächter Adametz über das Feld gesprungen kommen, welcher bei dem ersten Knall, den er hörte, herbeilief. Wir gingen nunmehr unter dem Freudengeschrei aller Anwesenden weiter bis zum Zaun, wo sich die Wege nach Ratibor und Slavikau kreuzen. Hier stand ein Triumphgerüste mit der Inschrift: salve. Der alte Koch und der alte Lorenz standen als Kosaken verkleidet, mit großen Zwickel- und Schnurrbärten, präsentierten das Gewehr und fragten uns aus gleich einer Thorwache, hinter uns wurde fortgefeuert, die Trommeln gerührt und die Trompeten geschmettert, gleich der Posaune von Jericho. So zogen wir im Triumph in unsere Heimat ein, nachdem wir $1^1/_2$ Jahr auf der alten Universität, Friedericiana genannt, zu Halle im Magdeburgischen gelebt hatten."

Der Aufenthalt der beiden Brüder in ihrer lieblichen Heimat, ursprünglich nur für die Zeit der Ferien geplant, dauerte 8 ganze Monate. Von den verschiedenen „Lubowitzer Jubelperioden" ist diese nicht nur zeitlich, sondern auch inhaltlich betrachtet entschieden die bedeutendste, von denen uns das Tagebuch berichtet. Dreierlei Momente kommen hierbei in Betracht. Erstlich entfaltete sich das lebensfrohe, jugendlich übermütige Treiben unter der Einwirkung des frischen Hallischen Studentengeistes, der seine Führer diesmal durch und durch beseelte, ganz besonders charakteristisch und farbenprächtig, zweitens hob es sich doppelt plastisch ab von dem dunklen politischen Hintergrund des großen Krieges und endlich steht es in bereits direkt nachweisbarer Beziehung zu dem interessanten Jugendroman des Dichters „Ahnung und Gegenwart.“ Es ist daher unumgänglich notwendig, gerade auf diesen Lubowitzer Aufenthalt vom August 1806 bis Mai 1807 etwas näher einzugehen. Gleich nach der Ankunft stellten sich die nunmehrigen Haller Studiosi der Nachbarschaft vor, besonders auf den Rittergütern Brzeznitz und Ganjowitz, mit deren Besitzers-, beziehungsweise Pächtersfamilien man zu Lubowitz besonders warme Freundschaft hielt. Die Besuche wurden fleißig wiederholt und ebenso fleißig erwidert. Mit lustigen Fahrten, im Wagen, auf der „Wurst“ oder zu Kahn, mit allerhand ausgelassenen Neckereien und tollen Streichen, mit kleinen idyllischen Festen und Feierlichkeiten, mit improvisierten Bällen, Konzerten und Aufzügen verkürzte man sich wacker die Zeit. In dem ersten Aufsatz seines „Erlebten“[1]) giebt uns Eichendorff eine überaus launige und stimmungsvolle Beschreibung eines solchen Durchschnittstages:

„Gleich mit Tagesanbruch entstand ein gewaltiges Rumoren im Haus und Hof, vor dem der erschrockene Fremde, um nicht etwa umgerannt zu werden, eilig in den Garten zu flüchten suchte. Da flogen überall die Thüren lärmend auf und zu, da wurde unter Gezänk und vergeblichen Rufen gefegt, gemolken, gebuttert, die Schwalben, als ob sie bei der Wirtschaft mit beteiligt wären, kreuzten jubelnd über dem Gewirr, und durch die offenen Fenster schien die Morgensonne heiter durchs ganze Haus über die vergilbten Familienbilder und die Messingbeschläge der alten Möbel, die jetzt als Rokokko wieder für jung gelten würden. An schönen Sommer-Nachmittagen aber kam häufig Besuch aus der Nachbarschaft. Nach geräuschvollen Empfangskomplimenten und höflichen Fragen nach dem „werten Befinden“, ließ man sich dann gewöhnlich in der desolaten Gartenlaube nieder, auf deren Schindeldache der buntübermalte hölzerne Cupido bereits Pfeil und Bogen eingebüßt hatte. Hier wurde mit hergebrachten Späßen und Neckereien gegen die Damen zu Felde gezogen, wurde viel Kaffee getrunken, sehr viel Taback verraucht, und dabei an den Getreidepreisen, von dem zu verhoffenden Erntewetter, von Prozessen und schweren Abgaben verhandelt, während die ungezogenen kleinen Schloßjunker auf dem Kirschbaum saßen und mit den Kernen nach ihren gelangweilten Schwestern feuerten, die über den

---

[1]) a. a. O. S. 268. ff.

Gartenzaun ins Land schauten, ob nicht der Federbusch eines insgeheim erwarteten Reiteroffiziers der nahen Garnison aus dem fernen Grün emportauche. Und dazwischen tönte vom Hofe herüber immerfort der Lärm der Sperlinge, die sich in der Linde tummelten, das Gollern der Truthähne, der einförmige Takt der Drescher und all jene wunderliche Musik des ländlichen Stilllebens, die den Landbürtigen in der Fremde, wie das Alphorn den Schweizer oft unvermuthet in Heimweh versenkt. In den Thälern unten aber schlugen die Kornfelder leise Wogen, überall eine fast unheimlich schwüle Gewitterstille, und niemand merkte oder beachtete es, daß das Wetter von Westen bereits aufstieg und einzelne Blitze schon über dem dunklen Waldeskranze prophetisch hin und her zuckten."

Auch an Lubowitz sollte dieses drohende Wetter aus dem Westen nicht spurlos vorbeiziehen. Eben waren die Brüder von einem fröhlichen Besuch in Troppau, wo sie durch ihren Oheim die Spitzen des hohen, österreichisch-schlesischen Adels, besonders den Fürsten Lichnowski, kennen gelernt hatten, zurückgekehrt, da schlug wie ein Blitz aus heiterem Himmel am 26. Oktober 1806 die Nachricht von der Niederlage der preußischen Armee bei Jena und Auerstädt ein. Zunächst wurde freilich das lustige Leben ruhig fortgesetzt, doch bald wurde die Sache ernster. Die nächste Hiobspost war die Auflösung der Haller Universität durch Napoleon und die Vertreibung der Studenten, die die jungen Barone „wahrhaft erschütterte" (30. Oktober 1806). Ein Bekannter aus Halle, namens von Poremski, schilderte ihnen den ganzen Verlauf, den er vom roten Turme in Halle selbst mit angesehen hatte, am 11. November persönlich. Am Ende dieses interessanten Berichtes heißt es: „Die Studenten bekamen Sicherheitskarten auf die Hüte, wurden sehr gut behandelt und bekamen von den französischen Offizieren zu essen und Geld. Als aber am dritten Tage Napoleon mit seiner Garde, dem Prinzen Murat und dem Prinzen von Baden in Halle ankam, und der Präsident ihm versicherte, er könne nicht für die Ruhe der Studenten stehen, befahl er allen Studiosen binnen 24 Stunden die Stadt zu räumen. Letztere wanderten dann auch in Haufen von 3—400, alle zu Fuß und sans Spieß aus, begleitet von dem Jammergeschrei der hallischen Philister, die bei ihrem Ausmarsche mehr weinten als beim Einmarsche der Franzosen."

Wenige Tage darauf standen die französischen Vorposten schon in Gleiwitz (23. Nov.), schon vorher waren die verabschiedeten Offiziere, Büchsenspanner 2c. nach Kosel einberufen worden, und auch in Lubowitz hielt man am 24. mit der Nachbarschaft „ein großes politisches Konzilium," um Vorsichtsmaßregel zu treffen. Das Silber und die feinere Wäsche wurde eingepackt, zurückkehrende Gefangene wurden eifrig ausgeforscht, in und außer dem Hause gewaltig politisiert und mit Furcht und Spannung dem Kommen des Feindes entgegengesehen, während ferner Kanonendonner mitunter schon dumpf und grollend mitten in den leichtsinnigen Jubel der noch nicht aufgegebenen Lustigkeiten hinein dröhnte. (10., 12., 15. Dezbr.) Denn Jagden und Bälle wurden auch weiter abgehalten und besonders gern von den Brüdern und ihren „Kumpanen“ (so nannte man sich), allerhand musikalische und mimische Aufführungen zum Besten gegeben. Die beiden jungen Barone waren selbst musikalisch, besonders Wilhelm, der nicht nur Guitarre, Flöte und Klavier beherrschte, sondern auch eine hübsche Singstimme besaß. Daneben sind die Haller Freunde zu nennen, namentlich Forche, dem eine so hervorragende musikalische Begabung eigen war, daß er in Halle sogar ein öffentliches Konzert gegeben hatte (24. Juni 1806.) Er komponierte fleißig, malte auch nicht übel und glänzte besonders als Direktor der „Guckmäste“ (wohl einer Art laterna magica mit selbstgefertigten Bildern, zu denen Verse gemacht und gesungen wurden) mit der er ordentliche Stücke aufführte (4., 24. Dez. 1806, 14. Jan. 1807) und die ganze Gesellschaft, die oft im Chorgesang einfiel, aufs köstlichste unterhielt. Der geniale, junge Mann war übrigens auch ein begeisterter Patriot und nachdem er sich eine Zeitlang lebhaft für die politischen Ereignisse interessiert hatte, entschloß er sich schließlich sogar, selbst in die schlesisch-preußische Armee des Fürsten Pleß einzutreten (18. Dez. 1806). Bewegten Herzens begleiteten ihn die Brüder an dem grauen Sylvestertage des Jahres 1806 bis Blazeowitz, „von wo aus er allein, von ihrem Hurrah begleitet, seinem Schicksal entgegenwandelte“.[1]) Herm. v. Eichendorff und selbstverständlich auch Keiter sprechen irrtümlicherweise von zwei Freunden, „welche von Halle aus die Brüder Eichendorff begleitet, und dann in österreichische Dienste getreten seien, um gegen den gemeinsamen Feind zu kämpfen“. Der zweite Haller Freund, der auch schon mehrfach erwähnte Klein, ist erstlich viel später nach Lubowitz gekommen und ist auch nicht Soldat geworden. Gerade er scheint aber dem Dichter, wohl schon von Breslau her, besonders nahe gestanden zu haben, denn er bemerkte bei seinem Abschied (25. März 1807): „Ade, ade, vielverkannter Freund!“ — Der dritte und entschieden originellste unter der jungen Schar war der bereits oft genannte Kaplan, ein Theolog, der wohl dem freiherrlichen Schulwesen auf den Eichendorffischen Besitzungen vorzustehen hatte,[2]) und auf den wir später noch genauer einzugehen haben. Außer diesem engeren Freundeskreise kommen weiterhin noch viele andere Persönlichkeiten in Betracht, die zum Teil zur Verwandtschaft oder zur Freundschaft gehörten, wie die jungen Schimonski, die Strachwitze und Andere, die bald als dauernde, bald als flüchtige Gäste oder endlich gar als Einquartierung, wie die jungen Offiziere, im

[1]) Forche ward später österreichischer Offizier, da der deutsche Feldzug bald zu Ende ging.

[2]) S.W. IV. S. 444. vergl. auch Viktor in „Ahnung und Gegenwart“.

heiteren Lubowitz verkehrten und den Jugendreigen vervollständigen halfen. Das Eichendorffische Schloß stand ja jedem Bekannten — ob bürgerlich oder vom Adel galt völlig gleich — mit fast fürstlicher Gastfreiheit offen und nach Angabe des Promemoria verging fast kein Tag, an dem nicht neuer oder alter Besuch eintraf oder abreiste. Vollends groß ward die Gästefrequenz, als nun die Kriegszeiten anbrachen und das abgelegene Lubowitz gleichsam als Zufluchtsort betrachtet werden konnte.

Am 2. Januar 1807 wurde die Festung Kosel gesperrt und am 23. begann die Belagerung durch die 18000 Mann des bayrischen Korps unter General Deroy und damit zugleich für Lubowitz und seine Bewohner eine unruhige Zeit, in der der nahe Kanonendonner nur selten verstummte. Der französische Oberbefehlshaber stellte zwar einen sauve garde-Brief für die Eichendorffischen Güter aus (29. Januar), aber die Proviant- und Pferdelieferungen, Einquartierungen und dergleichen Kriegsunannehmlichkeiten blieben selbstverständlich nicht aus. Eichendorff giebt uns mitunter kleine, aber ganz anschauliche Bilder aus dieser Zeit, so schreibt er den 10. November 1806: „Als wir alle bei der Abendtafel schmausten und hausten, trat plötzlich der Herr von Poser (senior) in die Stube und bat für seine Braut, seine Schwiegermutter und kleinen Schwager quasi Winterquartiere aus. Darauf wälzte sich die ganze Fluchtkarawane mit 15 Pferden, 3 Wagen usw. durch Nacht und Graus langsam heran. Große Verwirrung und schwere Not. — Nachdem die ganze Armee das Lager bezogen hatte, schmachtisierte unser Quartett in der Geßlerschen Stube bis 12 Uhr fort.“ Den 7. Februar 1807 heißt es: „Abends um 6 Uhr, als wir alle im Tafelzimmer gemächlich schmauchten und lasen, stürzte der Bräuer plötzlich mit verstörter Miene in die Stube mit der Nachricht, daß ein Kommando Bayern hier wäre und bereits in Ellgott geplündert hätte. Panischer Schrecken. — Es waren 7 Mann und ein Unteroffizier, die in allen Dörfern Ratiborer Kreises 9 fl. Exekutionsgeld erhoben. Sie stiegen beim Verwalter ab, tranken einige Flaschen Wein und ritten über Ganjowitz nach Slavikau, wo sie übernachteten. Man sah heute bis um Mitternacht gen Kosel am Horizonte heftige Blitze (Pechkränze), von Kanonendonner begleitet.“ Oder den 25. Februar: „Fing um Mitternacht eine Kanonade in Kosel an, wie sie noch nie gehört worden, so daß uns das Klirren der Fenster kaum schlafen ließ. Wir beide und die Mama fuhren daher früh auf der Wurst nach der Slavikauer Windmühle. — Zwei bayerische Deserteurs wanderten vorbei ins Österreichische. — Aus dem oberen Fenster der Windmühle richteten wir unsern Tubus und sahen die Festung Kosel deutlich vor uns, wir sahen wie Kosel von zwei entgegengesetzten Seiten aus den Waldthälern bei Chlodnitz und von den Bergen bei Wegschütz fürchterlich beschossen wurde. Der Kommandeur (v. Neumann) beantwortete jeden Schuß tapfer von den äußersten Wällen.

Es muß uns auf den ersten Blick Wunder nehmen, wenn wir lesen, daß auch in dieser schweren Zeit der Humor und die Leichtlebigkeit des Lubowitzer Treibens nicht wesentlich gestört wurde. Aber einmal empfand man gerade unter diesen Umständen den Drang nach Gesellschaft und Unterhaltung wohl doppelt stark, und dann war doch auch die Jugend der weitaus größte und durchaus führende Teil bei diesen geselligen Unterhaltungen. Wollte man daraus auf einen Mangel an Vaterlandsliebe schließen, so würde man völlig fehlgehen, wenigstens was die Person des Dichters betrifft, der doch wenige Jahre darauf sogar seine Braut im Stich ließ, um an dem Kampfe gegen den Erbfeind teilzunehmen. Auch damals schon finden sich jedoch einige deutliche Zeichen seiner innersten Überzeugung, die man recht wohl beachten muß. Gerade bei einer so zurückhaltenden, aber scharf beobachtenden Natur wie der des jungen Eichendorff äußern sich solche Stimmungen nur selten und meist (auch das ist bezeichnend für den angehenden Lyriker) in Verbindung mit irgend einem Naturgefühl. So schreibt er gelegentlich einer besonders heiteren Jagd (10. Dezember 1806): „Hier vereinigte sich alles, um die Sache so romantisch als möglich zu machen: der schöne Morgenhimmel, Waldhornsklang hier und dort, aus dem fernen Hintergrunde unaufhörlicher Kanonendonner, allein gerade unter diesem Kanonendonner kam mir unsere Jagd bis zur Bangigkeit klein, unthätig, dumm vor." Und ein ander Mal, als er den ganzen Vormittag bei herrlichstem „Frühlingswetter mit Jean Pauls köstlichem Hesperus in der Hand durch den erwachenden Garten" geschlendert ist, schaut er halb prophetisch ahnend „in der Nachricht der russischen Siege und der deutschen Teilnahme Österreichs die politische Morgenröte eines lichteren Tages." (20. Februar 1807.) Freilich bis zur Erfüllung dieser Hoffnung hatte es noch gute Weile, und auch in Lubowitz sah man wohl ein, daß man sich auf längere Zeit würde die französische Okkupation gefallen lassen müssen.

Auch die Brüder dachten wieder an die Fortsetzung ihrer Studien. Halle konnte natürlich nicht mehr in Frage kommen. Eine Zeit lang hatte man wohl Dorpat als das sicherste ins Auge gefaßt (17. März 1807), doch nicht lang, denn wenige Tage darauf (26. März) wird bereits der österreichische Paß für Heidelberg besorgt und die Sparkasse mit 119 Reichsthalern (31. März) für die Frühlingsfahrt nach dem schönen Neckarthale reim Herrn Kaplan erhoben. Damit war eine Entscheidung getroffen, die ganz gewiß den Neigungen der jungen Barone mehr entsprach als die russische Universitätsstadt (wenigstens war die Freude und Spannung auf Heidelberg nach dem Tagebuche nicht gering), zugleich aber auch eine Entscheidung, die für den jungen Dichter von allergrößter ausschlaggebender Bedeutung werden sollte.

Die Abreise wurde, da der Olmützer Paß sich verzögerte, erst auf Anfang Mai festgesetzt. Bis dahin wurde noch einmal das idyllische

Lubowitzer Glück in vollen, berauschenden Zügen genossen. Selbst die traurigen politischen Schicksale des Vaterlandes vermochten eben den Jugendmut auf die Dauer nicht zu dämpfen. Die sorglos heitre, lebensfrohe Stimmung dieser letzten Lubowitzer Periode hat aber auch lang und nachhaltig in des Dichters Seele wiedergeklungen, und es war keine sentimentale Phrase, wenn er beim Abschied (4. Mai 1807) notierte: „Schöne, sonnige Zeiten, die mir ewig als ein stiller Hesperus glänzen werden, auf dem ich ausruhe von Mühen und vergeblicher Sehnsucht". Den glänzendsten Beweis dafür liefert uns sein Roman „Ahnung und Gegenwart".

Daß das erste Buch dieses umfassenden Jugendromans in seiner Stimmung und seinem Milieu, (soweit man davon bei der duftig-phantastischen Hintergrundszeichnung Eichendorffs überhaupt sprechen kann), im wesentlichen auf Lubowitzer Anschauungen und Erfahrungen fußt, darüber herrscht wohl kein Zweifel. Herm. v. Eichendorff[1]) giebt an, daß der Dichter den Roman bereits zum größten Teil im Sommer 1808 in Lubowitz geschrieben habe. Ich möchte noch weiter gehen und behaupten, daß einzelne Scenen und Gestalten, ja vielleicht sogar einzelne Gedichte beziehungsweise Gedichtteile sich geradezu auf die uns hier vorliegende Periode von 1806/7 beziehen. Auf das nähere wird später bei Besprechung des Romans ausführlicher einzugehen sein, die allgemeineren Gründe müssen jedoch schon hier angegeben werden und sind kurz folgende: der ganze erste Teil des Romans atmet eine solche sinnlich heitere Daseinsfreude, wie sie in späteren Jahren in Lubowitz nicht mehr zu Hause war. Der früher allzu glänzende Haushalt, die schweren Kriegszeiten hatten auch hier die Sorgen im Gefolge und der alte Freiherr bangte bald ernstlicher um die Erhaltung seines großen Besitzes. Im Jahre 1808 kamen die Brüder schon weit ernster und gereifter nach Lubowitz zurück, um ihrem Vater eine Stütze zu sein und nach Herm. v. Eichendorffs Angaben haben sie es sich auch ernst damit genommen. Eichendorff selbst arbeitete fleißig in der Verwaltung der Güter wie in poetischer Beziehung. Von dem ausgelassen-lustigen Treiben, wie es das erste Buch von „Ahnung und Gegenwart" uns schildert, kann 1808 also kaum mehr die Rede gewesen sein. Aber die herrliche Erinnerung an die erst kurz vergangene Zeit von 1806/7, die jedenfalls noch lebendig vor seiner Seele stand, wird um so kräftiger in ihm wiedergeklungen und den damals voll erwachten Poeten zum Schaffen getrieben haben. Dazu kommen auch mancherlei übereinstimmende Einzelheiten, die wohl schwerlich im Zufall begründet sein werden. So werden z. B. im 6. und 7. Kapitel des ersten Buches mancherlei Züge bei den Jagdvergnügungen, improvisierten Tänzen, Aufführungen und dergl. den Darstellungen des Tagebuches dieser Zeit recht entsprechend geschildert,

[1]) a. a. O. S. 460.

ja die Scenerie des Jagdschlosses Sumin, das damals mehrfach die Bühne für diese tollen Lustbarkeiten war, ist mitunter ganz deutlich wieder zu erkennen. Auch hier stehen im Mittelpunkt der Handlung die beiden jungen Grafen Friedrich und Leontin, die beide mit Versen, Gesang und Guitarre gar wohl Bescheid wissen, und daneben die groteskexcentrische Figur des Theologen Viktor, in dem nach des Dichters eigner Angabe[1]) der Hauskaplan von Lubowitz wiedergegeben worden ist, der ja auch in den Monaten dieser Zeitperiode der Anführer der fröhlichen Mummenschänze und Allotria war. Auch unter den Frauengestalten stößt man gelegentlich auf bekannte Züge.

Wichtiger noch als diese Äußerlichkeiten ist die Gestaltung der Liebesabenteuer selbst, die recht deutlich auf Erlebnisse der Jahre 1806/7 hinweist. Der junge Eichendorff, dessen Herz, wie es scheint, recht leicht einmal Feuer fing, hatte damals in Lubowitz zwei solcher Erfahrungen durchzumachen. Erst war es ein gewisses „Philippinchen" (21.—25. Sept. 1806), wahrscheinlich eine Pächterstochter oder Nichte (Adametz?) aus Ganjowitz, von ihm poetisch der „Genius von 1806" genannt, der ihm ein allerdings nur kurzes „goldnes Zeitalter" heraufführte, dann aber eine junge, schöne Frau aus Ratibor, Madame Hahmann, die ihm und seinem Bruder Wilhelm den Kopf verdrehte. Die Sache war natürlich sehr harmlos, obwohl sie den Brüdern „viel Bangigkeit" und einen schweren Abschied bereitete (1. u. 2. Mai 1807). Auf diese Episode beziehen sich wohl die zwei Strophen im 8. Kapitel des ersten Buches:

Es waren zwei junge Grafen,
Verliebt bis in den Tod,
Die konnten nicht ruhn' noch schlafen
Bis an den Morgenrot.

O trau den zwei Gesellen,
Mein Liebchen, nimmermehr,
Die gehn wie Wind und Wellen,
Gott weiß: wohin, woher.

Auf das besondere Verhältnis dieser zwei Strophen zu den übrigen des Liedes wird später noch genauer einzugehen sein. Und wie diese Strophen werden auch manche andere Lieder aus „Ahnung und Gegenwart", das ja eine Menge im Werte sehr verschiedener Lieder enthält, auf diese Lubowitzer Periode von 1806/7 zurückreichen. So vielleicht das dem eben genannten vorangehende: „Schlafe, Liebchen, weil's auf Erden nun so still und seltsam wird" oder „Der Tanz, der ist zerstoben, die Musik ist verhallt", das geradezu auffallend, auch in seiner Prosaeinkleidung auf die reizende Philippinchenepisode paßt. Ebenso scheint es mir ziemlich wahrscheinlich, daß das niedliche Jugendlied „Das Zauber-

[1]) S. W. IV. S. 444.

netz" [1]) sich speziell auf das Verhältnis zu Madame Hahmann bezieht, namentlich der Schluß des Gedichtes spricht dafür. Für die direkte Beziehung des kleinen Liedchens „Beim Erwachen" (an M. H.) [2]) und des „Stammbuchblattes für M. H." [3]) sind die beigefügten Buchstaben, die auch im Tagebuche des öfteren vorkommen, Beweis genug. — Somit dürfte die Behauptung, daß dieses letzte, reizvolle Heimatidyll mit seinen bunten, wechselvollen Bildern und Gestalten schon unmittelbar in die beginnende Schaffensthätigkeit des Dichters hineinrage, nicht mehr allzu gewagt erscheinen.

Am 4. Mai 1807 verließen die beiden jungen Barone, wieder von ihrem treuen Schöpp begleitet, nach rührendem Abschied von den Eltern, die oberschlesische Heimat und begannen ihre köstliche Frühlingsfahrt über Troppau, Olmütz, Brünn, Budweis, Linz, Passau, Regensburg, Nürnberg, Mergentheim nach dem schönen Heidelberg. Auch diese Reise, reich an Abwechselung und kleinen Erlebnissen, hat Eichendorff sorgfältig aufgezeichnet, aber sie bietet der norddeutschen Reise gegenüber kaum etwas besonderes oder charakteristisches. Am 17. Mai „früh morgens um 4 Uhr", heißt es zum Schluß, „fuhren wir mit Herzklopfen durch das schöne Triumphthor in Heidelberg ein".

IV. Heidelberg.

Die Universität Heidelberg, die in der langen Zeit ihres Bestehens schon so viele Wandlungen durchgemacht hatte, stand um diese Zeit, als die jungen Freiherren Wilhelm und Joseph von Eichendorff dort ihre Studien fortsetzen wollten, ähnlich wie Halle im Zeichen frisch aufstrebender Blüte. Der neue Großherzog Karl Friedrich von Baden, dem die schöne Neckarstadt im Jahre 1803 zugefallen war, that sein möglichstes, aus der ehemals pfälzischen, bezw. bayrischen, traurig verkommenen Landesuniversität eine allgemeine deutsche Hochschule im besten Sinne des Wortes zu schaffen. Er stattete sie mit edler Freigebigkeit glänzend aus und scheute keine Kosten, um die tüchtigsten Gelehrten Deutschlands als Lehrer nach Heidelberg zu ziehen. Hatte er auch nicht überall Erfolg damit (u. a. schlug Savigny zweimal den Ruf aus), so zierte doch bald eine seltene Reihe bedeutender Professoren die Heidelberger Lehrstühle. Insbesondere war es die juristische Fakultät, die damals den Ruf genoß und wohl auch verdiente, die erste von ganz Deutschland

---

[1]) S. W. I. S. 179.
[2]) Meisner a. a. O. S. 24.
[3]) SW. II. S. 109.

zu sein.[1]) Auch für Eichendorffs Wahl mag dieser Umstand vor manchen andern schwerwiegend gewesen sein. Daneben war Heidelberg in jenen Jahren der Ausgangspunkt der neuen, frisch-nationalen Geistesrichtung, die man später als die „neuromantische“ zu bezeichnen pflegte, deren Prophet der geniale Rheinländer Görres, deren litterarische Hauptvertreter das poetische Dioskurenpaar Arnim und Brentano waren. Alle drei waren jedoch damals noch unberühmt, und es ist kaum anzunehmen, daß ihre Namen die beiden schlesischen Barone nach Heidelberg gezogen haben sollten. Thibauts Ruhm dagegen war damals schon weit in Deutschland verbreitet, auch Martin und Heises Namen und Bedeutung waren den jungen Juristen jedenfalls schon von Halle her bekannt. Diese drei Rechtslehrer standen dann auch im Mittelpunkt ihrer Heidelberger juristischen Studien, denen sie, wie H. von Eichendorff und das Tagebuch uns vollauf bestätigen, mit ganz besonderem Eifer oblagen.

Alt Heidelberg scheint damals überhaupt eine spezifische Arbeitsuniversität gewesen zu sein und von dem romantischen Studententum, das es in späteren Jahrzehnten so berühmt gemacht hat, war zu jener Zeit wohl noch wenig zu spüren. Gries z. B., der berühmte Übersetzer des Calderon, auch eine der Zierden des dortigen Professorentums, beklagt sich bitter darüber und fühlt sich in der schönen Neckarstadt enttäuscht gegenüber von Jena und Göttingen. Görres schrieb sogar: „Etwas gar zu solid ist das Wesen hier, die dicken Juristen haben zu sehr das Übergewicht und das Studieren wird getrieben, als ob es das ganze Jahr Charwoche wäre.“ Auch Eichendorff seufzt gelegentlich über allzu große Arbeit (29. Juli, 7. September, 21. Oktober 1807) und erzählt, daß die Zuhörer bei Thibauts Vorlesungen sich geradezu drängten, so daß man nur mit großer Mühe Platz fand. Der große Civilist muß auch in der That eine überaus fesselnde Persönlichkeit gewesen sein, weitblickend in seiner Anschauung, klar und prägnant in seiner Darstellung, anziehend und geistvoll im Umgang. Die jungen Freiherrn, die beide Semester fleißig bei ihm hörten, sind ihm auch persönlich näher getreten (18. 20. 22. Mai, 27. September 1807), und fanden in ihm „einen artigen und gebildeten Mann.“ Bei einer Unterhaltung über Halle fiel ihnen namentlich sein scharfes Urteil über die Haller Juristen Schmalz und Woltaer auf, während er vor Wolf die größte Achtung zeigte.

Weit wichtiger für Eichendorffs ganze Entwickelung sollte eine andere Heidelberger Dozentenpersönlichkeit werden, deren Bekanntschaft er auch gleich in den ersten Tagen beinahe wie zufällig machte, es war die des eben erwähnten Joseph Görres. Am 19. Mai hospitierten die Brüder

---

[1]) Vergl. C. Th. Perthes: Politische Zustände und Personen in Deutschland zur Zeit der französischen Herrschaft. Gotha. 1862. I. Bd. S. 291 ff. und Treitschke: Deutsche Geschichte im 19. Jahrhundert. 5. Aufl. Leipzig. 1894. I. Teil S. 305. ff.

[2]) Perthes a. a. O. S. 292.

bei ihm in einem Kolleg über den Himmelsbau. „Blaß, jung, wildbewachsen, feuriges Auge, fast wie Steffens, aber monotonen Vortrag", — das war der erste, jedenfalls fesselnde Eindruck, denn bereits nach dem Kolleg ließen sie sich ihm durch einen Bekannten, ihren späteren Freund, Herrn Julius vorstellen, unterhielten sich mit ihm über Steffens und die Franzosen und fanden ihn ungemein „wahr und witzig". Die Bekanntschaft wurde fortgesetzt, einmal durch Belegung eines ästhetischen Kollegs, das auf die jungen Barone künstlerisch anregend wirkte, späterhin auch durch öftere persönliche Berührung, die den Grund zu einer dauernden Lebensfreundsaft legte und den Anlaß gab zur Einführung in den speziell romantischen Dichterkreis. Diese Entwickelung ging jedoch sehr allmählich vor sich und von einem Verlauf, wie ihn Keiter[1]) giebt, ist nicht die Rede, ja auch H. v. Eichendorffs Darstellung[2]) wird sehr wesentlich abzuändern sein. Nach Keiter wäre der Heidelberger Aufenthalt Eichendorffs eigentlich nur eine Zeit des intimsten Verkehrs mit Görres, Arnim und Brentano gewesen, aber auch nach H. von Eichendorff bildete dieser Umgang „für Eichendorff den Kern und Mittelpunkt seines Lebens in Heidelberg". Beide Darstellungen sind einseitig, denn beide fußen nur auf den Schilderungen, die Eichendorff in seinem „Erlebten"[3]) giebt, die darum zuerst in ihrem ganzen Umfange wiedergegeben werden muß: Heidelberg ist selbst eine prächtige Romantik; da umschlingt der Frühling Haus und Hof und alles Gewöhnliche mit Reben und Blumen, nnd erzählen Burgen und Wälder ein wunderbares Märchen der Vorzeit, als gäbe es nichts Gemeines auf der Welt. Solch' gewaltige Scenerie konnte zu allen Zeiten nicht verfehlen, die Stimmung der Jugend zu erhöhen und von den Fesseln eines pedantischen Comments zu befreien; die Studenten tranken leichten Wein anstatt des schweren Bieres, und waren fröhlicher und gesitteter zugleich als in Halle. Aber es trat gerade damals in Heidelberg noch eine ganz besondere Macht hinzu, um jene glückliche Stimmung zu vertiefen. Es hauste dort ein einsiedlerischer Zauberer, Himmel und Erde, Vergangenheit und Zukunft mit seinen magischen Kreisen umschreibend — das war Görres.

Es ist unglaublich, welche Gewalt dieser Mann, damals selbst noch jung und unberühmt, über alle Jugend, die irgend geistig mit ihm in Berührung kam, nach allen Richtungen hin ausübte. Und diese geheimnisvolle Gewalt lag lediglich in der Großartigkeit seines Charakters, in der wahrhaft brennenden Liebe zur Wahrheit und einem unverwüstlichen Freiheitsgefühl, womit er die einmal erkannte Wahrheit gegen offene und verkappte Feinde und falsche Freunde rücksichtslos auf Tod und Leben vertheidigte; denn alles Halbe war ihm tödtlich verhaßt, ja

---

[1]) a. a. O. S. 17 ff.
[2]) a. o. O. S. 447 f.
[3]) a. a. P. S. 305—12.

unmöglich, er wollte die ganze Wahrheit. Wenn Gott noch in unserer Zeit einzelne mit prophetischer Gabe begnadigt, so war Görres ein Prophet, in Bildern denkend und überall auf den höchsten Zinnen der wildbewegten Zeit weissagend, mahnend und züchtigend; auch darin den Propheten vergleichbar, daß das „Steiniget ihn!“ häufig genug über ihn ausgerufen wurde. Drüben in Frankreich hatte er bei den Banketten der bluttriefenden Revolution, hier in den Kongreßsälen der politischen Weltweisen das Mene Thekel kühn an die Wand geschrieben, und konnte sich nur durch rasche Flucht vor Kerker und Banden retten, oft monatelang arm und heimathlos umherirrend. — Seine äußere Erscheinung erinnerte einigermaßen an Steffens und war doch wieder grundverschieden. Steffens hatte bei aller Tüchtigkeit etwas theatralisches, während Görres, ohne es zu wollen oder auch nur zu wissen, schlicht und bis zum Extrem selbst die unschuldigsten Mittel des Effekts verschmähte. Sein durchaus freier Vortrag war monoton, fast wie fernes Meeresrauschen, schwellend und sinkend, aber durch dieses einförmige Gemurmel leuchteten zwei wunderbare Augen und zuckten Gedankenblitze beständig hin und her; es war wie ein prächtiges nächtliches Gewitter, hier verhüllte Abgründe, dort neue ungeahnte Landschaften plötzlich aufdeckend, und überall gewaltig weckend und zündend für's ganze Leben.

Neben ihm standen zwei Freunde und Kampfgenossen: Achim von Arnim und Clemens Brentano, welche sich zur selben Zeit nach mancherlei Wanderzügen in Heidelberg niedergelassen hatten. Sie bewohnten im „Faulpelz“, einer ehrbaren aber obskuren Kneipe am Schloßberg, einen großen luftigen Saal, dessen sechs Fenster mit der Aussicht über Stadt und Land die herrlichsten Wandgemälde, das herüberfunkelnde Zifferblatt des Kirchturms ihre Stockuhr vorstellte; sonst war wenig von Pracht oder Hausgerät darin zu bemerken. Beide verhielten sich zu Görres eigentlich wie fahrende Schüler zum Meister, untereinander aber wie ein seltsames Ehepaar, wovon der ruhige mild-ernste Arnim den Mann, der ewig bewegliche Brentano den weiblichen Part machte. Arnim gehörte zu den seltenen Dichternaturen, die, wie Goethe, ihre poetische Weltansicht jederzeit von der Wirklichkeit zu sondern wissen, und daher besonnen über dem Leben stehen und dieses frei als ein Kunstwerk behandeln. Den lebhafteren Brentano dagegen riß eine übermächtige Phantasie beständig hin, die Poesie in's Leben zu mischen, was dann häufig eine Confusion und Verwickelungeu gab, aus welchen Arnim den unruhigen Freund durch Rat und That zu lösen hatte. Auch äußerlich zeigte sich der große Unterschied. Achim von Arnim war von hohem Wuchs und so auffallender männlicher Schönheit, daß eine geistreiche Dame einst bei seinem Anblick und Namen in das begeisterte Wortspiel: „Ach im Arm ihm“ ausbrach; während Bettina, welcher, wie sie selber sagt, eigentlich alle Menschen närrisch vorkamen, damals an ihren Bruder Clemens schrieb: „Der Arnim sieht doch königlich aus, er ist nicht in der Welt zum zweitenmal. — Das Letztere konnte man zwar auch von Brentano; nur in ganz anderer Beziehung sagen. Während Arnims Wesen etwas wohlthuend Beschwichtigendes hatte, war Brentano durchaus aufregend; Jener erschien im vollsten Sinne des Worts wie ein Dichter, Brentano dagegen selber wie ein Gedicht, das, nach Art der Volkslieder, oft unbeschreiblich rührend, plötzlich und ohne sichtbaren Übergang in sein Gegenteil umschlug und sich beständig in überraschenden Sprüngen bewegte. Der Grundton war eigentlich eine tiefe, fast weiche Sentimentalität, die er aber gründlich verachtete, eine eingeborene Genialität, die er selbst keineswegs respektirte und auch von Andern nicht respektirt wissen wollte. Und dieser unversöhnliche Kampf mit dem eigenen Dämon war die eigentliche Geschichte seines Lebens und Dichtens, und erzeugte in ihm jenen unbändigen Witz, der jede verborgene Narrheit der Welt instinktartig aufspürte und niemals unterlassen konnte, jedem Thoren, der sich weise dünkte, die ihm gebührende Schellenkappe aufzustülpen, und sich somit überall ingrimmige Feinde zu erwecken. Klein, gewandt und südlichen Ausdrucks, mit wunderbar schönen, fast geisterhaften Augen, war er wahrhaftig zauberisch, wenn er selbstkomponierte Lieder oft aus dem Stegreif zur Guitarre sang. Dies that er am liebsten in Görres einsamer Klause, wo die Freunde allabendlich einzusprechen pflegten; und man könnte schwerlich einen ergötzlicheren Gegensatz der damals florierenden ästhetischen Thees ersinnen, als diese Abendunterhaltungen, häufig ohne Licht und brauchbare Stühle, bis tief in die Nacht hinein: wie da die Dreie alles Große und Bedeutende, das je die Welt bewegt hat, in ihre belebenden Kreise zogen, und mitten in dem Wetterleuchten tiefsinniger Gespräche Brentano mit seinem witzsprühenden Feuerwerk dazwischen fuhr, das dann gewöhnlich in ein schallendes Gelächter zerplatzte.

Das nächste Resultat dieser Abende war die Einsiedlerzeitung, welche damals Arnim und Brentano in Heidelberg herausgaben. Das selten gewordene Blatt war eigentlich ein Programm der Romantik; einerseits die Kriegserklärung an das philisterhafte Publikum, dem es feierlich gewidmet und mit dessen wohlgetroffenem Porträt es verziert war; andrerseits eine Probe- und Musterkarte der neuen Bestrebungen: Beleuchtung des vergessenen Mittelalters und seiner poetischen Meisterwerke, sowie die ersten Lieder von Uhland, Justinus Kerner u. a. Die merkwürdige Zeitung hat nicht lange gelebt, aber ihren Zweck als Leuchtkugel und Feuersignal vollkommen erfüllt. Übrigens standen ihre Verfasser in der That einsiedlerisch genug über dem großen Treiben, und Arnim und Brentano, obgleich sie neben Tieck die einzigen Produzenten der Romantiker waren, wurden doch von der Schule niemals als vollkommen zünftig anerkannt. Sie strebten vielmehr, die Schule, die schon damals in überkünstlichen Formen üppig zu luxurieren anfing, auf die ursprüngliche Reinheit und Einfachheit des Naturlauts zurückzuweisen. In diesem Sinne sammelten sie selbst auf ihren Fahrten und durch gleichgestimmte

Studenten überall die halbverschollenen Volkslieder für „des Knaben Wunderhorn", das, wie einst Herders Stimmen der Völker, durch ganz Deutschland einen erfrischenden Klang gab.

Auch Creuzer lebte damals in Heidelberg und gehörte, wiewohl dem genannten Triumvirat persönlich ziemlich fern stehend, durch seine Bestrebungen diesem Kreise an. Seine mystische Lehre hat, z. B. später in Lobeck, sehr tüchtige Gegner gefunden, und wir wollen keineswegs in Abrede stellen, daß die phantastische Weise, womit er die alte Götterlehre als ein bloßes Symbolum christlich umzudeuten sucht, gar oft an den mittelalterlichen Neuplatonismus erinnert und am Ende zu einer gänzlichen Auflösung des Altertums führt. Allein in Kriegszeiten bedarf ein grober Feind auch eines gewaltsamen Gegenstoßes. Erwägt man, wie geistlos dazumal die Mythologie als ein bloßes Schulpensum getrieben wurde, so wird man Creuzers That billigerweise wenigstens als eine sehr zeitgemäße und heilsame Aufregung anerkennen müssen. Noch zwei andere höchst verschiedene Heidelberger Zeitgenossen dürfen hier nicht unerwähnt bleiben; wir meinen Thibaut und Gries. In solchen Übergangsperioden ist die sanguinische Jugend gern bereit, den Spruch: „Wer nicht mit uns ist, ist gegen uns" gelegentlich auch umzukehren und Jeden für den Ihrigen zu nehmen, der nicht zum Gegenpart hält. Und in dieser Lage befand sich Thibaut. Schon seine äußere Erscheinung mit den langherabwallenden, damals noch dunkeln Locken, was ihm ein gewisses apostolisches Ansehen gab, noch mehr der eingeborene Widerwille gegen alles Kleinliche und Gemeine unterschied ihn sehr fühlbar von dem Troß seiner eigentlichen Zunftgenossen, und mit seiner propagandistischen Liebe und Kenntnis von der Musik der alten tiefsinnigen Meister berührte er in der That den Kreis der Romantiker. — Bei weitem unmittelbarer indeß wirkte Gries. Wilhelm Schlegel hatte soeben durch das dicke Gewölk verjährter Vorurtheile auf das Zauberland der südlichen Poesie hingewiesen. Gries hat es uns wirklich erobert. Seine meisterhaften Übersetzungen von Ariost, Tasso und Calderons Schauspielen treffen, ohne philologische Pedanterie und Wortängstlichkeit, überall den eigentümlichen Sinn und Klang dieser Wunderwelt; sie haben den poetischen Gesichtskreis unendlich erweitert und jene glückliche Formfertigkeit erzeugt, deren sich unsere jüngeren Poeten noch bis heute erfreuen. Auch war Gries schon geeignet, für den Ritt in das alte romantische Land Proselyten zu machen. Er verkehrte gern und viel mit den Studenten, die Abendtafel im Gasthofe zum Prinzen Karl war sein Katheder, und es war, da er sehr schwerhörig, oft wahrhaft komisch, wie da die leichten Scherze und Witze gleichsam aus der Trompete gestoßen wurden, so daß die heitere Konversation sich nicht selten wie ein heftiges Gezänke ausnahm.

Man sieht, die Romantik war dort reich vertreten. Allein sie hatte auch damals schon ihren sehr bedenklichen Afterkultus. Graf von Löben war in Heidelberg der Hohepriester dieser Winkelkirche. Der alte Goethe soll ihn einst den vorzüglichsten Dichter jener Zeit genannt haben. Und in der That, er besaß ganz unglaubliche Formengewandtheit und alles äußere Rüstzeug des Dichters, aber nicht die Kraft, es gehörig zu brauchen und zu schwingen. Er hatte ein durchaus weibliches Gemüt mit unendlich feinem Gefühl für den salonmäßigen Anstand der Poesie, eine überzarte empfängliche Weichheit, die nichts Schönes selbständig gestaltete, sondern von allem Schönen wechselnd umgestaltet wurde. So durchwandelte er in seiner kurzen Lebenszeit ziemlich fast alle Zonen und Regionen der Romantik, bald erschien er als begeisterungsmutiger Seher, bald als arkadischer Schäfer, dann plötzlich wieder als ascetischer Mönch, ohne sich jemals ein eigenthümliches Revier schaffen zu können. In Heidelberg war er gerade „Isidorus Orientalis“ und novalisirte, nur leider ohne den Tiefsinn und den dichterischen Verstand von Novalis. In dieser Periode entstand sein frühester Roman „Guido“, sowie die „Blätter aus dem Reisebüchlein eines andächtigen Pilgrims“; jener durch seine mystische Überschwenglichkeit, diese durch ein unkatholisches Katholisiren, ganz wider Wissen und Willen, die erstaunlichste Karikatur der Romantik darstellend.

Er hatte in Heidelberg nur wenige sehr junge Jünger, die ihn gehörig bewunderten; aber die Gemeinde dieser Gleichgestimmten war damals sehr zahlreich durch ganz Deutschland verbreitet. Es wäre eine schwierige, ja fast unmögliche Aufgabe, jenes wunderliche Gewirr von Talent und Zopf, Lüge und Wahrheit mit wenigen Worten in einen Begriff zusammenzufassen; und doch ist dieses Treiben insofern von litterarhistorischer Wichtigkeit, als dasselbe den schmählichen Verfall der Romantik vorzüglich verschuldet hat.“

Auch diese temperamentvolle, scharfgezeichnete Charakteristik Heidelbergs muß ebenso wie die von Halle als Beurteilung des greisen Dichters sehr wohl beachtet und gewertet werden, aber auch hier gilt es wieder äußerst vorsichtig zu sein in der Anwendung des Gegebenen auf des jungen Eichendorffs persönliche Erlebnisse und Erfahrungen, gilt es wiederum sorgfältig die Aufzeichnungen von 1807 mit denen von 1857 zu vergleichen und in ihren Resultaten je nachdem zu trennen oder zu vereinigen[1]). Herm. v. Eichendorff, dem beide Berichte vorgelegen haben, kann man den Vorwurf nicht ersparen, diese Pflicht versäumt zu haben, während Keiter, der ihn später als Gewährsmann benutzte, sich nur einer gewissen Übertreibung schuldig gemacht hat.

Wer die Tagebuchnotizen aufmerksam und unbefangen studiert, hat

[1]) Die Absicht des Dichters 1857 wird völlig klar durch Bemerkungen in dem Entwurf zum „Erlebten“ (Berliner Manuskripte Blatt 100—101: „Die Führer der Romantik in persönlichen, lebendigen Bildern vorführen, Görres, Arnim, Brentano u. s. w. Einfluß der Romantik auf die Religiosität im allgemeinen. Viele verrottete Katholische erst auf die Schönheit ihrer Religion aufmerksam und bekehrt.“

zunächst den Eindruck, daß Eichendorff zwei Dinge in Heidelberg besonders fesselten, das waren seine Studien und die herrliche Natur. Im Sommersemester 1807 überwog die Anziehungskraft der letzteren, im darauffolgenden Wintersemester die der ersteren. Von welcher Art seine mannigfaltigen Studien waren, zeigen am besten seine Kollegienpläne. Unterm 3. Juni 1807 schreibt er über das Sommersemester: „Unsere Kollegien waren dies Semester folgende: Institutionen bei Thibaut von 11—12 Uhr; Diplomatik bei Kopp von 7—8 Uhr früh; Ästhetik bei Görres von 5—6 Uhr abends. Xenophons Anabasis bei Voß jun. Italienisch bei H. Bruccalasi von 10—11 Uhr; Guitarre bei Weiland von 9—10 Uhr.“ Vom Wintersemester heißt es unterm 21. Oktober: „Wir hörten diesmal: von 9—10 Uhr Pandekten bei Thibaut (das Kollegium gedrängt voll, ewiges Diktieren, schwere Not); von 10—11 Uhr französisch bei Professor Dar (ein guter, alter, gründlicher, freundlicher Abbé) auf seiner eigenen Stube; von 11—12 Uhr wieder Pandekten. Mittag auf unserer Stube gegessen, von 1—2 Uhr für mich Guitarre geübt. Von 2—3 Uhr Pandekten; von 3—4 Uhr Kirchenrecht bei Prof. Heise (Speckmännlein von Kiel. Spaßhafte, zankende Clique: v. Merode, v. Olfers, Meier usw.) von 4—5 Uhr Kriminalrecht beim Hofrat Martin (sehr gut und befriedigend, klein, artig, schwarz und geschwätzig). Von 5—6 Uhr abwechselnd immer über den andern Tag Guitarre, von 6—7 Uhr italienisch bei H. v. Brucalassi (Goethes Meister ins Italienische übersetzt), von 7—8 Uhr Philosophie bei Görres, viermal wöchentlich (Göttliches Kollegium, zahlreiches Auditorium). — Seit Anfang der Kollegien täglich um 5 Uhr aufgestanden, bis 9 Uhr den einen Tag Jurisprudenz, den andern Sprachen studiert. Um 7 Uhr gefrühstückt. Abends oft und viel Kastanien.“ — Nach alledem läßt sich wohl deutlich erkennen, daß das Leben in Heidelberg im wesentlichen durch das Studium ausgefüllt war und auch viele andere kleine Notizen (z. B. 30. Juni, 29. Juli 1807, 31. Januar 1808) bestätigen das vollauf. Auch die Einteilung des Studiums ist klar ersichtlich. Im Vordergrunde steht die Jurisprudenz, daneben, ähnlich wie in Halle, Philosophie, Ästhetik und Sprachstudien, unter denen das Italienisch obenan steht. Charakteristisch für Heidelberg sind Eichendorffs diplomatische und paläographische Arbeiten, die ihm als Neuling große Mühe, aber auch viel Vergnügen machen (30. Juni, 29. Juli, 1. September 1807), ferner die besondere Pflege der Musik durch das Guitarrespiel. Unter den Professoren nehmen Thibaut und Görres den ersten Platz ein, aber auch Kopp und dem Italiener Brucalassi treten die Brüder persönlich näher (z. B. 2. Juni, 25. Juli, 13. September 1807). Bei Gries haben sie zwar nicht gehört, aber an seinen munteren Abendunterhaltungen im „Prinzen Karl“, namentlich im Anfang ihres Heidelberger Aufenthaltes, als sie dort eine Zeit lang wohnten, öfter teilgenommen, ja sogar in seinem Hause verkehrt (z. B. 21. Mai, 14. Juni, 25. Juli 1807), da sie sowohl seine originelle Art wie sein prächtiges

Klavierspiel anzog. Eichendorff charakterisiert ihn einmal in seiner knappen, skizzenhaften Weise: „klein, schwarz, etwas taub, galant und fidel". — Mit Creuzer dagegen scheint Eichendorff gar nicht in direkte Berührung gekommen zu sein, denn er erwähnt ihn auch nicht ein einziges Mal.

Die wichtigste Frage ist jedoch: Wie stand Eichendorff damals zu Görres und dessen Freunden Arnim und Brentano, die er in seinem „Erlebten" so plastisch und begeistert in den Mittelpunkt des romantischen Heidelberg stellt? Diese Frage lediglich nach den kurzen Aufzeichnungen des Promemoria zu behaupten, würde vielleicht ebenso einseitig sein als das umgekehrte Verfahren, das alle bisherigen Biographen des Dichters angewandt haben, indem sie das „Erlebte" zum ausschließlichen Ausgangspunkt machten. Was uns das Tagebuch bietet, ist sehr wenig. Es giebt an, daß der junge Eichendorff mit großem Interesse und steigender Begeisterung den Vorlesungen von Görres zugehört, daß ihn die geniale Persönlichkeit des Lehrers gefesselt, ihn mehrfach (z. B. in seinem Lächeln) an Steffens erinnert, daß ihn der liebenswürdige Rheinländer auch in seine Familie eingeführt hat, (allerdings erst anfangs 1808), wobei Eichendorff auch eine solche berühmte Görressche Dämmerstunde mitmachte (31. Jan. 1808), aber wohlgemerkt ohne Arnim und Brentano! Arnim wird nur zweimal gelegentlich einer zufälligen Begegnung und einmal als Zuhörer von Görres erwähnt. Am 2. Februar 1808 heißt es: „Bekam Thibaut nachmittags wegen mehreren gesagten Sottisen einen Tusch. Auflösung des Collegiums für heute. Daher Spaziergang mit Isidorus nach Rauenheim, wo wir H. v. Arnim begegneten. Grüner, polnischer Pelz [1]), groß, schön, bedeutend, fast wie Leißring". Und am 14. Februar: „Nachmittags wieder mit Isidorus, Strauß und Budde in Rohrbach. v. Arnim zu Schlitten. Wein. Im Rückwege Burschenlieder". Endlich am 29. März: „Schloß Görres vor einem zahlreichen Auditorio (v. Arnim) sein himmlisches Kollegium herrlich". Das ist alles, was Eichendorff über Arnim schreibt. Der Name Brentanos wird überhaupt nicht genannt.

Nach dem Tagebuch allein darf man, wie gesagt, nicht urteilen, aber dieses entschieden auffallende Schweigen ist immerhin sehr bemerkenswert, ja für die Auffassung Herm. v. Eichendorffs und Keiters vielleicht grundstürzend. Von einem zufälligen Verschweigen des sonst in dem Tagebuch stark betonten romantischen Verkehrs kann ebenfalls kaum die Rede sein, da Eichendorff z. B. über seinen Umgang mit dem Grafen Löben sehr genau berichtet, jeden Spaziergang mit ihm verzeichnet und sogar über ihre einzelnen Unterredungen und den politischen Austausch kurze Mitteilungen macht. Will man also an der Darstellung H. v. E.'s festhalten, so wird man entweder annehmen müssen, daß der junge

---

[1]) Übrigens dieselbe Kleidung wie sein Graf Karl in der „Gräfin Dolores" (S. 35).

Eichendorff damals absichtlich über die berühmten Herausgeber von „des Knaben Wunderhorn“ und der „Einsiedlerzeitung“ geschwiegen habe (warum, bleibt freilich fraglich), oder daß sein Verkehr mit Arnim und Brentano in eine spätere Zeit fällt. Ich persönlich halte das erstere, dem ganzen Charakter des Eichendorffischen Tagebuchs nach, für völlig ausgeschlossen, das letztere mit Bezug auf Heidelberg für nicht sehr wahrscheinlich und zwar aus zeitlichen Gründen.[1]) Das vorliegende Tagebuch schließt mit dem 3. April 1808 und spricht bereits von einem Abschied. Kurz, unmittelbar darauf erfolgte die Reise der jungen Barone nach Paris, wo nach Herm. v. Eichendorff[2]) ein „mehrmonatlicher Aufenthalt“ statt fand. Im Juni 1808 brachen sie nach den Angaben desselben wieder von Heidelberg auf, um nach Lubowitz heimzukehren. Demnach müssen ihre Tage in Heidelberg sowohl vor wie nach der Pariser Reise sehr zu zählen gewesen sein, sodaß ein intimerer Freundschaftsverkehr mit Arnim und Brentano für eine so eng begrenzte Zeit kaum anzunehmen ist.

Die bisherige biographische Tradition von Eichendorffs Heidelberger Aufenthalt wird also nach diesen Erwägungen kaum mehr zu halten sein. Es gilt darum, nach dem gegebenen Quellenmaterial ein neues Bild zu zeichnen. Auch hierbei wird man auszugehen haben von dem nahen Verhältnis des Dichters zu Görres, das uns gut bezeugt ist (von 1807 sowohl wie 1857) und wofür auch die spätere Lebensfreundschaft beider Männer spricht. So schreibt Eichendorff in einem Brief[3]) vom 28. August 1828: „Hier (gemeint ist Heidelberg) hatte ich das Glück, Ihr Schüler zu werden und bin es mit unwandelbarer Treue geblieben durch alle Verwandlungen, die seitdem mit mir und mit Ihnen vorgegangen“. Sowohl nach dieser Äußerung als vollends nach denen des Promemoria war es aber ein Verhältnis von Schülern zum Lehrer, in dem die Eichendorffe zu Görres standen, durchaus nicht das geistig ebenbürtiger Freunde; der Ausdruck „Intimität“ wäre also keineswegs zutreffend. In dem mehrfach[4]) für das Gegenteil herangezogenen Auftrage des Heidelberger Dozenten, für ihn in Paris altdeutsche Handschriften zu vergleichen, sah der junge Eichendorff jedenfalls mehr ein Zeichen ehrenden Vertrauens als einen sogenannten Freundschaftsdienst.[5]) Ob Eichendorff bei Görres auch Arnim kennen gelernt hat, bleibt fraglich. Die Tagebuchnotizen sprechen weit mehr für die Vermittlerrolle

---

[1]) Dem entspricht auch die Angabe in Goedekes Grundriß (IV. Aufl. 14. Heft. S. 69), wonach Arnim erst im Januar 1808 (S. 55), Brentano gar erst Ende April 1808 von Kassel nach Heidelberg zurückkehrte.

[2]) a. a. O. S. 459.

[3]) Franz Binder: Görres Freundesbriefe Nr. 346. S. 341.

[4]) Vergl. Keiter, H. v. Eichendorff, H. Palm. Goedeke. a. a. O.

[5]) Die „Volksbücher“, die hierbei genannt werden, können gar nicht in Betracht kommen, denn sie erschienen 1807, die Reise aber war 1808.

des Grafen Löben, der als Dichter bereits einen Namen hatte und schon dadurch, sowie durch seinen längeren Aufenthalt in Heidelberg die romantischen Dioskuren genauer kennen mochte. Übrigens ist es nicht ausgeschlossen, daß Eichendorff in der kurzen Zeit nach der Pariser Reise, bei Gelegenheit der Mitteilungen über seine Bibliotheksforschungen Arnim im Hause des Rheinländers noch persönlich näher getreten ist. Für Brentano will mir auch dies nicht sonderlich annehmbar erscheinen, da er 1810 von Berlin aus an Görres schreibt[1]): „Die Eichendorff haben Euch ungemein lieb und sind auch recht zarte Jungens; sie haben mir gesagt, daß sie eine Zeitlang aus Liebe zu Euch wie die Narren alles in Euerem Stile geschrieben haben". Auf eine frühere persönliche Bekanntschaft wird danach von Brentano nicht Bezug genommen.

Von dem originellen Treiben der „Einsiedler" wird Eichendorff wohl durch Görres oder Löben genügend Kenntnis erhalten haben, um es später so eingehend schildern zu können. Im einzelnen werden vielleicht erst spätere Veröffentlichungen volles Licht bringen, doch das eine liegt schon jetzt klar auf der Hand: Eichendorff stand dem romantischen Dreigestirn Görres, Arnim, Brentano als bewundernder Jünger gegenüber, nicht aber als persönlicher Gefährte. Ein Mitglied dieses „eminent genialen Freundeskreises", wie Herm. v. Eichendorff annimmt, war er keineswegs und alle Fabeleien Keiters über seine Mitbeteiligung an den Görresschen Volksbüchern, an der Sammlung für das „Wunderhorn", über Arnims und Brentanos direkte Einwirkungen sind abzuweisen als unberechtigte spätere Konstruktionen, denn auch Eichendorffs „Erlebtes" sagt davon nichts.[2])

In ganz entgegengesetzter Weise verhält es sich jedoch mit dem Verhältnis des jungen Eichendorff zum Grafen Otto Heinrich von Löben, mit dem der greise Dichter an seinem Lebensabend so scharf ins Gericht geht. — Am 15. November 1807 bemerkt Eichendorff in seinem Tagebuch: „Nachmittags auf den jetzt öden Bergen allein spazieren gewesen. Darauf zu Budde und Strauß, wo ich den Grafen Löben (Isidorus) aus Dresden kennen lernte. Poetische Natur in stiller Verklärung. Philosophische Gespräche." Unter dem 22. November folgt darauf: „Besuchte uns Graf Löben. Bis um 10 dageblieben. Guitarre und Klavier." Damit war eine Freundschaft angeknüpft, die in der

---

[1]) Einleitung zu Fouqué und Eichendorff von Max Koch. Deutsche Nationallitteratur v. Jos. Kürschner. Band 146. S. 91.

[2]) Nach Goedekes Grundriß erschienen die Volksbücher wie erwähnt 1807 (als Eichendorff Görres noch gar nicht näher getreten war), und auch „des Knaben Wunderhorn" II. und III. Teil ward schon 1807 von Arnim und Brentano fertig gestellt. Trotzdem heißt es in demselben Buch (III. Aufl. 1881. S. 293): „Eichendorff war für das Wunderhorn und für Görres Schrift über die Volksbücher thätig." Beides ist unmöglich.

Folgezeit sehr eingehend gepflegt wurde und bald zur größten Intimität führte. Mehrfache lange Spaziergänge werden zusammengemacht (z. B. 6., 16., 30. Dezember 1807, 3. Januar 1808) und am 4. Januar 1808 schreibt Eichendorff: „Meine erste Eröffnung an Isidorus und freudiger warmer Empfang. Urteil über Maria. Viel mit Isidorus zusammen.“ Darauf am 9. Januar: „Las Manuskripte von Isidorus. Wunderbar zogen sie mich an. Meine Sonette an Isidorus.“ Den 17. Januar erfolgt die „Antwort von Isidorus“, am 24. führen sie „lange Gespräche über Tieck und Novalis“. Der Verkehr wird eifrigst fortgesetzt. Am 28. Februar liest er neben Petrarca „kleine Romane von Isidorus“, im März seinen großen Roman „Guido“, man singt und spielt zusammen, läßt sich zusammen silhouettieren und am 29. März 1808 schickt Isidorus einige Gedichte Eichendorffs an Friedrich Ast nach Landshut, der sie bekanntlich unter dem von Löben gewählten Pseudonym „Florens“ in seiner „Zeitschrift für Wissenschaft und Kunst“ veröffentlichte.

Das ist in kurzen, aber deutlichen Zügen die Entstehungsgeschichte dieser Dichterfreundschaft, die zwar erst in die zweite Hälfte des Heidelberger Aufenthalts fällt, jedoch das wichtigste Ergebnis der ganzen Zeit geworden ist. Nicht die Freundschaft mit den 3 großen Romantikern, wie Herm. v. Eichendorff will, sondern diejenige dieses „Afterromantikers“ bildete thatsächlich „den Kern- und Mittelpunkt seines Lebens in Heidelberg.“ Denn Graf Löben ward nicht nur der vertrauteste Freund, sondern auch der poetische Mentor des jungen Dichters, und das sollte für lange Zeit bestimmend, ja verhängnisvoll für Eichendorffs ganze Jugenddichtung werden. Allerdings ist ja anzunehmen, daß Eichendorff schon vor Ende 1807 Gedichte verfaßt hat, namentlich wohl während seines letzten Lubowitzer Aufenthalts, wie schon früher angedeutet. Der erste Durchbruch seiner vollen poetischen Kraft fällt aber ohne Frage in diese Löbensche Zeit und zeigt darum auch ganz deutlich Löbens Einfluß. Eine starke Betonung der äußeren Form, daher eine besondere Vorliebe für das Sonett, vor allem eine mystische Religiosität, mit der alles, Liebe, Leben und Natur durchtränkt wird, sind die Grundzüge dieser Heidelberger Lieder[1]), bei denen offenbar Isidorus Orientalis

---

[1]) Z. B.

Jugendandacht	S. W. I. S. 51—54.	
Der Dichter	S. W. I. S. 63—66.	
An den heiligen Joseph . . .	Meisner:	S. 41.
An J.	„	„ „
Antwort	„	„ 38.
Kanzone	„	„ 31.
Sestine	„	„ 29.
Wohl kann ich wie die andern	„	„ 37.
Frühlingsandacht	„	„ 39.
Maria	„	„ 43.
An Maria	„	„ 39.

Pate gestanden hat, wenn auch der geistige Einfluß des beiderseits verehrten Novalis vielleicht ausschlaggebend gewesen sein mag, worauf später genauer einzugehen ist. Der echte Eichendorff kommt jedenfalls in diesen Liedern noch nicht recht zu Worte. Daneben läßt sich auch in einigen wenigen der Einfluß von Görres und Tiek (so der Zug zum volks- und altertümlichen) die Anregungen aus „Des Knaben Wunderhorn“ nicht gerade leugnen[1]), aber dem Geiste Löbens gegenüber, der noch lang in Eichendorffs Poesieen nachwirkte, bedeutet das wenig. Die schwärmerischen Huldigungslieder des jungen schlesischen Barons an den sächsischen Grafen[2]), die folgende gemeinschaftliche Reise durch Süddeutschland und später nach Berlin, nicht zum wenigsten ein bei Meisner[3]) abgedruckter Brief aus den Berliner Nachlaßmanuskripten „an Löben“ vom Juni 1809 zeigen ja zur Genüge, wie innig diese Freundschaft auch weiterhin blieb, wie weitgehend die künstlerische Beeinflussung war, zu welcher Einheit der Ideale sie eine geraume Zeit lang führte. Der Brief, der sich zwar nur indirekt auf diese Heidelberger Zeit bezieht, aber für die Charakteristik des jungen Eichendorff überhaupt von hervorragender Wichtigkeit ist, lautet: „Allerdings setzest du meine Geduld jetzt manchmal auf die Probe, aber gerade durch das Gegenteil von dem, was Du meinst. Du hast mich nämlich in der neuesten Zeit durch Deine Freigebigkeit so verwöhnt an diese erquickende Kost deiner Unterhaltung, daß mich nun fast jeder Posttag ungeduldig macht, der mir nichts von Dir bringt. Hielt ich dagegen, wie Du sagst, meine Schreibmaterialien, oder vielmehr meine Materialien zur Unterhaltung mit dir, für orientalische Perlen, glaub es mir, ich würde nicht so saumselig sein, ich würde sie Dir alle hingeben zum Danke für Deine liebevollen, erhebenden, mir ewig teuren Briefe. Du hast aber, wie mir scheint, die wahre Ursache meines jetzigen allgemeinen Verstummens richtig erraten. Deine gediegenen wahrhaften Worte über unsere neueste Poesie, welche deine große Erscheinung in derselben erklären und mich entzückten, sie haben das klar ausgesprochen, was ich selber anfing, immer mehr und deutlicher über diesen meinen Zustand zu fühlen. Fast möcht' ich sagen, daß meine ersten Gedichte jener schönen Unschuld, der Seele aller Poesie, nicht ermangeln. Jenes süße Bild der Maria, es war keine Tendenz, es war eine Blume, die aus Liebe, Frühling, Erinnerung und Hoffnung, kurz aus allem, was mir wert und teuer war auf Erden, dem Himmelslichte entgegensproßte. Diese meine erste Liebe

---

[1]) Z. B. Romanze . . . . Meisner: S. 44.
Minnelieder . . . . „ „ 13 u. 40.

[2]) Z. B. S. W. I. S. 107 . . . . An L.
„ „ „ „ 108 . . . . An denselben.
Meisner „ 41 . . . . An J.
„ „ 38 . . . . Antwort.

[3]) S. 61 ff.

und lebendige Religion des Lebens wurde aber gar bald gestört, indem ich, ebenfalls irregeleitet von der herrschenden Idee von Religion, einging in allerlei Bestrebungen, Absichten und die Armut der Entsagung. Ich wagte nicht mehr, was ich empfand, liebte und dachte, unmittelbar und an und für sich zu geben, sondern bemühte mich, aller ursprünglichen Freiheit unwürdig, meine freien Eingebungen zu Trägern gewisser Ideen zu machen und nach diesen so lange zu verallgemeinern, bis sie mir selber und andern unkenntlich wurden, und mein Wesen, einmal von dem eigentlichen Leben losgelöst, ohne allen Gehalt und fast sich selber ironisierend, nach allen vier Winden hin verduftete. Ich malte, wie, glaub ich, Jean Paul sagt, mit Äther in Äther. Ich fühl es nun, dieser einförmige Selbstmord der Poesie muß aufhören, oder ich höre auf zu sein, aber ich fühle es ohne Angst und Betrübnis, wie sonst jede Veränderung in mir, sondern mit jener farbenreichen Heiterkeit und lebenstrunkenem Blick in die Zukunft, mit dem ich in meiner Rettung in den farbigen Morgen hinaussprang.

Es ist unmöglich, Dir zu sagen, welchen Eindruck Dein ganzer letzter Brief auf mich gemacht. Nein, dieses unendliche Streben, Gott hat es nicht bloß darum in die Brust der Dichter gesenkt, damit sich diese wenigen daran erfreuen, es soll, wie es in lebendiger Freiheit triumphiert, die Welt umarmen und ihr die Freiheit wiedergeben. Das ist kein Zweck, sondern die Natur der Poesie. Laß uns denn, liebster Freund, uns immer fester verbinden; was wir leisten, wird freilich sehr verschieden sein, aber ich bete allein und einzig zu Gott: Laß mich das ganz sein, was ich sein kann! — Wie kommst du auf die Frage, ob mich die neue Poesie auch wirklich so anspräche, als ich sage? — Würde es nicht eine Sünde an Dir und mir sein, hier anders zu sprechen, als man denkt? Nein, glaub' es mir, nie war mir noch Deine Poesie so ergreifend, zusprechend und überzeugend, als gerade jetzt. Aber Du weißt, wie ungern ich Urteile fälle und grade über das, was mir das Liebste und Teuerste ist. Ich sage immer zu wenig und zu viel, und beides erkaltet, und der eigentliche Eindruck, der verborgene Geist eines Gedichts thut sich als ein stiller, goldener Blick über das ganze Leben auf, der nicht zu beschreiben ist."

Neben den starken Ausdrücken freundschaftlicher Ergebenheit finden sich jedoch schon in diesem Briefe leise Spuren einer dichterischen Wandelung Eichendorffs, die bald darauf zu einem Losringen von Löbens Einfluß und später zu einem entschiedenen Bruch führen sollte. Herm. v. Eichendorff[1]) hat aber eine entschieden falsche Auffassung von dem Verhältnis seines Vaters zu Löben, wenn er meint, daß „zwischen den Freunden von jeher eine Kluft bestanden habe, die nur durch das persönliche Wohlwollen zeitweilig überbrückt worden" wäre. Je älter der

[1]) a. a. O. S. 469 f.

Dichter eben wurde, um so selbständiger ward er, um so energischer auch sein Widerspruch. Schon in „Ahnung und Gegenwart“ verspottet er das afterromantische Treiben Löbens[1]), und somit kann uns auch das harte, aber doch wohl richtige Urteil von 1857 aus dem „Erlebten“ nicht Wunder nehmen. Nur mit den persönlichen Erfahrungen und Anschauungen seines Heidelberger Aufenthaltes steht dieses spätere Urteil in keinem Zusammenhange, ja durchaus im Widerspruch.

Zu dem Löbenschen Kreis in Heidelberg gehörten noch zwei andere Freunde Eichendorffs, Budde und Strauß. Durch sie war ja der junge Baron erst mit Löben bekannt geworden. Über Buddes Persönlichkeit läßt sich nichts genaueres feststellen. Über Gerhard Friedrich Strauß, den späteren Berliner Professor, Oberkonsistorialrat und Hofprediger wissen wir dagegen aus seiner Selbstbiographie[2]) ziemlich gut Bescheid. Von Haus aus streng pietistisch erzogen, hatte er schon in Halle einen engen Freundschaftsbund mit Neander, seinem nachmaligen Amtsbruder, geschlossen. Aber erst in Heidelberg schlug ihm nach seinen eignen Worten seine „heilige Stunde“ am 9. Juli 1806, in der sich ihm der Gottmensch in Christo als die Einheit des Objektiven und Subjektiven herausstellte. „Ich sprang auf, weil ich mich nicht halten konnte, weinte, schluchzte, fiel auf meine Kniee, dankte dem Herrn und wußte nicht, wie ich mein Glück ausdrücken sollte.“ Diese etwas mystisch-methodistische Grundstimmung ist jedenfalls auch das Gebiet gewesen, auf dem Strauß und Löben sich berührten, ganz abgesehen von ihrer beiderseitigen Schwärmerei für Novalis, die ja auch Eichendorff teilte. Es liegt klar zu Tage, daß gerade der Umgang mit einem solchen Jüngling wie Friedrich Strauß viel dazu beigetragen haben muß, Eichendorffs Hang zu religiösen Anwandlungen zu fördern und zu jenem ungesunden, weichlichen Mystizismus zu steigern, der in so vielen seiner Jugenddichtungen störend hervortritt.

Ganz anders als diese unklaren poetischen Schwarmgeister war nach allem, was wir von ihr wissen, die Persönlichkeit des jungen Nicolaus Heinrich Julius, des ersten Freundes, den Eichendorff in Heidelberg gewann und der das ganze Sommersemester über sein hauptsächlichster Umgang war. Julius, um fünf Jahre älter als Eichendorff, war der einzige Sohn eines reichen Hamburger Juden und hatte eine äußerst sorgfältige Erziehung genossen. Da er in dem Handelsstande, zu dem er bestimmt worden war, auf die Dauer keine Befriedigung fand, war er nach Heidelberg gekommen, um hier Medizin zu studieren. Schon am ersten Tage lernte ihn der junge Eichendorff an der heiteren Tafelrunde

---

[1]) die Stelle ist auch im „Erlebten“ von Eichendorff selbst citiert. S. 312. ff.

[2]) „Abendglockentöne“, Erinnerungen eines alten Geistlichen aus seinem Leben von F. Strauß. Berlin 1868.

des „Prinzen Karl“[1]) kennen und bald erwuchs zwischen beiden eine herzliche Freundschaft, die in gleichen romantisch-litterarischen Neigungen und Interessen wurzelte. Der wohlhabende Bankierssohn besaß außerdem eine schöne Bibliothek mit vielen alten, seltenen Stücken,[2]) die dem jungen Baron außerordentlich gefiel, und verband zugleich mit diesem beneidenswerten Besitze recht gründliche Kenntnisse. Die wertvollsten Teile dieser Sammlungen veröffentlichte er 1817 als bibliotheca germanoglottica und zeigte in diesem wie in verschiedenen andern Werken, daß er neben seiner hohen Bedeutung als Mediziner auch ein feinsinniger Philolog und ein gründlicher Kenner verschiedener Litteraturen war. Eichendorff hat das ganze Sommersemester von 1807 sehr viel mit Julius verkehrt. Man machte verschiedene herrliche Ausflüge miteinander, speiste, musizierte und disputierte häufig zusammen, bis eine lächerliche Kleinigkeit (10. 12. August 1807) einen plötzlichen Bruch herbeiführte, so daß der junge Baron dem älteren Freunde sogar eine Forderung zugehen ließ, die Julius aber mit dem Bemerken ablehnte, daß von beabsichtigter Beleidigung nicht die Rede sein könnte. Nach Monaten söhnte man sich allerdings wieder aus, aber das alte, warme Verhältnis ward nicht wieder hergestellt, umso weniger, als Eichendorff unterdessen gänzlich unter den übermächtigen Einfluß Löbens geraten war, dem der besonnenere Julius wohl kühler gegenüber stand. Für Eichendorffs Entwickelung kann man diesen Verlauf nur bedauern, denn Julius war „einer der edelsten, reinsten, uneigennützigsten Charaktere“, wie es in einem späteren Nachrufe für den geistvollen Mediziner und Schriftsteller heißt.[3]) Herm. v. Eichendorff giebt zwar an, daß der Dichter bis in seine letzten Jahre mit Julius, der übrigens 1809 zur katholischen Kirche übertrat, noch in Verbindung geblieben sei, aber für die Heidelberger Zeit trat Julius jedenfalls gegen Löben zurück. Julius selbst war daran wohl wenig schuld, er trug dem jüngeren Freunde nichts nach, im Gegenteil, er half ihm auch nach dem Konflikt sogar aus Geldverlegenheit (z. B. 29. März). Er war es übrigens, der den jungen Eichendorff mit Gries und Görres bekannt machte und wohl auch durch die Einführung in seine Handschriftensammlung den ersten Anstoß zu des Dichters diplomatischen Studien gab, die er unter Kopps Leitung in Heidelberg so eifrig betrieb.

Was im übrigen den gesellschaftlichen, beziehungsweise kameradschaftlichen Verkehr Eichendorffs in Heidelberg anlangt, so muß man auch dabei zwischen Sommer- und Wintersemester einen ge-

---

[1]) In diesem Gasthaus auf dem Karlsberg logierten die Brüder die ersten Wochen. Da es ihnen zu kostspielig ward, zogen sie später zu einem Bäcker Förster in die Mannheimer Vorstadt.

[2]) 19. Mai 1807. nennt Eichendorff besonders ein Ulfilasstück und altfranzösische Romane.

[3]) Vergl. den Artikel in der Allgem. Deutschen Biographie.

wissen Unterschied machen. Im letzteren gab der Umgang mit Löben und seinen Freunden dem Verkehr des jungen Eichendorff ein etwas einseitiges intimeres Gepräge, im ersteren dagegen ward noch bewußt an die lustigen Traditionen des Haller Studententums angeknüpft. Einige Bekannte aus der Saalestadt, die anwesenden Mitglieder der Landsmannschaft Silesia und der Bekanntschaftskreis der Karlsbergtafelrunde bildeten zumeist die Gesellschaft der jungen Barone, die sich natürlich auch hier in spezifisch studentischen Bahnen bewegte. Das ganze Gepräge des Heidelberger Lebens war jedoch ein freieres und feineres. Der Jugendmut war derselbe wie in Halle, aber die Art ihn zu bethätigen, war hier wesentlich anders. Der schwerfällige norddeutsche Zug, der in Halle vielleicht kerniger und charaktervoller, zugleich aber auch derber und roher sich äußerte, kam in Heidelberg nicht so stark zur Geltung, obwohl gerade damals viele Norddeutsche hier studierten. Einen nicht geringen Einfluß schreibt Eichendorff selbst in seinem „Erlebten"[1]) der herrlichen Natur zu: „Wo, wie z. B. in Heidelberg, der Waldhauch von den Bergen erfrischend durch die Straßen ging und nachts die Brunnen auf den stillen Plätzen rauschten, und in dem Blütenmeer der Gärten rings die Nachtigallen schlugen, mitten zwischen Burgen und Erinnerungen einer großen Vergangenheit; da atmete auch der Student freier auf und schämte vor der ernsten Sagenwelt sich der kleinlichen Brotjägerei und der kindischen Brutalität. Wie großartig im Vergleich mit anderen Studentengelagen war namentlich der Heidelberger Kommers, hoch über der Stadt auf der Altane des halbverfallenen Burgschlosses, wenn rings die Thäler abendlich versanken, und von dem Schlosse nun der Wiederschein der Fackeln der Stadt, den Neckar und die darauf hingleitenden Nachen beleuchtete, die freudigen Burschenlieder dann wie ein Frühlingsgruß durch die träumerische Stille hinzogen und Wald und Neckar wunderbar mitsangen."

Dazu kam, daß auf dieser neuerstandenen Universität, an der damals die modernsten Gelehrten lehrten, der altväterische Zopf einer lang gehegten Tradition gänzlich fehlte. Von dem halbmittelalterlichen Geiste, der Halles Universitätsleben, namentlich in seinen äußeren Formen vor 1806 entschieden beseelt hatte, war hier wenig zu spüren und, obgleich auf rheinländischem Boden, sproßte doch gerade in Heidelberg ein kräftig nationales Leben empor, das in wissenschaftlich ernster Arbeit und unerschrockener Gesinnung nicht wenig dazu beitrug, eine nationale Wiedergeburt zu ermöglichen und deren Gedanken in den gebildetsten Kreisen des Volkes zu verbreiten. Auch der junge Eichendorff blieb davon nicht unberührt, und sein männlich edles Nationalbewußtsein, das schlicht und ohne Phrase sich später so energisch in Wort und That offenbarte, hat ohne Frage hier in der Neckarstadt seine entscheidenste Anregung erfahren,

---

[1]) a. a. O. S. 295. f.

nachdem es bereits in der Lubowitzer Kriegsdrangsal leise erwacht war. Mit Interesse, aber auch geheimem Groll sah er mehrfach die rheinbündischen und fremden Hilfsvölker Napoleons vorbeimarschieren (z. B. 8. Juni, 16. Juli 1807[1]) und bereits am ersten Abend (17. Mai 1807) verzeichnet er mit Befriedigung ein Pereat, das die Studenten vom Karlsberge aus dem siegreichen Korsen ausgebracht. Auch aus seinen Heidelberger Liedern[2]) hört man schon hie und da einen patriotischen Klang heraus.

Weit gewaltiger und vielleicht für den werdenden Dichter wichtiger waren jedoch die reichen Eindrücke von Heidelbergs herrlicher Naturumgebung. Trotz der emsigsten Arbeit vergeht kaum ein Tag im Sommer, an dem es ihn nicht hinaustreibt in das blühende, duftende Neckarthal oder hinauf auf den „heiligen Berg" mit „seiner himmlischen Aussicht". Bald am Morgen, bald in der Dämmerung, bald im Mondenschein besucht er die herrliche Schloßruine und verschönt sich das liebliche Landschaftsbild durch Gesang und Guitarrespiel. Für Eichendorffs Naturanschauung ist Heidelberg beinahe ebenso maßgebend geworden wie Lubowitz. Sein fast stereotypes, landschaftliches Idealbild, das immer und immer wieder aus seinen Werken hervorleuchtet, von dem Schloß auf dem Berge, an dem ein blauer Fluß, mit weißen Segeln geschmückt, vorbeiflutet, rings um die blühenden Hänge und duftenden Gärten, aus dem bald leise klagend der Schlag der Nachtigall, bald munterer Waldhornsklang lustig herüberschallt, ist ein schwer zu sonderndes Gemisch von Heidelberg und Lubowitz. Und wie tief und nachhaltig sich gerade die sonnig heitere Neckarstadt seiner Seele eingeprägt hat, zeigt neben mancherlei direkten Beziehungen in seinen Werken, auch das lebendige farbenleuchtende Bild, das der alternde Dichter noch fast 50 Jahre später, am Schluß seines kleinen Epos „Robert und Guiscard", entwirft:

„Seitdem war mancher Reisetag vergangen,
Schon blitzt von fern des Rheines Silberband,
Wohin der Heimat Laute nicht mehr langen,
Und abendlich färbt sich das fremde Land,

---

[1]) So heißt es z. B. von den Spaniern; „Voran sprengten einige Offiziere auf andalusischen Rossen. Dann kam ein Artilleriecorps mit Kanonen. Das ganze machte einen eigenen Eindruck. Der Schnitt der Kleidung ähnlich dem östr., nur schwarz und rot. Außer für die Offiziere keine Pferde, sondern alles starke Maulesel. Die Sättel sind ganz hinten eng geschnallt, und daran ungeheure hölzerne Schuhe statt Steigbügel, worin der bloße Fuß, an dem oft ein hölzerner Sporen befestigt ist, gesteckt wird. Die Stückknechte blos im Hemde und mit weit aufgeschlitzten kurzen Hosen. Auf dem Kopfe ein buntes Netz, das hinten in einem Zipfel herunterhängt. Seltsame maurische Physiognomien, Zigeunerfarbe. Auch von Wilhelm I. von Württemberg, dem „königlichen Monstrum", der eben den Napoleon in Frankfurt salutiert hatte", entwirft er ein genaues, allerdings ironisch karrikiertes Bild (25./26. Juli 1807).

[2]) z. B. Es wächst und strömt in ewigen Gedichten
Wohl kann ich wie die andern thun und lassen } Meisner S. 37.

Als in geheimnisvoller Berge Mitten
Durch Waldesnacht die Wandermüden ritten.

Doch da sie jetzt um einen Fels sich wandten,
That's plötzlich einen wunderbaren Schein,
Kirchtürme, Fluren, Fels und Wipfel brannten,
Und weit ins farbentrunkne Land hinein
Schlang sich ein Feuerstrom mit Funkensprühen,
Als sollt' die Welt in Himmelsloh'n verglühen.

Geblendet sahen zwischen Rebenhügeln
Sie eine Stadt, von Blüten wie verschneit,
Im klaren Strome träumerisch sich spiegeln,
Aus lichtdurchblitzter Waldeseinsamkeit
Hoch über Fluß und Stadt und Weilern
Die Trümmer eines alten Schlosses pfeilern.

Und wie sie an das Thor der Stadt gelangen,
Die Brunnen rauschend in den Gassen gehn,
Und Hirten ferne von den Bergen sangen.
Und fröhliche Gesell'n beim duft'gen Wehn
Der Gärten rings in wunderlichen Trachten
Vor ihrer Liebsten Thüren Ständchen brachten.

Der Wald indes rauscht von uralten Sagen,
Und von des Schlosses Zinnen überm Fluß,
Die wie aus andrer Zeit herüberragen,
Spricht abendlich der Burggeist seinen Gruß,
Die Stadt gesegnend seit viel hundert Jahren
Und Schiff und Schiffer, die vorüberfahren.

In dieses Märchens Bann verzaubert stehen
Die Wandrer still. — Zieh weiter, wer da kann!
So hatten sie's in Träumen wohl gesehen,
Und jeden blickt's wie seine Heimat an,
Und keinem hat der Zauber noch gelogen,
Denn Heidelberg war's, wo sie eingezogen."

Selbst im Winter, der gesellschaftlich infolge der erhöhten Arbeit und des reichlichen Umgangs mit Löben und seinen Freunden mehr den Charakter stiller Zurückgezogenheit trug, verfehlte Heidelberg durchaus nicht seinen wunderbaren Zauber auf den jungen Eichendorff auszuüben. Waren es im Sommer die munteren Gesellschaftsausflüge, besonders nach Schwetzingen, Rohrbach und Neckarsteinach, gewesen, die ihn besonders angemutet hatten, so waren es jetzt mehr die gemeinsamen Streifereien mit Isidorus über die einsamen beschneiten Berge, die ihm ein Bedürfnis wurden.

Im Zusammenhang damit steht wahrscheinlich eine Herzensangelegenheit, die Eichendorff um so stärker beschäftigt zu haben scheint, je weniger er uns im Tagebuch davon verrät. Daraus läßt sich nur soviel entnehmen, daß ein schlicht bürgerliches Mädchen aus Rohrbach (im Promemoria nur mit K. bezeichnet), diesmal der Gegenstand seiner Liebe war. Nach den sehr häufigen Rohrbacher Spaziergängen und den vielen starken, wenn auch nur ganz kurzen Gefühlsäußerungen zu schließen, die bald himmelhoch jauchzend, bald zum Tode betrübt klingen, handelt es sich hierbei nicht mehr bloß um eine flüchtige Tändelei, sondern um eine tiefere Neigung, die das Seelenleben des Dichters lebhaft beeinflußte. Und es steht mir außer Frage, daß für die kräftigere Entfaltung seines dichterischen Talents in dieser Zeit gerade dieses verschwiegene Liebesverhältnis nicht ganz unwesentlich gewesen ist, ja vielleicht vereint mit dem mystisch religiösen Einflusse des Grafen Löben zu jener merkwürdigen Verquickung von himmlischer Liebe und geistigem Mariakultus geführt hat, die diesen Jugendgedichten Eichendorffs vielfach eigentümlich ist (z. B. Meisner S. 37—42), und die er selbst in dem eben erwähnten Brief an Löben als „eine Blume," ersproßt „aus Liebe, Frühling, Erinnerung und Hoffnung" kennzeichnet. Spätere poetische Nachwirkungen dieses romantischen Heidelberger Erlebnisses lassen sich zwar schwerlich nachweisen, aber trotzdem glaube ich, daß z. B. bei dem Liebesverhältnis zwischen dem Erbprinzen und Bürgermädchen im zweiten Buche von „Ahnung und Gegenwart," das nach Eichendorffs eigenster Angabe mehrfach auf Heidelberg Bezug nimmt, mancherlei selbsterlebte Züge verwertet sind. Nebenbei mag natürlich auch die Gretchenepisode aus dem erst kürzlich erschienenen ersten Teil des „Faust" anregend gewirkt haben. Wenn man ferner einen Liedercyklus wie den „In der Ferne" aufmerksam durchliest, wird man den Gedanken nicht los, daß diese Lieder (die nach Handschriftenstücken unter den Berliner Manuskripten wohl in ihrer Entstehung älter sein könnten als die Ausgabe der „Sämmtlichen poetischen Werke" angiebt) wenigstens teilweise sich auf dieses Heidelberger Verhältnis beziehen dürften. — Übrigens hat der tragische Verlauf der Liebesaffaire im Roman mit den persönlichen Erfahrungen des jungen Eichendorff gar nichts zu thun. Lieblich und rein haftete die Erscheinung des Heidelberger Mädchens in der Erinnerung des Dichters und der Abschied von dem geliebten Wesen ist das letzte, was uns das Tagebuch berichtet: „Als ich vom Spaziergang zurückkam, K. mit Schwester nach Rohrbach hinaus, unerwarteter Weise Heidelberg ganz verlassend. Isidor und viele Studenten begegnend. Schöner, warmer Abend. K. sehr lieb. An der wohlbekannten Ecke am Bache langer, herzlicher Abschied. Durch die Dämmerung mit Pollux [wohl Wilhelm] schnell nach Hause". Damit schließt das Promemoria, das uns durch wunderbare Gunst des Zufalles wenigstens bis zu der Zeit erhalten ist, in der Eichendorff unter seinem Pseudonym „Florens" in Friedrich Asts „Zeitschrift für Wissenschaft und Kunst" (Landshut 1808) als Dichter an die Öffentlichkeit tritt.

Mit diesem bedeutsamen Zeitpunkt hört, streng genommen, die Unentbehrlichkeit des biographischen Materials auf, so wünschenswert es jederzeit auch weiter zur Ergänzung und zum Verständnis der dichterischen Produktion bleiben muß. Immerhin wird diese Produktion von 1808 an im Mittelpunkt der Betrachtung zu stehen haben und auch in sich selbst ein gewisses Bild der weiteren Entwickelung des Dichters zu geben vermögen. Wie dagegen aus dem Kinde der Dichter heranreift, das zu verfolgen ermöglicht immer nur ein ausgiebiges biographisches Material. Zieht man ferner bei Eichendorff in Betracht, wie wichtig und nachhaltig gerade für ihn und seine ganze Dichtung der Eindruck seiner herrlichen Jugendzeit gewesen ist, so muß uns ein solches Tagebuch wie das mir vorliegende mit seiner Fülle kleiner Züge und anschaulicher Schilderungen doppelt wertvoll erscheinen und mag mit Fug und Recht als eine Quelle allerersten Ranges gelten.[1])

Auch im äußeren Leben des Dichters bildet der Zeitpunkt, mit dem die Notizen abbrechen (3. April 1808), einen nicht unwichtigen Einschnitt. Wenige Tage darauf verließen die jungen Barone Heidelberg, um eine Reise nach Paris anzutreten. Auf dem Rückwege ward Heidelberg noch einmal kurz berührt (Juni 1808) dann ging es (bis Nürnberg) in Löbens Gemeinschaft in heiterer Frühlingsfahrt durch Süddeutschland und Österreich (auch Wien ward besucht) nach der schlesischen Heimat zurück, wo eine Zeit der äußerlichen Ruhe, der innerlichen Sammlung und der fleißigsten poetischen Arbeit folgte.

Was in diesem und im nächsten Jahre von Eichendorff in seinen ersten Dichtungen niedergelegt wurde, steht daher in unmittelbarstem Zusammenhange mit dieser, seiner Jugendzeit, die man am besten bis zum 21. Jahre seines Lebens rechnen wird. Dahin gehören demnach seine Gedichte bis zum Jahre 1809 und vor allem der erste und wichtigste Teil seines großen Jugendromans „Ahnung und Gegenwart.“ Mit dem zweiten und dritten Buch ragt dieses Werk, das ja erst 1815 erschien, bereits hinüber in die Mannesjahre des Dichters und fußt großenteils schon auf den Berliner und namentlich Wiener Erfahrungen Eichendorffs, die die zweite große Entwickelungsperiode des Dichters bilden, über die jedoch leider mit der Darstellung Herm. v. Eichendorffs die biographischen Akten bis auf weiteres geschlossen sind.

Von den vier bedeutenderen Schauplätzen, auf denen sich Eichendorffs Jugendzeit abgespielt hat, sind Heidelberg und Lubowitz insofern die wichtigsten, als sie durch die Eindrücke ihrer Natur wie ihrer Persönlichkeiten sich dem Dichter am wirksamsten eingeprägt und

[1]) Von dem zweiten Teile des promemoria giebt Maria von Eichendorff an, daß er die Reise nach Paris, den Aufenthalt in Lubowitz (1808/9), Berlin und Wien, sowie die Kriegsjahre enthielt, aber verloren gegangen sei. Gewisse Fragmente davon müssen aber Herm. v. Eichendorff noch bei Abfassung seiner Biographie vorgelegen haben, denn vereinzelte Zitate führt er an.

auf diese Weise den weitaus größten Teil seiner poetischen Vorstellungswelt gebildet haben. Breslau, das wohl den untersten Rang unter den vier Orten einnimmt, weckte zuerst den künstlerischen Drang in der Seele des jungen Konviktors, aber es bot weder in seinen Personen noch in dem ganzen Habitus seines Schullebens etwas unvergeßlich bleibendes, woran die spätere Schaffenslust des Dichters besonders gern angeknüpft hätte. Die „Lubowitzer Jubelperioden," die von Zeit zu Zeit die Schulmonotonie unterbrachen, liefen auch später wie schon damals den Breslauer Erinnerungen völlig den Rang ab. Auch Halle, das in geistiger Beziehung von ungleich stärkerer Wirkung auf des Dichters Lebensanschauung ward, konnte das lichte Bild von Lubowitz nicht dauernd in den Hintergrund drängen. Sowie der junge Eichendorff erst wieder hierher zurückgekehrt ist, steht er auch wieder ganz unter dem Zauberbanne dieses glänzenden Treibens, das für die meisten seiner Dichtungen charakteristisch geworden ist. Immerhin gewinnt schon in Halle sein ganzes Denken und Fühlen jenen idealromantischen Zug, der von da an immer stärker hervortrat und seit Heidelberg fast der Grundzug des Eichendorffischen Charakters genannt werden kann. In der Neckarstadt ward dieser Zug auf zweierlei Weise gestärkt, einmal durch den ethisch-nationalen Geist von Görres [1]) und andererseits durch den religiösen Einfluß des Grafen Löben. Beide waren jedoch nicht gleich stark, und wenn der erste auch gewiß so tiefe Wurzeln geschlagen hatte, daß er später noch kraftvoll genug fortwirken konnte, so überwucherte der letztere ihn sowohl in Heidelberg wie in dem folgenden Jahre noch ganz bedeutend. Dafür legen Eichendorffs Jugendgedichte ein beredtes Zeugnis ab. Eichendorffs innere Entwickelung machte jedoch in Heidelberg ohne Frage ihre entscheidendste Phase durch. Mag auch der Verkehr mit den zwei großen Romantikern Arnim und Brentano dazumal noch keineswegs das unmittelbare, geschweige denn intime Gepräge getragen haben, wie es die bisherige biographische Tradition darzustellen pflegte, so wehte nichtsdestoweniger der echt poetische Hauch dieser zwei — durch Lektüre sowohl wie durch indirekte Berührung, (ob durch Görres oder Löbens Vermittelung bleibt dahingestellt,) — kräftig hinüber in die Seele des jugendlichen Dichters. [2]) Der unwiderstehliche Drang in seiner Brust, Mitstreber und Kampfgenosse zu werden in dem Ringen nach Verjüngung nnd Erneuerung der nationalen Dichtkunst, kam hier in Heidelberg, wo eine reiche Natur und die ehrwürdigen Reste einer großen deutschen Vergangenheit nur günstig, ja begeisternd wirken

---

[1]) Görres religiöser Einfluß machte sich damals noch wenig geltend, beim jungen Eichendorff läßt sich wenigstens nichts nachweisen.

[2]) Blatt 99 der Berliner Manuskripte zeigt, daß Eichendorff daran gedacht hat, selbst eine „Trösteinsamkeit aus dem Tagebuch eines Einsiedlers oder Lüge der Geschichte" zu schreiben, doch fällt dieser Plan, der Handschrift nach, sehr viel später und ist daher für die Jugendepoche ohne Belang.

mußten, zum lebhaften Selbstbewußtsein. Allerdings hatte auch dieses Gefühl eine nicht ungefährliche Krisis zu überstehen, da es eben durch die übermäßige Beeinflussung Löbens zuerst in eine schwächlich-ungesunde und schwärmerisch religiöse Richtung getrieben wurde. Erst als Eichendorff wieder die erfrischende Waldesluft seiner schlesischen Heimat athmen und sich ruhig und ungestört auf sich selbst besinnen konnte, streifte sein Talent auch diese lästige Fessel ab und schuf schlichte, aber tiefergreifende Gedichte, die ungetrübt und unverfälscht den vollen, edlen Gehalt seiner einfachen, wirklich gesunden Dichternatur wiederzugeben vermochte.

Zweiter Teil:

Eichendorffs Jugendwerke.

Vorbemerkung.

Über Eichendorffs Jugendwerke liegt bereits die oben erwähnte Dissertation aus dem Jahre 1893 von Eduard Höber vor, die 1894 unter dem Titel „Eichendorffs Jugenddichtungen“ (Berlin, C. Vogts [Eberings] Verlag) im Druck erschienen ist. Höber rechnet die Jugendperiode des Dichters bis zum Jahre 1815, namentlich wohl des Romanes „Ahnung und Gegenwart“ halber, der erst 1815 erschienen ist, obgleich er 1811 schon vollendet war. Ich habe im Vorangehenden bereits angedeutet, daß innere wie äußere Gründe dafür sprechen, die Jahre 1808 und 1809 als die abschließenden in Eichendorffs Jugendentwickelung anzusetzen, und glaube diese meine Überzeugung vornehmlich durch das Folgende rechtfertigen zu können. Daß ich auch im übrigen vielfach Höbers Ansichten nicht zu teilen vermag, liegt vielleicht nicht so sehr an der Art seiner Arbeit, als an dem neuen Material, das mir für die meinige zur Verfügung gestanden hat.

I. Eichendorffs Gedichte bis 1809.

a) Entstehung und Veröffentlichung.

Die Entwickelung eines poetischen Talentes bis zu seinen ersten Anfängen hinab zu verfolgen, wird fast immer mit großen Schwierigkeiten verbunden, oft sogar ganz unmöglich sein, da wirkliche Jugenddichtungen nur sehr selten das Licht der Öffentlichkeit erblicken. Entweder gehen sie früher oder später als wertlos und darum unbeachtet verloren, oder der selbstkritische Schöpfer vernichtet sie bei Zeiten in einer Anwandlung von Unzufriedenheit und Schamgefühl, oder endlich sie werden nur in stark überarbeiteter Form erhalten und sind kaum noch eigentliche Jugendwerke. Für den Markt, der ja so wie so mit unendlich viel Wertlosem überschwemmt wird, ist das gewiß kein Unglück, für den betreffenden Künstler vielleicht gar oft ein Glück. Für den psychologisch forschenden Litterarhistoriker dagegen bedeutet es stets einen gewissen Verlust, wenn er sich nur auf Blüte und Frucht beschränken muß, ohne den Wurzeln beider nachspüren zu können. Allerdings wird sich ja aus der Feststellung der genauesten Lebensumstände, insbesondere auch aus der Ergründung der den werdenden Künstler beschäftigenden Gedankenwelt sowie seines persönlichen Verkehrs vieles gewinnen lassen, das diesen Mangel mildern, aber doch nichts, was ihm wirklich ganz abhelfen könnte.

Der Augenblick, in dem der Dichter an die Öffentlichkeit tritt, ist jedoch für ihn selbst und seine innere Entwickelung von ungemeiner Wichtigkeit. Da es selten direkt gegen seinen Willen geschieht, wird es fast stets aus der Überzeugung heraus geschehen, daß zu diesem Zeitpunkt wenigstens ein gewisser Grad von Vollkommenheit erreicht ist, daß er eine Leistung vollbracht hat, mit der er dem eigenen Urteil sowohl wie dem des Publikums unter die Augen treten darf. Nicht jeder Dichter ist selbst sein bester Kritiker, aber ein jeder wird sich doch selbst am besten verstehen. Wenn er sich also entschließt, den entscheidungsvollen Schritt aus dem verschlossenen Innern hinaus ins offene Leben zu thun, so glaubt er im letzten Grunde auch stets, andern etwas bieten zu können, ganz gleich, ob er von Natur bescheiden oder eitel ist. Erst die Mit-

und Nachwelt fällt darüber das entscheidende Urteil, ob ein solcher Entschluß berechtigt oder unberechtigt war; dem Dichter selbst ist er in dem betreffenden Augenblick thatsächlich berechtigt erschienen, mag er auch später vielleicht ganz entgegengesetzter Ansicht geworden sein. Das Versuchsmäßige einer jeden Erstlingsdichtung soll damit keineswegs abgeleugnet werden, aber in jedem Versuch schlummert auch leise eine gewisse Hoffnung auf Gelingen. Gerade bei Eichendorff, bei dem die ersten Jugendgedichte noch so gar nicht den schon wenige Jahre darauf vollendeten Meister ahnen lassen, wird man das Moment des Versuchs besonders betonen müssen. Bei der Veröffentlichung war sicherlich Graf Löben mehr der Treibende, der junge Eichendorff wohl mehr der Zulassende, aber der weiter unten mitzuteilende Brief an Friedrich Ast zeigt immerhin deutlich, daß der junge Dichter mit dem vollzogenen Abdruck sehr einverstanden war. Demnach glaubte auch Eichendorff damals, mit seinen Versen ein Recht auf allgemeinere Beachtung zu haben, obwohl er selbst wie die unbefangene Kritik der Nachwelt später ein anderes Urteil fällte. Auch für den Litterarhistoriker wird das Wertvolle in diesen Liedern weniger die Form oder der poetische Gehalt als vielmehr die eigentümliche Gedankenwelt derselben bilden, die für die Entwickelung des Dichters maßgebend, für die ganze Zeit charakteristisch gewesen ist.

In allen Fällen, in denen die erste Veröffentlichung auch zugleich das ersterhaltene Produkt des Dichters ist (und leider ist es in den meisten so), muß der unsichere Rückschluß aus der vollendeten Thatsache an die Stelle der sicheren Herleitung aus Bekanntem treten. Auch bei Eichendorff sind wir in dieser prekären Lage. Zwar erwähnt Herm. v. Eichendorff[1]) verschiedene Jugenddichtungen (besser gesagt poetische Versuche) seines Vaters und es ist auch kein Grund vorhanden, an der Wahrheit dieser Behauptung zu zweifeln, aber erhalten ist außer einer Jugendelegie, die bis heute unzugänglich ist, leider gar nichts. Eduard Höber[2]) führt ferner noch ein größeres Gedicht in Stanzen unter dem Titel „Italien“ an und bespricht es eingehend. Die Dichtung ist ungedruckt und befindet sich unter den Berliner Manuskripten (Blatt 116—120). Höber glaubt nach dem Charakter der Handschrift, sowie aus inhaltlichen und formellen Gründen die Dichtung in Eichendorff's Breslauer Schulzeit verlegen zu müssen, ebenso Heinrich Meisner[3]), Professor Max Koch[4]) dagegen setzt sie ohne irgend welche Gründe dafür anzugeben in das Jahr 1814. Meiner festen Überzeugung nach ist diese Dichtung, die ich ebenfalls persönlich eingesehen habe, überhaupt nicht vom jungen Eichendorff verfaßt, sondern eine Schuldichtung seines älteren Konviktskameraden Werner, der im Tagebuch mehrfach erwähnt wird und

---

[1]) a. a. O. S. 427. 432.
[2]) a. a. O. S. 10. f.
[3]) a. a. O. S. XI.
[4]) a. a. O. S. 96.

damals unter seinen Kameraden als ein tüchtiger Schüler und frischer Gesell sehr geachtet und beliebt gewesen sein muß. Er verließ bereits am 29. März 1803 die Breslauer Schule, und es heißt z. B. im Promemoria am 13. März dieses Jahres: „War H. Werner ohne Erlaubnis die ganze Nacht auf dem Maskenballe“, den 22. März: „Wurde der Namstag der Konviktsjosephe und der Abschied des H. Werner durch eine große Kondition gefeiert usw.,“ den 29. März: „Reiste H. Werner von Breslau ab, um nach Wien zu gehen. Als er das Konvikt verließ, läutete H. Strantz die Glocke. Er wurde von H. Tielsch usw. 2 Meilen weit begleitet, wo sie in einem Dorfe zum letzten Male gemeinschaftlich zu Mittag aßen.“ — Höber lagen diese Angaben nicht vor, aber er wie die andern hätten doch vorsichtiger sein müssen mit ihren Annahmen, da das Werkchen in den Berliner Manuskripten ganz klar und deutlich die Überschrift trägt „eine Dichtung von Werner“. Aber selbst abgesehen davon, (es konnte zur Not ein Pseudonym gewesen sein), ist weder die Handschrift noch der Inhalt irgendwie eichendorffisch. Man lese nur z. B. die fünftletzte Strophe (Blatt 120):

„So tönte mir auch schon als zarten Knaben
Am trüben Ostseestrand verworr'ne Sage
Vom klaren Rom, das aller Götter Gaben
Geweiht, zur hohen Freistatt würd'ger Klage.
Wie Sünde, Schmerz und Reue mich auch haben
Verfolgt, vom frühsten, bis zu diesen Tagen.
Doch stets und selbst im wilden Wüstenwallen
Hört' ich der fernen Roma Glocken schallen.“

Schon hier läßt sich aus der zweiten Zeile entnehmen, wie auch ferner aus einer garnicht üblen Meeresanschauung, daß der Verfasser an der See zu Hause gewesen. Werner scheint auch in der That ein Pommer gewesen zu sein, oder wenigstens einen Teil seiner Jugend an der See verbracht zu haben.

Danach würde die Jugendelegie allein in Betracht kommen; für ihre Datierung bietet der im Tagebuch ausführlichst berichtete Tod Jakob Müllers (16. Februar 1804) einen guten Anhalt. Im Promemoria ist allerdings von dem Gedicht nicht die Rede, doch ist das völlig ohne Belang, da sich hier über poetische Produktion auch sonst nichts findet vor Ablauf des Jahres 1807. Erst nach dieser Zeit wird „Maria“ (3. Jan. 1808), „meine Sonette“ (9. Jan. 1808) sowie die Sendung „meiner Gedichte an Ast“ (29. März 1808) direkt erwähnt. Man wird darum kaum fehl gehen, wenn man das kräftige Erwachen einer dichterischen Produktion ebenfalls nicht allzu weit vor diesem Zeitpunkt ansetzt, d. h. in der zweiten Hälfte des Jahres 1807, vielleicht im Zusammenhang mit Löbens Bekanntschaft (seit 15. Nov. 1807).

Daß die Entstehung einiger uns sogar erhaltener Lieder noch vor diese Zeit fällt, ist sehr wahrscheinlich, besonders käme hier der Winter 1806 auf 1807 (Lubowitz), in den vor allem das Verhältnis zu Mad. Hahmann fällt, in Betracht. Von Liedern, die sich direkt, schon durch ihre Überschrift, auf diese Frau beziehen, sind uns nur 2 erhalten „Beim Erwachen (an M. H.)“ (Meisner S. 24) und das Akrostichon „Stammbuchblatt für M. H. (S. W. S. 109). Das erstere lautet:

„Tiefer ins Morgenrot versinken die Sterne alle,
Fern nur aus Träumen dämmert dein Bild noch herüber,
Und weinender tauch' ich aus seliger Flut.
Aber im Herzen tief bewahr ich die lieben Züge,
Trage sie schweigend durch des Tages Gewühle
Bis wieder zur stillen, träumenden Nacht.“

Nach Form wie Situation dürfte dies Liedchen ziemlich bestimmt in den Spätherbst 1806 zu setzen sein[1]), spätestens in das Frühjahr 1807, obwohl damals diese Liebesaffaire schon jene eigentümliche Dreiecksgestalt (M. H. u. die zwei Brüder) angenommen hatte, durch die sie noch jetzt in einigen Liedern erkennbar ist. Das Akrostichon würde wohl etwas später anzusetzen sein, nicht so sehr seiner größeren technischen Gewandtheit halber, als wegen der Zeilen:

Da muß sich blühnder alte Zeit erneuern;
Öffnet die Ferne drauf die Wunderlichtung,
Ruht Dein Bild drin, bekränzt in heil'ger Dichtung.
Fern laß den Freund nach Ost und West nur steuern,
Frei scheint er wohl, — Du hältst ihn doch gefangen.

Es wird hier bereits von „alter Zeit“ (Herbst 1806?) gesprochen, von vollzogener Dichtung und schließlich von einem bevorstehenden Abschied. Alles dreies weist auf das Frühjahr 1807 als Abfassungszeitpunkt, vielleicht Ende März, denn Anfang April reisten die Brüder nach Heidelberg ab. Hermann v. Eichendorff hat das Lied in den S. W. für 1809 angesetzt. Ich halte das nach dem vorangehenden für recht unwahrscheinlich, wenn auch nicht für absolut unmöglich. Bemerkenswert ist es immerhin, daß in beiden M. H.-Gedichten ein Participialkomparativ (weinender und blühnder) vorkommt, der sich später bei Eichendorff nicht mehr findet.

---

[1]) Den 29. Okt. 1806 heißt es im Tagebuche: „Ich der Hahmann gegenüber, mit welcher ich leider zu stark schmollierte. Darauf alle zu Schöpps Gevatterschmaus. Darauf meine Wuthsponsade mit Mad. Hahmann. Darauf ohne Bewußtsein wieder ins Schloß zurückgegangen, ohne Bewußtsein gespielt, ohne Bewußtsein Ecossaise getanzt, ohne Bewußtsein ins Bett gegangen und geschlafen — O Jammer, o Weh.“ Den 30. Okt.: „Reuiges Erwachen. Verlegene Morgenkomplimentes.“

Schon in dem Akrostichon ist vom Dichter angedeutet, daß ihm Mad. Hahmann des öftern als Gegenstand seiner Dichtung gedient habe. Unzweifelhaft sicheres wissen wir darüber nicht. Aber bei zwei anderen Liedern liegt es gleichfalls sehr nahe, sie auf diese Episode zu beziehen und darum in diese Zeit zu setzen. Erstlich die schon oben erwähnten zwei Strophen:

Es waren zwei junge Grafen
Verliebt bis in den Tod,
Die konnten nicht ruhn noch schlafen
Bis an den Morgen rot.

O trau den zwei Gesellen,
Mein Liebchen, nimmermehr.
Die gehn wie Wind und Wellen
Gott weiß wohin, woher.

Bei Herausgabe seiner Gedichte hat Eichendorff diese zwei Strophen, die er in „Ahnung und Gegenwart" (S. W. II. S. 320) ohne inneren Zusammenhang vor ein anders geartetes Stimmungslied gestellt hat, einfach gestrichen und den zweiten Teil für sich als „Dichterfahrt" (S. W. I. S. 67) aufgenommen.[1]) Diese 8 Zeilen beziehen sich aber recht deutlich auf die Hahmannepisode. Das gleiche gilt wohl von dem Lied „Zaubernetz" (S. W. I. S. 179), dessen zwei letzte Strophen lauten:

„Wer von uns verführt den andern,
Ob es deine Augen thaten,
Meine Laut', des Jägers Blasen? —
Ach wir können's nicht erraten;

Aber um uns drei zusammen
Wird der Lenz im grünen Walde
Wohl ein Zaubernetze schlagen,
Dem noch keiner je entgangen."

Immerhin wird dieses Lied, das erst 1837 unter den gesammelten Gedichten mitveröffentlicht wurde, wohl eine Überarbeitung erfahren haben, da es neben seinem unverkennbaren Anklang an das „Stammbuchblatt" (Abschiedsmotiv: „Zieh mir Schöner nicht von dannen! — Und er wird dir weggetragen, wenn die ersten Lerchen sangen") doch auch schon Heidelberger Spuren trägt; z. B. die „blauen Tage" kommen zweimal darin vor, ganz abgesehen von den „blauen Augen" und der „himmelblauen Seide", wie überhaupt die auffallende Ähnlichkeit mit dem „Minnelied" (M. 13):

„Blaue Augen, blaue Augen
Ach wie gebt ihr süße Peine!",

---

[1]) Kern (a. a. O. S. 138) ist das ganze Lied im Roman auch unverständlich und mit Recht.

das bestimmt in den Heidelberger Aufenthalt zu setzen ist. Übrigens scheint sich auch dieses „Minnelied“ noch auf Mad. Hahmann zu beziehen. Unmöglich wäre es durchaus nicht, da der Dichter sich nach dem Promemoria auch in der Neckarstadt an sie erinnerte (z. B. 14. Juni 1807).

Die erste Veröffentlichung Eichendorffischer Lieder durch den Druck fand im Sommer des Jahres 1808 statt und zwar in der „Zeitschrift für Wissenschaft und Kunst“, herausgegeben von Friedrich Ast (Landshut bei Joseph Thomann 8) im zweiten, dritten und vierten Heft des ersten Bandes; die zweite Liederfolge erschien 1810 im ersten und dritten Heft des zweiten Bandes. Unter den Berliner Manuskripten befindet sich ein Briefentwurf des Dichters an Friedrich Ast, der kurz nach diesem Zeitpunkt geschrieben worden ist. Für des jungen wohl Eichendorff etwas überschwengliche Art ist er ganz gewiß charakteristisch: „Je tiefer unsere abtrünnige Nation in ihrer kultivierten Barbarei herabsinkt, desto einsamer und wunderbarer stehen über den Niederungen die wenigen Treuen in göttlichem Schmerz und als erkorene Könige ihrer Zeit. Welche Himmelreiche von Hoffnungen und Wünschen erschließt nicht dieser innere, vom irdischen Treiben der schlimmen Zeit sich losgesagte Staat, in dem sich der gediegene, königliche Sinn der Deutschen heldenmütig nun verklärt. Rührte Alle diese Andacht des Heimwehs, sie würden erlöst in mutiger Demut niederknieen unter diesem ewig blauen Himmel, und das alte Reich Gottes wäre wieder aufgethan. So liebte und verehrte ich sie, Herr Professor längst, ehe Sie durch die Aufnahme meiner, Ihnen unter dem Namen Florens zugesandten Gedichte in Ihre Zeitschrift mir Vertrauen zu mir selber gaben, gewiß das wohlthätigste Geschenk, das man mir jederzeit machen kann. Sie hatten sogar, wie mir mein Freund Löben schrieb, die Güte, mich aufzufordern, Ihnen nähere Auskunft über mich zu geben. Aber teils die bisherige Verworrenheit meiner Studien, teils eine fast unbezwingliche Schüchternheit vor jeder außerweltlichen Majestät, die vielleicht ebensosehr mein Fehler wie meine Tugend ist, hielten mich bisher immer ab, Ihnen für diese begeisternde Teilnahme, sowie für die gütige Mitteilung Ihrer herrlichen Zeitschrift, die ich durch Löben jedesmal erhielt, meinen innigsten Dank zu sagen.“

Die Lieder aus Asts Zeitschrift (erster Band) sind folgende:

Frühlingsandacht.

1. Was wollen mir vertraun die blauen Weiten Heft II. S. 73. (S. W. I. 51) N. 1 von Jugendandacht.
2. In Lust und Scherzen drehn sich leichte Tage II. 74. (M. 39).

An Maria.

Viel Lenze waren schon vergangen II. 76. (M. 39).

An den heiligen Joseph.

Wenn trübe Schleier alles grau umweben II. 77. (S. W. I. 270).

Rettung.
Ich spielt, ein frommes Kind, im Morgenscheine II. 87—89. (S. W. I. 57 f.
An J.
Von trüber Bangnis war ich so befangen III. Heft. 4. (M. 41).
Die Wunderblume.
Es war die Nacht so wunderbar, so schwüle III. 27. (M. 42).
Die Zauberin im Walde. Romanze.
Alter Vater, alter Vater. IV. Heft 40—44. (M. 44. ff. Verändert und um 11 Verse gekürzt auch S. W. I. 30).
Minnelied.
Blaue Augen, blaue Augen IV. 44. (M. 13).

Im zweiten Bande erschienen 1810:[1])

Minnelied.
Über blaue Berge fröhlich I. Heft. 41. (M. 40).
Selige Wehmut. Maria.
Ist der Frühling nicht gekommen I. 42. (M. 43).
Klage.
Frisch eilt der helle Strom hinunter III. Heft. 12. (später als Nr. 1 unter Jugendsehnen aufgenommen S. W. I. 268).
Morgenlied.
Sei stark getreues Herze III. 13. desgl. Nr. 4. S. W. I. 269).
Kaiser Alberts I. Tod. Romanze.
Lebe wohl noch schnell zu sagen III. 28—31. (S. W. I. 307).

Alle diese Lieder (sowie auch später noch einige wenige im „Deutschen Dichterwald", Tübingen 1813), erschienen unter dem von Löben gewählten Pseudonym Florens. Die übrigen Gedichte, welche in diese Periode gehören, aber erst 1837 bei Duncker und Humblot in Leipzig erschienen, sind in den „Sämtlichen Werken" Band I, abgedruckt und daselbst leicht erkenntlich durch die vorn, in der Übersicht, beigefügten Jahreszahlen 1808 und 1809.[2]) Viele dieser Lieder, sogar mehrere aus der Ast'schen Zeitschrift, die ja ebenfalls wieder mit abgedruckt wurden, sind stark überarbeitet. Dazu kommen noch ein Liedchen „an den heiligen Joseph", (Meisner, S. 41, nach seiner Angabe 1808)[3]) und ohne Jahreszahl „Sestine" (M. 29), „Kanzone" (M. 31) „Wohl kann ich wie die andern thun und lassen" (M. 37), „Es wächst und strömt in ewigen Gedichten" (M. 37), „Antwort an Graf v. Löben" (M. 38) und „Bin ich nicht auch ein Kind gewesen" (M. 23), die meiner Meinung nach wahrscheinlich alle, — schon nach der Handschrift in den Berliner Manuskripten, in denen sie uns erhalten sind, — in die Heidelberger Zeit, jedenfalls in die erste Periode bis 1809 gehören.[4]) — Meisner hat

---

[1]) 1809 setzte die Zeitschrift aus, und die Lieder blieben eine Zeit lang liegen.

[2]) „Rettung" S. 57. ist aber falsch angegeben.

[3]) Mir scheint es spätestens 1807 entstanden zu sein, da es recht knabenhaft in Form wie Inhalt ist.

[4]) Ebenso gehören die Aphorismen, die Meisner S. 59 ff. abgedruckt hat, ihrer jugendlichen Handschrift wie ihrer Anschauung nach in diese Zeit. In den Berliner Manuskripten ist Blatt 8—11 eine Handschrift (1808. 9.)

nicht immer ganz genau gelesen (z. B. S. 8 las er im „Herbstliedchen“ Z. 6: „Fern ziehn die Ritter“ statt „Fern zoge der Ritter“, S. 23 in „Bin ich denn nicht auch ein Kind gewesen?“ Z. 6: „Sah viel Ströme munter fließen“ statt „unten fließen“) doch ist das bei Eichendorffs Hand auch nicht gerade leicht. Sonderbarer erscheint mir, daß Meisner von der „Kanzone“ (S. 31) nur die ersten 12 Verse abgedruckt hat, die übrigen 38 aber einfach auf sich hat beruhen lassen, obwohl sie doch zu den ersten notwendig gehören.[1]) Ich möchte daher dieses an und für sich unbedeutende aber für den jungen Eichendorff recht charakteristische Gedicht hiermit zum ersten Male ganz zum Abdruck bringen:

Kanzone.

O, Tage süß, euch muß ich wohl beklagen,
Da von den Bergen Waldhornsklänge kamen,
Die durch die Bläue schienen licht zu gehen
Und alle Trübnis von den Auen nahmen,
Verkündend mir, es hab' nun aufgeschlagen
Der Lenz sein grünes Reich auf Waldeshöhen,
Auf blauem Fluß, auf Thal und stillen Seen.
Da tönte Waldesgrund von Rosseshufen;
Den grauen Winter fühlt' ich vor mir stehen,
Ließ große Wünsche durch die Grünen schweifen,
Die zogen mit der Klänge Lust und Schmerze,
Und grün und kühl war selber noch mein Herze.
Wie oft mußt' ich damals von wilder Stelle
In Seen und Thäler grüne Schwüle tauchen
Der kühnen Blicke mutiges Verlangen,
Meinend, es müßte vor den jungen Augen,
Die wurzelnd nur in ew'ger Morgenhelle,
Ein schön'rer Lenz noch auferstehn mit Prangen,
Zu stillen dieses Mittags blaues Bangen.
Wo süß geladen nun von blauen Winden
Das —[2]) Herze fröhlich könnte binden,
Der Wünsche blüh'nde Segel von den Banden
An ferner Heimatsküste hold zu landen.
Wohl hob sich dieser Lenz nun von den Matten,
Seit ich Sie sah zaub'risch durchs Grün gegangen,
Wo nur von ihrer Augen Himmelsräumen, dem Abendrot der Wangen,
Der Locken Zaubernacht, die schwül umschatten
Des jungen Busens liebeseel'ge Hü(gel?),
Mir doch verweset Herbst des Herzens Grünen,
Wo trübe Nebel nur und Weh sich mehren.
Denn wie wird ihm dies Himmelsblühn Einkehren,
Ein einzig Liebeswort nur zu vertrauen
Dem Einsamen auf den verwirrten Auen.
Wie oft reit' ich in morgenroten Stunden,
Den Durst zu stillen nach dem süßen Leide,
Das Waldhorn noch mein mutiger Genosse,

[1]) Berl. Manuskripte Blatt 6. Die Kanzone ist wie die folgende Terzine ohne Überschrift.

[2]) fehlt ein zweitaktiges Wort.

Des Morgens Scheine funkelnd Jagdgeschmeide,
Das blühend legend sich um meine Wunde,
Süßzaub'risch spielt an Brust und dunklem Rosse
In grünem Grund vorüber an dem Schlosse;
Wenn Sie vom Söller süß verträumte Blicke
Läßt in des Morgens frischen Zauber streifen,
Oft sinnend wohl des Reiters trostlos schweifen,
Den blauen Fluß und Wald und Au betrachtend —
Was Reiter, Horn und Fluß will sag'n, inne[1]) achtend.
So will der Schmerz in Waldnacht wiederkehren,
Wo Ströme brauf'n und einsam Felsen ragen,
Die alten Klänge grün um ihn geschlagen.
Vielleicht befällt Sie fern im Thal einst Reue,
Wenn sie so sagen von des Jägers Treue.

Auch zwei andere ungedruckte Lieder[2]) dieser Zeit, die Meisner nicht aufnehmen mochte, mögen hier als letzte Ergänzung des bis jetzt Zugänglichen ihre Stelle finden:

Terzine.[3])

Lag blüh'nd ein weites, schönes Land erschlossen
Mit blauen Bergen, Schlössern, Ström'n und Blumen.
Viel Vögel sangen drauß'n und Ströme flossen

Und roter Duft lag auf den Heiligtumen.
So warm fühlt' ich noch nie des Frühlings Weben,
Wie es diesmal ans Herz mir wollte blumen.

Mich aber zog ein wunderbares Streben,
Ein selig Wort, das ich nicht konnt' ergründen,
Wie es mich lockt, aus dunkler Brust zu heben.

Ich fühlt' wohl innigst oft, ich würd' es finden,
Doch wieder war's nicht so und brünstig flehen
Mußt' ich gar oft zu Gott mir's zu verkünden.

Wie ich so sann in himmlisch süßen Wehen,
Sah ich aus Duft und Dunkelgrün der Bäume, —
— — — — — — — — — — — — —[4])

Sie ging und stand, als ob sie selber träume,
Ließ tief den Schleier fall'n und hob ihn wieder.
Mich faßt ein Bang'n, als ob ich zaghaft säume,

Da sie nun sprach: Wir sehn uns nimmer wieder!.
Und weinte sehr, da ich hinausgetreten.
Nun rannen tausend Strahlen golden nieder,

Und seltsam' Lieder durch die Bläue wehten.
Mir war so wohl und bang im tiefsten Herzen.
Ach, soll ich singen, rief ich, soll ich beten?

---

[1]) Im Original steht ine, die Stelle bleibt jedenfalls unverständlich.
[2]) Berliner Manuskripte Blatt 3 und 4.
[3]) Ohne Überschrift. Eine Terzine, aber mit einigen Auslassungen an den angegebenen Stellen. Das Gedicht ist jedenfalls vom Dichter nicht durchgesehen, sondern nur ein Entwurf.
[4]) Hier fehlt eine Zeile wahrscheinlich mit dem Reimwort gehen.

Da sah ich erst mit Schauern und mit Schmerzen,
Mir wie aus alter Zeit bekannt, die Matten.
— — — — — — — — — — —
— — — — — — — — — — —[1]
Springbronnen einsam auf und nieder schallten,
So seltsam rauschend in den dunklen Schatten.

Auch viel erkannt' ich wandelnde Gestalten,
Doch wußt' ich, wie ich sann, sie nicht zu nennen.
Ich rief in Angst und wollt' sie liebend halten,

Doch bleich schien'n sie und mich nicht mehr zu kennen.
Da war's, als wollten Au und Wälder zu mir sprechen[2]
Und Bangen faßt mich, daß es nicht zu nennen.

Da ich sie also hört' ihr Schweigen brechen:
Sie ist längst fort, seit Sie uns hat verlassen,
Wird auch gar bald des Frühlings Herze brechen,

Des süßen Maies junger Glanz verblassen.
Da fühlt' ich großes Bangen mich befallen,
Und Flur und Lenz und alles mußt ich lassen.

Mich nahmen auf des Waldes dunkle Hallen,
So dicht und stumm, wie ich noch nie gesehen.
Viel fremde Vögel hört ich seltsam schallen,

Durchs Dunkel altbekannte Stimmen gehen.
Mich faßt ein ängstlich rastlos Eilen,[3]
Das ewig wollte mit den Stimmen gehen,

Fühlend sich auf den Höhn, den stummen, steilen,
Von leichter Wolken eil'gem Flug bethauen,
Die zaub'risch blüh'nd sich schienen oft zu theilen

Daß ich zur blüh'nden Tiefe konnte schauen,
Wo ruhig in den ewig blauen Tagen
Viel Schäfer sang'n von abendroten Auen.

Da fühlt' ich innigst, daß es nicht zu sagen,
Mich bodenlos einsam und so alleine.
Und ewig schien der Thale Lied zu fragen:[4]

Was denn das Herz so trostlos such' und weine?
So langt' ich an an wunderbarer Stelle,
Wohin nicht reichten mehr, noch Lied, noch Scheine.[5]

Gebrochen rauscht ..... des Ird'schen Welle,[6]
Und Himmel schien des Scheidens Schmerz zu säumen.[7]
Ein Greis stand dort an ewig rausch'nden Quellen,

---

[1]) Lücke von 2 Zeilen.
[2]) 6 Verstakte.
[3]) 4 Verstakte.
[4]) Wohl das Lied eines Hirten oder dergl., das aus dem Thal fragend heraufklingt.
[5]) Weder Lied noch Scheine gemeint.
[6]) Das Wogen des Erdenlebens.
[7]) Endlos wie der Himmel erscheint dem Dichter der Schmerz des Abschieds.

Der schien gewachsen mit den Bergen, Bäumen;
Denn alt und halbverständlich war die Sprache,
Da er nur wie aus langen Himmelsträumen

Das tiefe Schweigen also himmlisch brache:
„Wer rief dich von den buntbewegten Gassen?
Tief Graun, Ermatten sind des Ird'schen Rache.

Kurz ist die Frist, unendlich sind die Straßen,
[Es bebt das Herz] einsam vor Gott zu stehen.
— — — — — — — — — — —[1])

Verborgne Himmel durch das Beten gehen,
Wohin der Mensch auch immer richt' und wende.
Die Himmels Lust der großen Ängste flehen[2])

Hier ist kein' Rückkehr wieder und kein Ende.“
Viel Wunderbares schien er noch zu sagen,
— — — — — — — — — — — —[3])

Da wacht' ich auf und zaub'risch aufgeschlagen
Sah ich schon Nacht mit ihren goldnen Weiten.
Demütig kniet ich hin, wollt' viel noch fragen,

Und ewig wird mich dieser Traum geleiten.

Sonett.

Rasch sprengt der Ritter an ertosenden Flüssen
Funkelnd durch Waldes dunkelgrüne Dichten,
Die schlanker sich in Himmelsglanz aufrichten,
Den König kühlerauschend zu begrüßen.

Viel schöne Augen werden weinen müssen,
Daß er Visier und Locken nie will lichten,
Daß zu dem Hohen[4]) sich mußten richten,
In süßen Himmelsqualen[5]) gerne büßen.

Schön ist's, von ird'schen Banden losgebunden,
In grüner Nacht, in dunkler Wetter Blicke
Einsam den Sinn zu weid'n, den wilden, reinen;

Doch Schön'res wird auf Erden nicht gefunden,
Als wenn der Stolze senkt die dunklen Blicke,
Sanft niederknieend vor der Ersten Einen.

---

[1]) Lücke von einer Zeile.

[2]) Wohl substantivisch zu fassen. Im übrigen sind Zeile 70—76 so sprunghaft in ihrer Gedankenfolge, daß eine bestimmte Erklärung sich kaum geben lassen wird.

[3]) Lücke von einer Zeile.

[4]) Hier fehlt wohl das Wörtchen sie.

[5]) Qualen der unerwiderten Liebe.

b) Metrik und Sprache.

Unter den 54 Gedichten, die uns aus Eichendorffs erster Periode erhalten sind, zählen wir 28 Sonette. Es beruht das ebenso wenig auf Zufall, wie auf einer besonderen Laune des Dichters, sondern es ist ein Ausdruck des damaligen Zeitgeschmacks, wie ihn die älteren Romantiker aufgebracht und dem darum auch der junge Eichendorff huldigte. Löben, der unter seinen „Gedichten" 72 Sonette brachte, wird ihn in dieser Richtung jedenfalls nur bestärkt haben. In metrischer Beziehung sind diese Sonette ziemlich verschieden. Diejenigen, die der Dichter erst später (1837) mitveröffentlicht hat, sind selbstverständlich durchgesehen und stark überarbeitet worden, darum viel gefeilter als die ältesten Niederschriften in den Berliner Manuskripten, die ja großenteils bei Meisner wiederabgedruckt worden sind. Interessant für die Art und Ausdehnung der Überarbeitung ist eine Vergleichung des Sonetts „An A" Nr. 1. (S. W. I. 110) und „Es wächst und strömt in ewigen Gedichten" (M. 37), in denen nur noch 3 Zeilen von den 14 übereinstimmen. In all diesen Sonetten finden sich aber noch zahlreiche Unregelmäßigkeiten im Versmaß, die den Anfänger deutlich verraten. So bringt z. B. das Sonett „Jugendandacht" Nr. 2 (S. W. I. 52), als fünffüßigen Jambus die Worte: „Des Einsamen spottet des Pöbels Scherzen", in Nr. 5 wird „unten" zweimal mit falschem Ton gebraucht; in „Trauriger Winter" heißt es gar (S. W. I. 208): „Ruh auch aus! Willst du ewig sinnen" u. a. m.

Die Allitteration wendet der junge Eichendorff nur vereinzelt an, wie z. B. „Südwinde spielen lau um Laut und Locken" (S. W. I. 110), „Wann lauschend Licht am stillen Abend scheidet" (S. W. I. 51.). Es entspricht schon hier seiner ganzen Art, die sich später immer bestimmter herausbildet, mehr mit Selbstlauten als durch Mitlaute zu wirken; auf Melodie und Tonfall zu achten, Stimmung und Empfindung auszudrücken ist schon damals sein hauptsächlichstes Bestreben und verrät überall den kommenden Lyriker.

Die Reime sind in diesen Sonetten vielfach recht mangelhaft. Nicht nur unreine und rührende Reime kommen vor wie z. B. durchzücket—blicket (M. 37.), Bläue—Freie (M. 38) Maien—Treuen, erschließen—küssen, Brüder—nieder (M. 39.), hübe—bliebe (M. 40), Bilde—bilde (M. 38) rauschen—Rauschen (S. W. I. 110), schwellen—Schwellen (S. W. I. 110), umwunden—gewunden (M. 39), — sondern auch nicht selten werden ganz dieselben Worte in derselben Bedeutung gereimt oder besser gesagt wiederholt, z. B. verführen—verführen (S. W. I. 52), lassen—lassen, Leben—Leben, milde—milde (M. 37 f.), ziehen—ziehen (M. 41); ja sogar Reime wie Jahre—fahren, Tage—sagen (S. W. I. 52).

umwunden—Waldesgrunde (M. 39) kommen öfters vor.[1]) Auch zeigen die gewählten Reime keine besonders große Auswahl, Reime auf allen, unden, angen, erzen, agen, üren kehren recht häufig wieder. — Bezeichnend für diese Sonette ist ferner die beliebige Anordnung der Reimzeilen in der zweiten Hälfte. In der „Jugendandacht" (S. W. I. 52 ff.) reimt er in Nr. 1 cddeec, in Nr. 2 cdecde, in Nr. 3 cdedce, in Nr. 4 cdeedc, in Nr. 5 und 6 wieder cdecde, in „Frühlingsandacht" (M. 39) cdedce, in „An Maria" (M. 40) cdedec usw.

Die Versmaße der übrigen Jugendgedichte sind ziemlich verschieden, man merkt überall recht deutlich, der Dichter will herumexperimentieren. Neben einer Kanzone, einer Terzine, Sestine zeigt auch hier der junge Dichter eine gewisse Vorliebe für unregelmäßige Verse mit wechselndem Metrum und beliebig auftauchenden Reimen, charakteristisch dafür sind die „Minnelieder" (M. 13 und 40). Sehr seltsam mutet uns das Gedicht „Rettung" an (S. W. I. 57), das als Sonett beginnt und mit Knittelversen fortgesetzt wird. Kurz vor dem Ende kommen aber wieder zwei Sonettstrophen. Da die ersten wie die zweiten Sonettteile formell wie inhaltlich genau zu einander passen, der zweite Teil aber an seiner jetzigen Stelle verblüffend wirkt, so ist es mir ziemlich sicher, daß das Sonett wie die Knittelverse ursprünglich je ein besonderes selbständiges Gedicht gebildet haben und erst später vom Dichter in dieser sonderbaren Weise vereinigt worden sind.[2]) Die bei den Sonetten erwähnten Mängel der Reimbildung und der übertriebenen Wortverkürzung fehlen natürlich auch bei den übrigen Liedern nicht. Charakteristisch für sie ist ferner das starke Hervortreten der Assonanz, die teils selbständig, teils als Aushilfe für den fehlenden Reim vorkommt. Ersteres ist besonders der Fall in der Kanzone, dem Sestine (M. 31, 29), der Romanze „Kaiser Albrechts Tod" (S. W. I. 307 ff.) und den zwei „Minneliedern" (M. 13, 40), obwohl in ihnen schon einige Reime auftreten, letzteres dagegen in der „Romanze" (M. 44 ff.), bezw. „Zauberin im Walde" (S. W. I. 309 ff.). — Der schlichte, ansprechende Vierzeiler mit abwechselndem klingenden und stumpfen Reim oder umgekehrt, der späterhin Eichendorffs Lieblingsversmaß werden und viel zu dem volkstümlichen Gepräge seiner Lieder beitragen sollte, ist jedoch in dieser ersten Zeit verhältnismäßig selten und erst gegen das Jahr 1809 tritt er deutlicher hervor und zwar in dem Maße, wie seine anfänglichen Künsteleien und Experimente abnehmen. In den vier „Zeitliedern" von 1809 (S. W. I. 111—114), „Der Gefangene", „auf dem Schwedenberge bei Lubowitz", „Klage" und „Geistesgruß" haben wir formell bereits ganz, inhaltlich wenigstens schon zum Teil den echten Eichendorff.

[1]) So ja auch noch in dem Liede: „In einem kühlen Grunde".

[2]) Ob der Dichter damit eine besondere künstlerische Feinheit beabsichtigt hat, mag dahingestellt bleiben.

In sprachlicher Beziehung steht es mit diesen Erstlingsliedern im allgemeinen nicht viel besser als in metrischer Hinsicht. Der jugendliche Dichter ringt augenscheinlich noch oft mit dem Ausdruck und in den religiös mystischen Gedichten geradezu auch mit der Vorstellung. Auch die starke Beengung durch die immerhin ziemlich straffe Form des Sonetts, das Eichendorff nicht recht zu meistern vermochte, merkt man ihm allzu oft an. Seine Bilder sind vielfach sehr gesucht und entbehren der einfachen, wirklich poetischen Anschaulichkeit, so nennt er das Land „eine ew'ge Farbenquelle" (M. 41), spricht von der „Wirrung süßer Lieder" (S. W. I. 51), von dem „heimlichen Breiten der Farben" (eb. da), von dem „Fliegen des Waldhornklangs durch fliehende Wolken" (M. 37), von dem „funkelnden Blitzen eines Kranzes" (M. 43), vom „Zielen der Stimmen", dem „geschossen kommen des Liebesblicks" (M. 13 f.), von dem „blüh'nden Schreiten alter Klänge" (S. W. I. 324), vom „Auftaun der Augen Himmel" (M. 30) und dergleichen mehr. Er liebt es, möglichst viel malende Eigenschaftswörter anzuwenden und bevorzugt dabei, nach romantischer Manier, direkt farbige Beiwörter, besonders blau und grün z. B. blaue Tage, blaue Weiten, blaue Schwingen, blaue Winde, blaue Berge usw., grüne Netze, grüne Scheine, grüne Weiten und Fernen; auch dunkelblau und dunkelgrün sind häufig, ebenso die Verwendung von golden z. B. „goldne Ströme gehn", „Die Sterne selbst vor großer Sehnsucht golden klangen" (M. 39), „Lenzesstrahlen rinnen golden nieder" (S. W. I. 51, auch Kanzone II); endlich die Worte süß und bang, die überall wiederkehren, z. T. durch Hinzufügung von Wunder noch gesteigert. Vor Neubildungen wie „schauersüß" (M. 47), „blaugewunden" (S. W. I. 128) „dunkelerbrausend" (S. W. I. 268) schreckt er dabei nicht zurück. An Stellen, an denen er etwas Grausiges schildern will, häuft er diese malenden Eigenschaftswörter bis zur Unverständlichkeit, so in der „Wunderblume" (M. 42)

„Und ferne sah ich aus dem grauen Schweigen
Seltsam verschlung'ne Wunder dunkel steigen,
Stumm gehen in den Finsternissen",

in der „Romanze" gar (M. 47):

„Dunkelleuchtend irre schweifen
Durch das schauersüße Dunkel",

Oder in der „Jugendandacht" Nr. 6 (S. W. I. 53):

„Durchs Leben schleichen feindlich fremde Stunden,
Wo Ängsten (?) aus der Brust hinunterlauschen,
Verworr'ne Worte mit dem Abgrund tauschen,
D'rin bodenlose Nacht mir ward erfunden."

Überall entstehen seine nicht immer glücklichen Zusammensetzungen aus dem Drang möglichst viel in ein Wort zusammenzufassen und auszudrücken, wunder steht oben an: z. B. „Wunderlaute" (S. W. I. 268),

„Wunderlieder“ (M. 48), „Wunderglänzen“, „Waldesprachten“ (S. W. I. 180) usw. Er bildet „süßschauernd“ (S. W. I. 66), neben „schauersüß“ (M. 47), zieht still und erleuchtet in „still erleuchtet“ (S. W. I. 311) zusammen, auch unkorrekte Neubildungen kommen darunter vor wie z. B. Bangnis, ruhvoll, entwandeln u. a. m.

Man könnte nicht behaupten, daß seine Sprache gerade arm wäre, aber sie ist wirklich mannigfaltig nur in der Modulation gewisser Vorstellungen, die immer wiederkehren und für die der junge Dichter, oft unsicher und tastend, oft tollkühn und skrupellos nach immer neuen Ausdrücken und Bildern sucht. Freude und Schmerz, Bangen und Sehnen sind die Grundstimmungen, die er von den zartesten Anfängen bis zu den tollsten Extremen wiederzugeben versteht. Wie der gereifte, so hat auch der junge Dichter eben nur wenig Abwechselung in der Auswahl seiner Bilder und Motive, aber mit wunderbarer Harmonie weiß er, namentlich später ihre Zusammenstellung zu vollziehen. Schon in diesen Gedichten, die so vielfach noch mit bombastischem Schwulst überladen und durch unklare Gedanken entstellt sind, blickt hie und da ein Bildchen, eine Wendung hervor, die durch ihre sinnige Schlichtheit entzückt, durch ihre poetische Tiefe überrascht. Wenn z. B. im „Dichter“ Nr. 1 (S. W. I. 63), die „Quellen bald zornig aus der Felsenhalle brechen, bald melodisch plaudern mit den Nymphen, die im Grün vertraulich lauschen, wenn die Burgen einsam von den Bergen grollen, wenn die sel'gen Inseln sich träumend auf den Fluten spiegeln“, so zeigen sich darin schon deutlich die Spuren jener wundervollen Naturbeseelung, die des Dichters spätere Dichtungen auszeichnet.

Bezeichnend für diese Gedichte ist ferner der häufige Gebrauch der Wortverkürzung, hauptsächlich wohl, um die 11 Silben des Sonetts zu erzwingen. Die Elision, die nicht regelmäßig zur Vermeidung des Hiatus angewendet wird, findet sich besonders bei der der ersten Pers. Sing. des Präsens wie hör' ich, wart' ich, sag' ich, fühl ich usw.; sie entspricht nur der weitverbreiteten Regel. Die Apokope dagegen klingt an vielen Stellen recht hart, so z. B. in der „Dichter“, Nr. 2, 5 (S. W. I. 63 ff.) Künst zu, Ehr nur, in „an A“ (S. W. S. 110.) Nr. 1, 2 Lieb' sie, Dein' Stimme, in „Jugendandacht“, Nr. 1, 4 (S. W. 51). Fern sie Stern' begrüßen. Am beliebtesten ist beim jungen Eichendorff die Synkope sowohl bei den Flexionsendungen z. B. Nachtigall'n, Berg statt Bergen („Jugendandacht“) Langt'st Fühl'st (M. 40), als auch in unbetonten Mittelsilben, wie flieh'nde, strahl'nde (M. 37), blüh'ndem („Der Dichter“) allgemeinem Brauche entspricht dagegen die Synkope des inneren i der flektierten Adjektiva auf ig und isch, wie zorn'gem ew'ger ird'schem (M. 38). farb'ge, einz'ge, duft'gen (M. 39), neid'schem, melod'schem („Der Dichter“), tück'schem („An A“). Von der Wortverlängerung macht Eichendorff seltener Gebrauch, meist auch nicht in störender Weise, nur in der „Romanze“ (M. 44) kommen noch starke Präterita mit auslautendem e vor wie sange, verstande, die halb des Reimes wegen halb des altertümlichen Stiles halber gebildet zu sein scheinen.

Sehr wenig geschickt sind diese Jugendgedichte im allgemeinen in Bezug auf ihren Satzbau. Nicht nur in den vielen Sonetten, in denen die dominierende Form zur Vernachlässigung der Gedankenfolge verführt, sondern auch in den meisten der übrigen Lieder finden wir unendlich lange und ungemein verwickelte Sätze. Eine schleppende Anhäufung von Vordersätzen, zahlreiche Partizipialanknüpfungen, störende Parantheſen muß der Leser mit in Kauf nehmen, ja bisweilen fällt der Dichter überhaupt ganz aus der Konstruktion und redet in Anakoluthen. Erst in den späteren Gedichten dieser Periode, die schon meist in Vierzeilern abgefaßt sind, wird der Satzbau auch einfacher, knapper und klarer.

Die Sprache des jungen Eichendorff ist in seinen Gedichten (wie auch in seinen Tagebüchern) fast ganz frei von dialektischen Formen, es ist im wesentlichen die poetische Sprache der Zeit. Nur in den Romanzen („Kaiser Alberts I. Tod" S. W. I. 307. „Die Zauberin im Walde" S. W. I. 309. (als „Romanze" M. 44) und „Die Nonne und der Ritter" S. W. 323) finden sich absichtlich gesuchte, altertümliche Formen, die aber nicht dem Dichter eigentümlich, sondern wohl bewußte Anlehnung an die romantische Manier sind.

---

c) Die Stellung der Gedichte in der Zeitlitteratur.

Nach Eichendorffs eigenen Angaben in seinem Promemoria waren ihm in seiner Jünglingszeit Novalis und Tieck die interessantesten unter den zeitgenössischen Schriftstellern. Schon in Halle las er ihre Werke und unterhielt sich des öfteren darüber mit seinen Freunden. Daß dieses Interesse in Lubowitz und Heidelberg geringer geworden, ist nicht anzunehmen, auch wenn wir besondere Notizen darüber nicht finden. Jedenfalls wurden diese litterarischen Neigungen durch die nahe Freundschaft mit dem Grafen Löben erst recht in den Mittelpunkt gerückt und durch weiteres Studium und gegenseitigen Austausch (speziell auch über Novalis und Tieck) gepflegt, wofür wir wieder in dem Tagebuch direkte Belege haben. Da nun diese Lektüre und geistige Beschäftigung mit den Dichtern der älteren Romantik gerade in eine Zeit fiel, in der das eigene poetische Talent erwachte und seine ersten Schritte that, so darf es uns nicht Wunder nehmen, wenn die Einwirkung der Zeitlitteratur in Eichendorffs Jugendpoesien nicht ohne Spuren blieb; und in der That sind solche nicht gerade selten.

Obenan steht hierbei der von Eichendorff damals sehr verehrte Graf Friedrich von Hardenberg, genannt Novalis, der ihm auch bis in sein Alter [1]) der Idealromantiker geblieben ist. Novalis, nicht nur der feinfühlige Dichter [2], sondern auch wohl der tiefsinnigste Denker der romantischen Schule, ist der geistige Vater der religiösen Jugenddichtungen Eichendorffs gewesen, die ja einen nicht unwichtigen Bestandteil der Erstlingsgedichte bildeten. Bei Novalis wie bei Eichendorff sind die gemeinsamen Grundzüge ein mehr oder weniger offen hervortretender Weltschmerz, eine ausgeprägt religiös-katholische Tendenz mit einer besonderen Vorliebe für das Übersinnlich-mystische, ein zart verhüllter, aber immerhin erkennbarer Pantheismus in der Naturauffassung und endlich die unstillbare, all ihre Poesie durchtönende Sehnsucht. Freilich bei aller allgemeinen Übereinstimmung sind die Unterschiede im einzelnen doch recht merkliche.

Der Weltschmerz, der ja schon auf Hölderlin und Young zurückzuführen ist, wirkt bei Novalis echt und überzeugend, weil er auf bitteren Lebenserfahrungen fußte und sich zu gleich kraftvoll, bisweilen so kampfbereit äußert, daß er rufen kann:

„Helft uns nur den Erdgeist binden,
Lernt den Sinn des Todes fassen
Und das Wort des Lebens finden,
Einmal kehrt euch um!
Deine Macht muß bald verschwinden,
Dein erborgtes Licht erblassen.
Werden dich in kurzem binden,
Erdgeist, deine Zeit ist um!“

Der Weltschmerz, der bei dem großen Meister weiter fortschreitet bis zu einer jubelnden Auferstehungshoffnung, erscheint bei dem jungen Eichendorff noch schwächlich und phrasenhaft, wie z. B. in „an A“ Nr. 3 (S. W. I. 111.):

„Schießt zu, trefft, Pfeile, die durchs Dunkel schwirren,
Ruhvoll um Klippen überm tück'schen Grunde
Lenk' ich mein Schiff, wohin die Sterne winken.
Mag dann der Steuermann nach langem Irren,
Rasch ziehend alle Pfeile aus der Wunde,
Tot an der Heimatküste niedersinken.“

Und ebenso ist Eichendorffs Opposition nicht die zähe, siegesgewisse des kampfgewohnten Streiters Novalis, nein sie ist die jugendlich zuversichtliche Hoffnung des gläubigen Katholiken, der bald an seinen blauen Idealismus glaubt (wie z. B. in „an A“), bald an seine treuen Heiligen, denen er sich bedingungslos in die Arme wirft, z. B. (M. 41 und 42).

---

[1]) Vergl. Gesch. der poet. Litteratur Deutschlands von Joseph, Freih. v. Eichendorff. II. Teil. III. Aufl. No. 7. S. 3—30.

[2]) Vergl. auch das im gleichen Verlage erschienene Buch: „Novalis' Lyrik“ von Karl Busse. Oppeln 1898, mit dem ich allerdings nicht in allen Stücken übereinstimmen kann.

„Die Wimpel jauchzen — Das Schifflein los!
Maria, nimm mich auf in deinen Gnadenschoß!“

Auch in der katholischen Tendenz sind beide Dichter nicht durchaus gleich. Novalis, von Haus aus Herrnhuter, kommt auf dem Wege langer, mühsamer Spekulation schließlich zu der Anschauung, die Eichendorff, freilich weniger tief, angeboren oder anerzogen war. Wenn Novalis singt (Novalis Schriften 1837, Bd. II. 15):

„Nach Dir, Maria, heben
Schon tausend Herzen sich;
In diesem Schattenleben
Verlangten sie nur Dich;
Sie hoffen zu genesen
Mit ahndungsvoller Lust,
Drückst Du sie, heil'ges Wesen
An Deine treue Brust.“[1])

so ist ihm dabei die Jungfrau die göttliche Allerlöserin, der letzte Trost der irrenden, suchenden Menschheit, deren dunkles, irdisches Liebessehnen durch die große, himmlische Liebe endlich dauernd gestillt wird. — Für den jungen Eichendorff dagegen ist Maria mehr die mütterlich vertraute Freundin, zu der er in bangen Stunden seine Zuflucht nimmt, wie z. B. in der „Frühlingsandacht“ (M. 39):

„Doch daß im bunten, lichten Tanz des Maien
Der Einz'ge nur allein nicht länger weine,
Sieht er als Blumen sich den Lenz erschließen;
Und aus dem duft'gen Kelch im Glorienscheine
Neigt sich die ew'ge Jungfrau, hebt den Treuen
An ihre Mutterbrust mit tausend Küssen.“

Bei beiden Dichtern ist Maria die göttliche Verklärung der irdischen Schönheit, nur führt bei Novalis diese Erkenntnis weiter zu einem tiefdurchdachten mystischen Natursymbolismus, beim jungen Eichendorff zu einem unklar verschwärmten Naturpantheismus, dem schließlich doch wieder nur eine naive, allein übertriebene Frömmigkeit zu Grunde liegt.[2]) Bei Novalis heißt es nun, es ist immer etwas neues, das ihm endlich klar geworden ist; bei Eichendorff heißt es immer noch, immer wieder, es ist etwas altes, längstvertrautes, was ihn nur von neuem tröstet.

Ganz ähnlich verhällt es sich mit der überall durchklingenden Sehnsucht, die beiden Dichtern besonders eigentümlich ist, obwohl sie ja ein Schiboleth der ganzen Romantik geworden ist. Bei Novalis ist diese Sehnsucht ein Ausfluß unbefriedigten Strebens nach einem Ideal, das ethische Reinheit, selbstlose Liebe, inneres Glück und ungestörten

---

[1]) Ebenso daselbst S. 43: „Ich sehe Dich in tausend Bildern,
Maria, lieblich ausgedrückt.

[2]) Man vergleiche einmal die 2erlei Marienlieder: Nov. II. S. 43. No. 15. Eichendorff. W. S. 43. Selige Wehmut.

Frieden in sich schließen soll, aber, unerreichbar in dieser Welt, zur Todessehnsucht führt, weil nur die Hoffnung auf das Jenseits eine Erfüllung verspricht.[1]) Bei Eichendorff ist es eine Sehnsucht nach der Vergangenheit, nach dem verlorenen Paradies der stillen, frommen Kindheit, nach dem göttlichen Ursprung alles Irdischen in dem himmlischen Schoße, hier wie dort zurück nach einer goldenen Heimat in weiter, blauer Ferne, aus der nur die süße Erinnerung in mancherlei Tönen herüberklingt. Bald Heimweh, bald Fernweh, ist diese träumerisch zurückschauende Sehnsucht für Eichendorff charakteristisch geblieben bis ans Ende; jedoch schon hier in der ersten Jugend tritt sie oftmals fast greisenhaft hervor, so namentlich in den Sonetten der „Jugendandacht" (S. W. I. 51), am wunderbarsten in den Strophen „an den heiligen Joseph" (S. W. I. 270):

„Wenn trübe Schleier alles grau umweben,
Zur bleichen Ferne wird das ganze Leben,
Will Heimat oft sich tröstend zeigen!
Aus Morgenrot die gold'nen Höhen steigen,
Und aus dem stillen, wundervollen Duft
Ein' wohlbekannte Stimm' hinüberruft.
— — — — — — — — — — —
Seitdem ist wohl viel anders worden,
Treulieb auf Erden ist ausgestorben,
Wem könnt ich's, außer Dir, wohl klagen,
Wie oft in kummervollen Tagen
Mein ganzes Herz hier hofft und bangt
Und nach der Heimat immerfort verlangt."

Auch in mancherlei kleineren Zügen zeigt sich der Einfluß Hardenbergs auf den jungen Eichendorff, so in dem Abkehren von dem eitlen Treiben der Welt (Nov. Schriften I. 3. 4, II. 37 f.), in der religiösen Durchdringung und Verklärung der Natur (Nov. Schr. I. 211 ff. II. 39. 43), in der heiligen Auffassung des Dichterberufs (Nov. Schr. I. 58. 61), die Eichendorff in seinen sechs sehr bemerkenswerten Sonetten „Der Dichter" (S. W. I. 63 ff.) vertritt. Doch schon hier wie fast überall bildet sich der junge Eichendorff eine etwas modulierte Ansicht und verrät schon merklich seine spätere, dichterische Eigenart. Vereinzelte sprachliche Anklänge wie „ferne Welten", „sinnlos Schweifen", „blaue Luft", „grüne Schwingen", „bunter Sänger Aufenthalt" u. a. m. fallen weniger ins Gewicht, da sich dergleichen bei fast allen Romantikern wiederfindet. Bei einer Strophe wie z. B. (S. W. I. 178):

Ein blauer Dunst umschwebte sie
Mit einem gold'nen Rand,
Und eilig zog die Phantasie
Sie über Strom und Land."

---

[1]) Hymnen an die Nacht Nr. 6. (II. S. 16.)
Geistliche Gedichte X. (II. S. 36.)
XIII. (II. S. 41.)

könnte man allerdings beinahe in Zweifel geraten, ob sie von Novalis oder von Eichendorff stammt. Zu bedauern bleibt nur, daß die wunderbare Schlichtheit und Exaktheit in der äußeren Form bei Novalis von dem jungen Eichendorff weit weniger beachtet und zum Vorbild genommen wurde als viele seiner Gedanken, denen der jugendliche Dichter noch nicht recht gewachsen war. Charakteristisch dafür ist z. B. Eichendorffs „Wunderblume" (M. 42), die zwar ganz auf Anregungen von Novalis beruht, aber in ihrer unklaren, schwülstigen Ausdrucksweise recht wenig von des Meisters Geiste zeigt.

Umgekehrt wie sein Verhältnis zu Novalis war des jungen Eichendorffs Verhältnis zu Ludwig Tieck. Hier war es vornehmlich die äußere Form, die den jungen Dichter anzog und bestach, nicht so sehr die Gedankenwelt Tiecks, die ja freilich auch nicht so eigenartig, festbestimmt und längst nicht so religiös war wie die Hardenbergs. Im Großen und Ganzen wird man zwar Tiecks Einfluß auf Eichendorff nicht gering anschlagen dürfen, aber in seinen Jugendgedichten ist noch nicht allzuviel davon zu spüren. Die schlagfertige Auflehnung Tiecks gegen das aufgeblasene und prosaisch nüchterne Philistertum der Zeit, der fröhlich ausgelassene Spott, der mitunter zur bittersten Selbstironie führt, klingt in den Liedern des jungen Eichendorff noch nicht mit, eher die märchenhaft-träumerische Naturstimmung, der wehmütig-melancholische Hang zu plötzlichem Trübsinn, die Vorliebe für das Gespenstisch-Grauenhafte und eine gewisse abenteuerlich-mittelalterliche Phantastik. Auch das willkürliche Umspringen mit Versmaß und Reim, wodurch Tieck gegenüber der im allgemeinen recht festen Formtechnik von Novalis einen verhängnisvollen Zug in die Romantik brachte, ahmte der junge Eichendorff gern nach, z. B. in seinen „Minneliedern" (M. 13. 40), den „Kanzonen" (M. 31 und bei mir S.) und der „Sestine" (M. 29) sowie in der „Seligen Wehmut.[1]) Tieck, dessen rythmische Begabung höchst unvollkommen, dessen musikalisches Ohr nicht feinhörig gewesen zu sein scheint," wie Georg Brandes [2]) wohl richtig bemerkt, konnte jedoch Eichendorff in dieser Beziehung nur vorübergehend anziehen, bald bäumte sich gerade auf diesem Gebiete der Lyriker in Eichendorff energisch auf, und Melodie und Wohllaut siegten früh über das farb- und saftlose Versgeklingel der Tieckschen Manier. An seinen ersten Anfängen stand Eichendorff freilich noch recht stark unter ihrem Bann, das zeigen außer den eben erwähnten Minneliedern mit ihrer modischen Assonanz auch ferner seine Sonette, die er ganz nach Tieckschem Muster mit schwerfälligem Gedankenschwulst und fast sinnlosem Reimschwall ausstattete, ohne dabei den inneren Gedankeninhalt der äußeren Form irgendwie anzu-

[1]) Vergl. dazu „Gedichte von Ludwig Tieck", Dresden 1823. Bd. I. S. 1. 2. 12. 76. 92. 134. 148. 156.

[2]) Die Litteratur des 19. Jahrhunderts in ihren Hauptströmungen. Leipz. 1887. Bd. II. S. 129 f.

passen; das zeigen endlich auch seine Romanzen, die an altertümlichem Wortklingklang wie an fad-phantastischem Aufputz den Tieckschen nichts nachgeben. Um nur ein Beispiel davon zu geben, stelle ich einmal die je drei ersten Verse der Tieckschen Romanze „Die Zeichen im Walde"[1]) und der Eichendorffischen Romanze „Die Zauberin im Walde"[2]) nebeneinander. Wie schon die Überschriften sind auch Sprache, Versmaß und Motiv zum Verwechseln ähnlich, und der betreffende „schöne Knabe" heißt bei Tieck Siegismunde, bei Eichendorff Florimunde.

O mein Sohn, wie gräßlich heulend Klagt herauf vom Moor die Unke? Hörst du wohl die Raben krächzen? Die Gespenster in dem Turme? —	„Alter Vater, alter Vater, Laß mich aus dem grauen Hause; Winter ist ja längst vergangen, Helle scheint die Sonne draußen.
Vater, laß die Sorgen fahren Denn die Wolken ziehn hinunter: Bald wird sie der Mond bezwingen, Der zu scheinen schon begunnte.	Wird dir denn nicht selber bange? Wie ein fremder Vogel drunten In dem Walde seltsam sange, — Alter Vater, laß mich runter.
Durch die Thäler streift der Nebel, Schon erglänzen fern die Burgen, Schaut, schon leucht't das Krucifixe, Das Kapellenbild da drunten."	Lieber Jung', wie machst mir bange! Wend' zum Kreuze dich alsbalde, Daß dich fürder nicht verlange Nach dem dunkelgrünen Walde."

Noch verhängnisvoller als Tieck wirkte selbstverständlich Graf Otto Heinrich von Löben auf den jungen Eichendorff, mit dem er innig, ja überschwänglich sentimental befreundet war. Löben war ein auffallend schnell und leicht arbeitender Verskünstler, der durch seine unglaubliche Formengewandtheit, wie Eichendorff erzählt, selbst Goethe so bestochen haben soll, daß er ihn den „vorzüglichsten Dichter jener Zeit" genannt habe. Wenn man heutzutage seine Gedichte[3]) zur Hand nimmt, so frappiert noch immer auf den ersten Blick die fabelhafte Versfixigkeit; aber sieht man nur ein wenig auf den Inhalt, so muß man sich wirklich wundern, wie diese faden, oberflächlichen Machwerke damals den jungen Eichendorff so blenden konnten, daß er sich zu jenen beinahe widerwärtigen Bewunderungsversen (M. 38) verstieg:

„Mir fehlen Töne noch und Himmelsfrieden;
Dir ward Erfüllung frühe schon beschieden,
Denn Himmel ist, wo zauberte dein Beten.
Hast Du den höchsten Wunsch mir schon genommen,
Werd' demutsvoll ich wieder vor Dich treten;
Eins sein mit Dir, kann nur allein mir frommen."

---

[1]) a. a. O. Bd. I. S. 22 ff.

[2]) Meisner. S. 44 ff.

[3]) „Gedichte von Otto Heinrich Grafen von Loeben." Berlin bei Joh. Daniel Sander 1810. (Sehr selten!) Das von mir benutzte Exemplar gehört der Königl. Bibliothek. Berlin.

Löben mag diese starke Zuneigung wohl erwidert haben, aber unter den vielen Gedichten an seinen imaginären Freund[1]) finden wir nirgends solche Emphase[2]). Die Gedankenwelt Löbens wirkte jedoch im persönlichen Verkehr wohl stärker auf seinen Freund als in der uns allein hinterlassenen Poesie, eine Wirkung, die zum Glück für Eichendorff nicht von allzu langer Dauer sein sollte. Von Löben in erster Linie übernahm der junge Eichendorff die Bevorzugung und wohl auch die saloppe Handhabung des Sonetts. Nur eine bezeichnende Stichprobe[3]) Löbenscher Sonettendichtung, die zugleich ihrem Inhalt nach eines halb ironischen, halb prophetischen Beigeschmackes nicht ganz entbehrt:

„Schon spielt der Herbst mit seinen falben Blättern,
Die rings so grünen Schein der Au gegeben,
Die uns zum Kranze schienen hergegeben,
Ach! nur im Scherz der Liebe zu entblättern.
Was anders drohet euch geschrieb'nen Blättern,
Euch, die mir meinen Jugendstamm umgeben?
Mit mir und euch wird gleiches sich begeben,
Uns beide wird dereinst der Wind verblättern.
Jetzt aber darf ich noch im Lenze wandeln,
Jetzt darf die Hand, ihr Rollen, euch versammeln,
Ob eure Blätter mir zum Schmucke werden.
Vielleicht, wenn wir vom Herbst gebrochen werden,
Wird eine Gottheit meine Asche sammeln,
Und, Blätter, euch in grünes Laub verwandeln."

Das Sonett zeigt genau dieselben Schwächen in der Reimverwendung, wie sie oben mehrfach bei Eichendorff gerügt worden sind. Metrisch ist es allerdings um ebenso viel leichter und flüssiger, als die Eichendorffschen Sonette an Gedankeninhalt schwerer und verworrener sind. Löben, der mit einer skrupellosen Freiheit andere Dichter ausschrieb oder nachahmte, so z. B. seine „Ode" (S. 135):

„Nur wer die Qual der Liebe kennt,
Der weiß es, was ich leide"

Frei nach Goethes: „Nur wer die Sehnsucht kennt,
Weiß, was ich leide."

Seine „Glosse" (S. 26):

„Liebe denkt in selgen Tönen,
Möchte dem Verstand nicht fröhnen,"

Frei nach Tieks: „Süße Liebe denkt in Tönen,
Denn Gedanken stehn zu ferne" —

übermittelte wahrscheinlich auch dem jungen Eichendorff die spezifisch-romantische, poetische Phraseologie. Die immer wiederkehrenden

[1]) Eichendorff wird nie genannt, aber in den Gedichten S. 16. 19. 24. 32. 34. 285. 342 wird er wohl gemeint sein.
[2]) Vergl. auch den oben erwähnten Brief. (M. 61.)
[3]) Gedichte. S. 305. Sonett 45.

„blauen oder trüben Tage, die fernen, grünen oder blauen Weiten und Winde, die heimatlichen linden Lüfte, das ferne Stromesrauschen, der Nachtigallen Liebesschlagen, die schaurig süße Sehnsucht, die trübe Bangnis, die holden Blumen- und Wunderdüfte, Wunderquellen, Wunderlieder, das Zaubernetz, Treulieb usw.“ Daneben hat der Allaufnehmer und Nachempfinder Löben natürlich eine unendlich viel reichere Fülle an Motiven als der engbegrenzte Eichendorff, der nur das aufnimmt, was ihm durch seine Erziehung und seine Lebenserfahrung verständlich und sympathisch geworden ist. Von dem umfangreichen klassisch-mythologischen Apparat Löbens findet man fast nichts bei ihm, höchstens taucht einmal eine schüchterne Nymphe bei ihm auf (z. B. S. W. I. 63). Aber was Eichendorff aufnimmt, das hält er auch zäh fest, verarbeitet es langsam und sorgfältig in seinem Geist und giebt es wieder, durchdrungen von seinem temperamentvollen Naturell, verschönt durch den Reiz persönlicher Eigenart.

Von andern Dichtern seiner Zeit ist Eichendorff in den Gedichten seiner ersten Periode noch wenig beeinflußt. Dann und wann findet man wohl einen schülerhaften Anklang an Goethe („Mignonlied“), wie z. B. „Mit dir nur Liebster, will ich ewig ziehen“ (M. 41. An J. letzte Zeile), oder an Schiller („Taucher“), wie z. B. „da wogt es unten in Nacht und Graus, da war ein Hämmern, ein Schachern und Rumoren, als hätte das Chaos noch nicht ausgegohren“ (S. W. I. 58. „Rettung“), wohl auch einmal an Claudius (Abendlied), wie z. B.

„Wir sind so tief betrübt, wenn wir auch scherzen,
Die armen Menschen müh'n sich ab und reisen.“

(S. W. I. 110 „an A“) — aber das sind Seltenheiten. Erst später, als der stark volkstümliche Zug der jüngeren Romantik anknüpfend an „Des Knaben Wunderhorn“ wie ein frisch belebender Hauch durch die deutsche Dichtung ging, wurde auch Eichendorff von ihm erfaßt und wandte der sonettenklingelnden, assonnanzenstrotzenden Manieriertheit der älteren Romantik erst zaghaft verwundert, bald lustig spottend den Rücken. Das Volkslied in seiner schlichtesten und rührendsten Form ward sein Ideal und seine Stärke, und bewußt und zugleich nicht ohne Glück knüpfte er in seiner späteren Entwickelung, die außerhalb unserer Betrachtung fällt, an Goethes Lyrik und an die reichen Schätze des Wunderhorns an, denen auch sein unvergänglichstes Liedchen „In einem kühlen Grunde“ in seinem Grundmotiv[1]) entlehnt sein dürfte.

---

[1]) Ed. Höber S. 31 f. wird durch Eichendorffs Lied und wohl mit Recht an die 3. und 4. Strophe von „Des Müllers Abschied“ („Des Knaben Wunderhorn“ herausg. v. Birlinger und Crecelius I. S. 97.) erinnert. Mir persönlich war dieser Gedanke ebenfalls schon gekommen, da für mich nach dem Tagebuch

d) Zur Analyse des Inhalts.

Alle diese Jugendgedichte Eichendorffs, selbst die drei Romanzen nicht ausgenommen, sind wesentlich lyrischen Inhalts. Eine gewisse Einseitigkeit und Eintonigkeit, die auch den späteren Lyriker entschieden kennzeichnet, herrscht noch unumschränkt und wird noch nicht durch die späteren Vorzüge der Eichendorffschen Muse, durch die wundervolle Harmonie von Form und Inhalt, durch die schlichte Innigkeit der Gefühle und eine frische, gesunde Lebensauffassung ausgeglichen oder gar vergessen gemacht. In ästhetischer Beziehung haben daher die weitaus meisten dieser Lieder einen nur sehr geringen Wert. Erst die letzten Produkte des Jahres 1809, die schon leise, aber merklich genug hinüberleiten zu einer neuen, bedeutsamen Entwickelungsphase, verraten die zeitlich sobald darauffolgende Meisterschaft. Ganz anders verhält es sich mit dem Interesse, das diese Jugenddichtungen dem Litterarhistoriker abnötigen müssen. Nicht allein wie sich die Lebensanschauung des Dichters und seiner ganzen Zeit in ihnen widerspiegelt, sondern vor allem wie das späterhin so reich entwickelte Gefühlsleben Eichendorffs hier schon seine ersten Entfaltungsversuche macht, ist für ihn von größter Wichtigkeit und verdient gewiß auch allgemeinere Beachtung.

Die poetische Auffassung des Lebens und seiner sittlichen Mächte steht dem jungen Eichendorff in diesen Gedichten noch nicht ganz klar vor der Seele. Von Haus aus brachte er einen naiv-gläubigen Sinn für alles Gute, Wahre und Schöne mit, aber innere und äußere Erfahrungen verwirren ihn oft und manche bange Zweifel und Fragen steigen in ihm auf und schaffen ihm jene Bangigkeit, die für die meisten dieser Gedichte geradezu typisch ist (z. B. Nr. 37—43. S. W. I. 51—54. 110, 111, 268 ff.). Durch Erziehung wie Lektüre haben sich in ihm sittliche Begriffe gebildet und festgewurzelt, die zu der Welt außer ihm nicht recht passen wollen, ein Maßstab, der nach seiner eigenen Überzeugung gerecht, für die anderer jedoch zu streng erscheint. Er fühlt darum, daß es heißen Kampf kosten wird sich selber treu zu bleiben, aber er scheut ihn nicht (Nr. 37. S. W. I. 110). Seine Gefühle schwanken

---

(13. März 1808: „Mein Singen da droben auf jenem Berge" und „polnische Lieder") längst feststand, daß Eichendorff das Lied kannte und gern gesungen hat. Eine, wenn auch unbeabsichtigte Anlehnung dürfte demnach außer Zweifel stehen. Man vergleiche auch Arnims: „Da steh' ich an meinem Fenster" (Dolores I. 73.) Auf das Lied und seine berühmte „Mühlenfrage" hier näher einzugehen, liegt kein Grund vor, da es für mich in die nächste Periode des Dichters fällt (für Höber nicht). Gegenüber den vielen, immer wieder neu auftretenden Mythen über seine Entstehung sei nur noch einmal betont, daß das Lied c. 1810 oder 11 entstanden und zwar entweder in Lubowitz oder Wien, daß also alle märkischen, sächsischen, mittelschlesischen, westpreußischen, rheinischen und mährischen Mühlen auf wenig Anerkennung von seiten des Litterarhistorikers zu rechnen haben, um so mehr vielleicht aber von seiten des Publikums.

freilich hin und her, bald meint er, erliegen zu müssen (S. W. I. 111), bald glaubt er der ganzen Welt trotzen zu können (S. W. I. 65), bald wirft er sich wieder verzweifelt in den rettenden Schoß der Gottheit (M. 39. 41. S. W. I. 269 f.); aber trotz allen Entmutigungen hält er im Grunde zäh an seinem Idealismus fest (S. W. I. 63 ff. M. 38). Da ist es vor allem der Glaube, der ihn immer wieder aufrichten und ihm neue Kraft geben muß, daneben aber auch die Schönheit der Natur, die Liebe und die Freundschaft. Und die Waffe, die er in diesem heiligen Kampfe führen soll, das Mittel, wodurch er die Welt bessern und sich selbst erheben will, ist ihm die Poesie. Diese sittlich-religiöse Grundanschauung, die besonders in den drei großen Sonettenzyklen „Jugendandacht", „Der Dichter" und „An A.", wenn auch vielleicht noch ringend und verworren, hervorblickt, steht der von Novalis sehr nahe. Ihm war ja „die Poesie die Darstellung des Gemütes, der inneren Welt in ihrer Gesamtheit" und mit ihrer Kraft wollte er die materialistisch erschlaffte Außenwelt neu beleben und regenerieren. Ihm war aber auch „das Herz gleichsam das religiöse Organ", „Religionslehre wissenschaftliche Poesie" und das Ziel aller Entwickelung die Rückführung der Menschheit zum alten katholischen Glauben[1]). In Verquickung beider Tendenzen kommt er zu einem poetisch-religiösen Mystizismus, der in der schwärmerisch begeisterten Seele des jungen, überzeugten Katholiken verwandte Saiten anschlagen mußte.

In der poetischen Gefühlswelt des jungen Eichendorff tritt das religiöse Gefühl natürlich noch fast überall in den Vordergrund. Seine Betonung desselben ist allerdings noch durchaus nicht absichtlich tendenziös[2]), wie es wohl in seinem Alter der Fall ward, aber ein rein naiver Stimmungsausdruck, wie Höber[3]) annimmt, ist es auch nicht. Ein religiöses Selbstbewußtsein liegt seinem poetischen Gefühlsausdruck ohne Frage zu Grunde, denn in vielen Gedichten wird eine solche Stimmung erst künstlich hineingetragen. Die Art, wie sich dieses religiöse Gefühl äußert, ist nicht sehr vielseitig. Von der staunenden Verehrung des allgewaltigen Schöpfers, die den Sterblichen in tiefer Ehrfurcht erschauern läßt, findet sich beim jungen Eichendorff noch nichts; es ist mehr ein kindliches Vertrauensverhältnis, in dem er zu der Gottheit steht[4]). Sie soll ihm helfen, ihn trösten, ihm raten und ihn leiten. Bezeichnend ist darum auch, daß nicht Gott, sondern meist Maria und Joseph und nur einmal Jesus (M. 42) angerufen wird. Mit diesem Gottvertrauen, das getragen wird von einem sicheren Glauben, verbindet Eichendorff zugleich ein ausgesprochenes Streben nach idealer Vervollkommnung und die Bekämpfung der Gottlosigkeit. Darin findet er gleichsam seine gottesdienst-

---

[1]) Vergl. dazu auch Nov. Schriften III. Fragmente. S. 262. 285.
[2]) Vergl. dazu auch den obigen Brief an Löben von 1809.
[3]) a. a. O. S. 13.
[4]) Am schönsten in dem Cyklus „Jugendsehnen" (S. W. I. 268 ff.)

liche Befriedigung, das Entgelt für den Beistand der Heiligen. Es ist also, im Grunde genommen nur eine sittlich vertiefte und poetisch empfundene Modulation der katholischen Theorie von den guten Werken.

Auch Eichendorffs Naturauffassung erscheint vielfach religiös gefärbt. Allüberall wittert er in der Natur den göttlichen Geist, aber nicht in der Weise einer spinozistischen Gotttrunkenheit des Alls wie Novalis, sondern mehr in verständnisinnigem Hineinversenken in seine göttliche Schönheit. Mit frommer Andacht lauscht er den mannigfaltigen Stimmen der weiten Natur, legt ihnen gern eine geheimnisvolle, übersinnliche Bedeutung bei und hört daraus die Sprache der Gottheit; ja in mystischer Verzückung glaubt er mitunter gar, so besonders in den Marienliedern, daß die Himmlischen sich ihm persönlich in verklärtem Glanze offenbaren (M. 39 ff. 42. S. W. I. 77, 113). So ist sein Pantheismus weit harmloser, naiver und darum auch im letzten Grunde ästhetischer, als der des spekulativ-grüblerischen Halbphilosophen Novalis. Der kindlich fromme Naturpoet, den Adolf Schöll später so treffend charakterisiert hat[1], „Wälder und Berge jauchzen [bei ihm] der Gottheit entgegen in ihrer Vollkommenheit, Quellen und Nachtigallen sind die seligen Stimmen der Weltseele, die Menschen sind die adligen blühenden Herren der Welt, die sich tragen lassen von ihren Strömen, mit Musik ihre Wälder durchziehen, mit ihrem Laub, ihren Blumen sich kränzen und im Genusse selbst die Liebesgedanken der Natur aus dem Herzen des Daseins schöpfen" — zeigt schon in diesen Jugendgedichten die unverkennbaren Spuren seines liebenswürdigen Talentes, das in der wundervollen Beseelung der deutschen Berg- und Waldlandschaft seinesgleichen sucht. Gern beugt sich der junge Eichendorff innerlich bewundernd vor der Größe und Schönheit der farbenprächtigen Natur, in der er überall die Weisheit Gottes verkörpert sieht, aber das Gefühl des zitternden Kleinmutes, der lähmenden Ohnmacht beschleicht ihn nie. Seine ganze herrliche Jugendzeit hindurch war ja die Natur schon seine innigste Vertraute gewesen, in der er etwas sich Wesensverwandtes vermutet, die er immer wieder in harmonischen Einklang mit seinen wechselnden Gemütsstimmungen zu setzen bestrebt ist. Vor allen andern Gebieten ist ihm von Jugend auf der heimatliche Wald seine Lieblingswelt, in dessen bald still geheimnisvollem Walten, bald froh bewegtem Treiben er immer wieder Ruhe und Frieden sucht und findet. In den anmutigen Zeilen („auf dem Schwedenberge bei Lubowitz", S. W. I. 112):

„Du Wald, so dunkel schaurig,
Waldhorn, du Jägerslust!
Wie lustig und wie traurig
Rührst du mir an die Brust" —

---

[1]) Wiener Jahrbücher für Litteratur 1836.

schlummert schon der ganze Eichendorff, der Sänger des klassischen Waldliedes: „O Thäler weit, o Höhen!“

Wie aber die Natur auf ihn wirkt, trägt auch er wiederum gern seine eigenen Gedanken und Stimmungen in sie hinein. Der Rat, den ihm Löben gab[1]):

„Willst du Elegieen schreiben,
Schreibe sie bei blauen Tagen.
Aber will das Wetter klagen,
Muß der Scherz sein Wesen treiben“

fiel bei ihm sicher auf keinen sonderlich günstigen Boden. Eichendorff ist schon in diesen Jahren kein Freund des Stimmungskontrastes. Wenn es in ihm tobt, läßt er auch gern die Natur rasen, dann

„Stürzt der Bach, hoch brausen Waldeswipfel,
Durch flieh'nde Wolken Waldhornsklang geflogen.
[Und wenn] der Blitz die grimme Nacht durchzückt.“ (M. 37.)

Wenn er fröhlich ist, erscheint ihm auch die Natur so:

„Die Lerchen jubilieren
Und fröhlich musizieren.
Aus grünem frischem Wald
Ringsum manch Stimmlein schallt.
Geschmückt mit Edelsteinen
Die Erd' in bunten Scheinen
Als junge, fromme Braut,
Die froh ins Herze schaut.
Im Garten zu spazieren
Die Blumen mich verführen,
Die Augen aus dem Grün,
Die Quellen und das Blühn. (S. W. I. 269.)

Wenn er sich sehnt, sehnen sich die Sterne mit ihm (S. W. I. 53. 64. 66. 268), wenn er träumt, träumt die weite, sonnige Welt (M. 30. S. W. I. 269).

Gerade die Naturbeobachtung, die der junge Dichter bei alle dem an den Tag legt, ist vielfach schon recht fein und mannigfaltig, ja vielleicht das wertvollste aus dieser ganzen ersten Periode; sie läßt die spätere Meisterschaft am ersten ahnen. Seine merkwürdige Vorliebe für akustische Wirkungen tritt oft verblüffend stark hervor (z. B. die Wimpel jauchzen, der Wind lockt gleich dem Heimweh, die Burgen grollen einsam von den Felsen, die Sterne klingen leise vor großer Sehnsucht, die Wellen ziehen melodisch einher, „die Hörner klingen irrend aus der Ferne, als ob die Heimat nach Dir weine“ u. a. m.), bisweilen ist er freilich auch gesucht und übertrieben, z. B., wenn er schreibt („Jugendandacht“ 5):

---

[1]) Gedichte S. 24. Rat eines Leichtsinnigen.

„Geheimnisvoll gehen oben goldne Sterne
Unten erbraust viel Land in dunklen Wogen.“

oder („An A.“ 2)

„Das Waldhorn fromm wird auf und nieder wehen,
Die Wasser gehen und einsam Rehe weiden.“

oder gar („Der Dichter“ 3)

„Ein Wunderland ist oben aufgeschlagen,
Wo goldne Ströme gehn und dunkel schallen,
Gesänge durch das Rauschen tief verhallen.“

Wie das Naturgefühl, so sind auch die Liebesgefühle beim jungen Eichendorff noch sehr oft religiös angehaucht und zwar mitunter in so reichem Maße, daß es schwer zu entscheiden ist, ob man es im einzelnen Falle mit einem religiösen oder mit einem Liebesgedicht zu thun hat. Charakteristisch dafür ist der übrigens recht ansprechender Liederzyklus „Jugendsehnen“ (S. W. I. 268 ff.). Bei den ersten zwei Gedichten „Frisch eilt der helle Strom hinunter“, (das in Asts Zeitschrift „Klage“ überschrieben war) und „Denk ich dein, muß bald verwehen“ denkt man noch gar nicht an himmlische Liebe; bei dem dritten „Es saß ein Kind gebunden und gefangen“ wird diese Idee schon klarer; ganz deutlich jedoch wird sie erst in dem vierten „Sei stark, getreues Herze“, (das in Asts Zeitschrift „Morgenlied“ überschrieben war), und im fünften Liede „Wie in einer Blume himmelblauem Grund“. Unwillkürlich kommt wohl der Gedanke, daß Eichendorff manchmal ursprünglich weltlich gemeinten Liebesliedern erst nachträglich eine religiöse Färbung und Deutung gegeben habe. Beabsichtigt ist eine solche ohne Frage auch in dem Lied „Selige Wehmut, Maria“ (M. 43) wie schon diese Überschrift andeutet —

„Ist der Frühling nicht gekommen,
Sinn'ge Farbe still entglommen?
Hab ich nicht den Schlei'r gehoben,
Zart aus Blumenduft gewoben?
Gegenüber kannst du sitzen
In des Kranzes funkelnd Blitzen,
In die Augen tief mir schauen,
Was dich ängstet, mir vertrauen;
Muß dann weinen mit dir sehr.
Sag, was willst du daun noch mehr?

Ewig werd ich schweigen müssen,
Denn wohl niemand darf es wissen,
Was die Wünsche lang verschließen:
Möcht' dich gern recht herzlich grüßen,
Rühren nur den Mund, den süßen,
Sterben gerne so im Küssen.“ —

und doch, wer das Lied unbefangen liest, wird es nie und nimmermehr für ein religiöses Lied halten.[1]) Aber der Einfluß von Novalis, das Studium der mittelalterlichen Minnepoesie und seiner oft zweideutigen Marienverehrung zeitigte bei dem jungen Eichendorff eben mehrfach solche unklare Produkte, in denen Frauen- und Gottesminne wunderbar verquickt wurden, z. B. (M. 24. 44. S. W. I. 323). Ganz rein weltliche Liebeslieder bietet uns daher diese Periode nur äußerst wenige und in ihnen ist es wie in „Maria" und der „Klage" (Asts Z. II. 3. S. 12) eine monoton wehmütige, sentimentale Liebe, die ja auch in den Romanzen den Grundzug bildet. Selbst später hat Eichendorff diesen Zug in seiner Liebespoesie stark betont, da er eben gerade dem schwermütigen Volksliede gern eigen ist, aber nicht in so ungesunder und schwächlicher Weise, wie zu dieser Zeit. Nur in den allerersten Liedern, die sich auf die Hahmannepisode beziehen und noch in die lustige Lubowitzer Zeit mit ihrem frischen Waldesduft und Jagdzauber gehören, weht ein frischerer, poetischer Hauch, der von der weinerlichen Rührseligkeit der Heidelberger Tage merkwürdig absticht, das anmutigste davon ist „das Zaubernetz" (S. W. I. 179). Aber dieses wie freilich auch viele andere Gedichte dieser Periode sind später vom Dichter wesentlich überarbeitet, ja mitunter sogar in ihrer ganzen Stimmung verändert worden, sodaß man sie eigentlich kaum voll zu dieser ersten Periode rechnen kann. Nur ein drastisches Beispiel an einem Liedchen, No. 5, aus dem Cyklus „In der Fremde" (S. W. I. 262), der, wie oben bereits erwähnt, teilweise noch Heidelberger Anregungen seine Entstehung verdanken dürfte. Unter den Berliner Nachlaßmanuskripten, Blatt 3, findet sich ein (wohl Heidelberger) Entwurf[2]);

Grün war die Weide,
Der Himmel blau,
Wir schwuren beide
Ewige Treu.

Lenz ist wohl wieder,
Ferne ich bin
Liebt fern noch lieber
Der treue Sinn.

Verweinten Blicken
Grünet die Au,
Goldene Brücken
Schlägt er durchs Blau.

Frauen und Reiter
Ziehen ins Grün.
Wohin so eilst du
Fluß, blauer Fluß?

---

[1]) Meiner persönlichen Ansicht nach ist es ein Heidelberger Liebesliedchen, vielleicht auf die obenerwähnte K.

[2]) Von Höber S. 38 nicht ganz genau abgedruckt.

Soll ich nun beten
Singen im Schein?
Und Lust und Scherzen
Und großem Leid.

Blau ist der Himmel,
Blau ist die Treu'.
Schlägt um den Frühling
Die Zauberei.

Später lautet das Lied:

Grün war die Weide,
Der Himmel blau,
Wir saßen beide
Auf glänz'ger Au!

Sind's Nachtigallen
Wieder, was ruft,
Lerchen, die schallen
Aus warmer Luft?

Ich hör' die Lieder,
Fern, ohne dich,
Lenz ist's wohl wieder,
Doch nicht für mich."

Auch das Freundschaftsgefühl des jungen Eichendorff, wie er sich in seinen Liedern ausspricht, teilt die gleichen Schwächen wie sein bisher geschildertes Empfindungsleben. Die Freundschaft ward ja von den Romantikern allgemein sehr hochgehalten und eifrigst gepflegt. Nach dem Vorbilde Goethes und Schillers waren besonders Dichterfreundschaften zeitgemäß. Wie Tieck und Novalis, Arnim und Brentano, die Schlegel, Schelling und Schleiermacher, so schloß auch Eichendorff mit dem Grafen Löben einen innigen Bund. Der Niederschlag dieser Freundschaft in Eichendorffs Jugendpoesie ist jedoch sympathischer. Übertriebene Sentimentalität, schmeichelnde Verehrung sind das gewöhnliche (M. 37 f, 41. S. W. I. 107 „An L"), und nur selten einmal bricht ein echter, wahrer Ton hervor wie in dem frischen Liede „Der Freund" (S. W. I. 107), das sich jedoch kaum auf Löben beziehen dürfte:

„Wer auf den Wogen schliefe,
Ein sanftgewiegtes Kind,
Kennt nicht des Lebens Tiefe,
Vor süßem Träumen blind.

Doch wen die Stürme fassen
Zu wildem Tanz und Fest,
Wen hoch auf dunklen Straßen
Die falsche Welt verläßt:

Der lernt sich wacker rühren,
Durch Nacht und Klippen hin
Lernt er das Steuer führen
Mit sich'rem, ernsten Sinn.

Der ist von echtem Kerne
Erprobt zu Lust und Pein,
Der glaubt an Gott und Sterne,
Der soll mein Schiffmann sein!“

Ganz anders kräftig, wenn auch viel seltener, spricht sich das Nationalgefühl des heranwachsenden Freiheitskämpfers aus. Leise keimt es schon in den ersten Heidelberger Liedern hervor, erst als ein halb unbewußter aber ungestümer Drang nach Freiheit (S. W. I. 66), dann als ein geheimer, drohender Trotz gegen den übermütigen Erbfeind (M. 37 f. S. W. I. 112), der ihn bisweilen schon so ergreift, daß er einmal zweifelt, ob er nicht an Stelle „des Kreuzes die Fahne fassen soll, — endlich als ein erhabener, prophetisch ausklingender Groll, der das schönste und reiffste Lied dieser ganzen Jugendperiode zeitigte die „Klage“ (S. W. I. 113), die in jeder Zeile schon den werdenden Meister erkennen läßt:

„O könnt' ich mich niederlegen
Weit in den tiefsten Wald,
Zu Häupten den guten Degen,
Der noch von den Vätern alt,

Und dürft' von allem nichts spüren
In dieser dummen Zeit,
Was sie da unten hantieren,
Von Gott verlassen, zerstreut;

Von fürstlichen Thaten und Werken,
Von alter Ehre und Pracht,
Und was die Seele mag stärken,
Verträumend die lange Nacht!

Denn eine Zeit wird kommen,
Da macht der Herr ein End',
Da wird den Falschen genommen
Ihr unrechtes Regiment.

Denn wie die Erze vom Hammer,
So wird das lock're Geschlecht
Gehaun sein von Not und Jammer
Zu festem Eisen recht.

Da wird Aurora tagen
Hoch über den Wald hinauf.
Da giebt's was zu singen und schlagen,
Da wacht, ihr Getreuen, auf.“

Überschaut man noch einmal im Zusammenhang diese ganze lyrische Jugenddichtung Eichendorffs, so wird man sich nicht verhehlen können, daß sie für die Litteratur an sich wenig bedeutet. Wichtiger ist sie schon als ein ziemlich klares Spiegelbild der romantischen Zeitgedanken in der Seele des Dichters, namentlich für die sonderbare Form, welche dieselben unter der Einwirkung Löbens angenommen hatten. Ihre tiefste und bleibendste Bedeutung haben jedoch diese Gedichte für die Entwickelung des Dichters selbst, da sie uns einen ziemlich weiten Blick, fast bis in die ersten Anfänge seines Talentes gestatten.

Drei Phasen lassen sich in der ersten Periode unterscheiden. Die erste der naiven, gesunden, aber herzlich unbedeuteten Liebeslyrik des Lubowitzer Aufenthaltes von 1806/7, anknüpfend an die Erlebnisse mit Mad. Hahmann. Das frischeste und gelungenste dieser Lieder ist das „Zaubernetz" (S. W. I. 179). Die zweite Phase umfaßt die Heidelberger Zeit und ihr gehören die weitaus meisten der uns erhaltenen Gedichte an, großenteils religiös-mystischen oder spezifisch romantischen Inhalts. Eine schwärmerisch hingebende Marienverehrung, ein forciert ethischer Idealismus, ein sentimentaler Liebes- und Freundschaftskult und eine geschraubte Altertümelei vereinigen sich sonderbar mit einer oft merkwürdig feinen Naturbeobachtung und einem gewissen Stimmungszauber. Die fremden, gekünstelten Formen werden noch einseitig bevorzugt und mit einem überquellenden, unabgeklärten Gedankeninhalt gefüllt. Klarheit, Anmut und Harmonie des Ganzen ist darum fast nirgends zu finden. Einzelheiten dagegen überraschen bisweilen durch ihre unmittelbare Empfindung und innere Wahrheit. Das bedeutsamste und wohl auch reifste Produkt aus diesen Tagen sind die fünf Lieder, die unter dem Titel „Jugendsehnen" (S. W. I. 268 ff.) zusammengefaßt sind, das am meisten charakteristische wohl der Sonettencyklus „Jugendandacht" (S. W. I. 51). Die letzte Entwickelungsphase bilden die Lieder, die dem Lubowitzer Aufenthalt von 1808/9 ihre Entstehung verdanken. Auf den Rausch der Heidelberger Tage folgt bald die Selbstbestimmung in der in der lieblichen, schlesischen Heimat. Löbens übermächtiger Einfluß stößt immer mehr und mehr auf Widerspruch, der Dichter kehrt in Form und Inhalt wieder zurück zu der ihm eigenen Schlichtheit und Natürlichkeit und findet unter den starken politischen Eindrücken des trüben Jahres 1809 wunderbare, aus dem Herzen kommende und darum auch zu Herzen dringende Töne eines lebendigen Nationalgefühls, als dessen vollendetster Ausdruck die oben erwähnte „Klage" gelten darf.

Diese drei Phasen lassen sich selbstverständlich nicht haarscharf von einander trennen; in der einen schlummern stets leise schon die Keime der anderen, aber immerhin trägt jede ihr durchaus besonderes Gepräge. So möglich nnd naheliegend eine solche Scheidung bei Gedichten sein mag, so schwierig und mißlich muß sie aber werden bei einem so umfangreichen und verschiedenartigen Werke wie der Roman „Ahnung und Gegenwart," der doch das Werk mehrerer Jahre ist und nicht nur in seiner Lyrik, sondern auch in einem großen Teil seiner Erzählung der folgenden Entwickelungsperiode des Dichters angehört. Trotz all dieser

Schwierigkeiten muß jedoch auch diese Schöpfung in die vorliegende Betrachtung hineingezogen werden, da ohne sie das Bild des jungen Eichendorff kein vollständiges sein würde. Selbstverständlich kann aber hier nur dasjenige aus „Ahnung und Gegenwart" wirklich erschöpfend behandelt werden, was zu der Jugendzeit Eichendorffs in direkt nachweisbarer Beziehung steht.

II. Eichendorffs Roman „Ahnung und Gegenwart".

a) Entstehung und Veröffentlichung.

Die Geschichte der Veröffentlichung des Romans „Ahnung und Gegenwart" hat Herm. v. Eichendorff in der Biographie seines Vaters recht ausführlich und erschöpfend behandelt, über die Entstehung dagegen giebt er leider nur wenige und flüchtige Notizen.[1]) Danach fällt die Ausarbeitung des Romans zum Teil in die stille Zeit der Sammlung und Ruhe, die der junge Dichter vom Sommer 1808 bis zum Herbst 1809 in Lubowitz verbrachte. Daß dieser Teil im wesentlichen das erste Buch des Romans umfaßte, gilt mir für ziemlich ausgemacht.

Dieses erste Buch bildet für jeden aufmerksamen Leser einen scharf gesonderten Teil für sich, der zu den zwei folgenden Büchern im schroffsten Gegensatze steht, fast wie der Tag zur Nacht. Von dem sonnenheiteren, lebensfrohen Treiben des ersten Buches ist im folgenden nicht mehr viel zu spüren, alles wird ernst und gewitterschwül, auch der Dichter verfällt oft aus der Rolle des munteren Erzählers in den bitteren Ton des herben Satirikers oder gar des unsympathischen, überstrengen Moralpredigers. Nach den stellenweise fast analogen Schilderungen des Tagebuchs, sowie dem Auftreten gewisser Personen (insbesondere des Theologen Viktor [Kaplan]), endlich nach der Zeichnung des ganzen gesellschaftlichen wie landschaftlichen Hintergrundes kann ferner kein Zweifel darüber herrschen, daß wir es in dem ersten Buche mit einer ziemlich lebenswahren Schilderung des Lubowitzer Landlebens zur Zeit von Eichendorffs Jugend zu thun haben. Aber auch noch ein paar äußere Momente möchte ich zur Begründung meiner Ansicht geltend machen. Einmal bildet dieses erste Buch auch äußerlich ein geschlossenes Ganze für sich und entspricht als solches im wesentlichen dem „Florentin" der Dorothea von Schlegel. Zweitens steht gerade am Schlusse dieses

---

[1]) S. W. IV. S. 460 f. 467. 470.

Buches eine Stelle über das Heiraten (S. W. I. 334 f.), die zwar dem burschikosen Leontin in den Mund gelegt wird, von der mir aber sehr unwahrscheinlich ist, daß sie Eichendorff nach seiner Verlobung, die im Laufe des Jahres 1809 erfolgte, geschrieben hat. Endlich dürfte es wohl auch nicht ganz ohne Belang sein, daß im zweiten und dritten Buche die Anklänge und Einwirkungen von Arnims großem Roman „Armut, Reichtum, Schuld und Buße der Gräfin Dolores," der 1810 erschien, unverkennbar sind, während im ersten Buche nur die (vielleicht später eingefügte) „Leitergeschichte" des Dichters Faber an die gleiche des Arnimschen Walter erinnert.

Im Herbst des Jahres 1809 ging dann der Dichter nach Berlin, im Herbst des folgenden nach Wien und hier soll er im Jahre 1811 den Roman vollendet haben. [1]) Die erste Autorität, der er das Werk vorlegte, war die von ihm sehr verehrte Dorothea von Schlegel, geb. Mendelssohn, in deren gastfreiem Hause er damals viel und gern verkehrte und mit deren Sohne Philipp er bald innig befreundet ward. Die geistreiche Verfasserin des „Florentin" hat auch eingehende Bemerkungen zu dem Manuskript gemacht, ja sogar von Korrekturen und Änderungen ist in den Briefen [2]) Eichendorffs an Fouqué (1. Okt. 1814) und Fouqué's an Eichendorff (26. Nov. 1814) die Rede; nach Herm. v. Eichendorff's Angabe stammt endlich auch der Titel vor ihr. Eichendorff entschloß sich nach dem ermutigenden Urteil Dorotheas und ihres Gemahls, Friedrich von Schlegel, schon 1811 zur Veröffentlichung, fand aber keinen Verleger wegen der ziemlich deutlichen und darum gefährlichen Zeitanspielungen. Erst im Jahre 1814, nachdem der erlösende Freiheitskrieg unterdessen eine völlige Veränderung der Weltlage wie der Stimmung in Deutschland herbeigeführt hatte, that Eichendorff erneute Schritte, den Roman an die Öffentlichkeit zu bringen. Er wandte sich an den damals beliebtesten Modeschriftsteller, den Major Friedrich, Baron de la Motte Fouqué, den er im Herbst 1813 während des Marsches durch Böhmen kennen und schätzen gelernt hatte. Der für das Werk und seine Beurtheilung unentbehrliche Brief [3]) vom 1. Okt. 1814 lautet:

„Teuerster Herr Baron!

Die aufrichtige Achtung, Bewunderung und Liebe, mit welcher Ihre Werke meine ganze Seele erfüllen, die freundliche Zuversicht endlich, die Ihre persönliche Bekanntschaft (im vorigen Herbste auf dem Marsche durch Böhmen) für immer in mir erweckte, machen mich so kühn, Ew. Hochwohlgeboren das Manuskript eines Romans zu übersenden, zu gütiger

---

[1]) S. W. IV. S. 470 f.

[2]) Albertine de la Motte Fouqué: Briefe an Fouqué. Berlin 1848.

[3]) Ebda. S. 74 ff. Beim Abdruck H. v. E. fehlt der Anfang, bei Ed. Höber der Schluß.

Durchsicht und zu meiner Belehrung. — Es ist so traurig, für sich allein zu schreiben, wenn man es überhaupt mit dem Leben ernsthaft und redlich meint. Ich möchte am liebsten mein ganzes Sinnen, Trachten und Leben mit allen seinen Bestrebungen, Hoffnungen, Mängeln und Irrtümern meiner Nation, der es geweiht ist, zur strengen Würdigung und Beratung darlegen, und komme dabei natürlich auf die wenigen würdigen Repräsentanten und Kernhalter deutschen Sinnes zurück. Ich wüßte unter diesen keinen, dem ich herzlicher vertraute, von dem ich den Beifall erfreuter und den Tadel demutsvoller annähme, als von Ihnen, Herr Baron. Und in diesem Sinne bitte ich Sie, die Mitteilung meines Romanes, der eben auch ein Stück meines innersten Wesens ausmacht, nachsichtsvoll anzunehmen. Ich hatte denselben vollendet, ehe die Franzosen in Moskau waren und teilte ihn Friedrich Schlegel und seiner Frau mit. Der Beifall dieser beiden Vortrefflichen überraschte und entzückte mich. Sie ermunterten mich, ihn drucken zu lassen und von der letztern Hand rühren zu diesem Endzweck die vielen Korrekturen her, die sich in dem Manuskripte befinden und mir als ein Andenken an ihre liebevolle Sorgfalt teuer sind. Kein Buchhändler mochte indes damals und auch noch später den Druck des Buches übernehmen, da ich darin Anspielungen auf die nächsten Begebenheiten nicht vermeiden konnte und wollte. Endlich faßte der Strom unserer großen Zeit mich selbst und ließ mich nicht wieder los bis jetzt, da ich bald nach meiner Trennung von Ihnen in Böhmen das Glück hatte, meinen Wunsch zu erreichen und als Offizier bei einem Landwehrregiment angestellt zu werden. Ich sehe nun wohl ein, daß währenddes der eigentliche Zeitpunkt eines allgemeineren Interesses für diesen Roman verstrichen ist; ich konnte mich aber nicht entschließen, etwas daran zu ändern, teils weil er sonst ganz etwas anderes und kein volles Bild mehr jener seltsamen, gewitterschwülen Zeit der Erwartung, Sehnsucht und Schmerzen wäre, teils aber, weil unser neuester gegenwärtiger Zustand, in welchen ich doch die Geschichte hinüberkünsteln müßte, mir noch zu unentwickelt, schwankend, farblos und blendend erscheint, um einen ruhigen Überblick zu vergönnen. Sie erhalten demnach den Roman wörtlich so, wie er damals niedergeschrieben wurde. Sollte er in dieser Gestalt, als Erinnerung jener männlichen Trauer, jener ersten Vorzeichen der göttlichen Gnade und Wunder, die wir nun erfahren, noch eines öffentlichen Anteils fähig und in poetischer Hinsicht überhaupt des Druckes wert und Ew. 2c. dort ein Verleger dafür bekannt sein, so bitte ich, über das Manuskript, Titel, Zueignung usw. ganz nach Gutdünken zu verfügen und sich meines innigsten Dankes zu versichern.

Löben, welcher neulich einen durch die Zeitereignisse und die Verschiedenheit unserer Naturen und Sinnesart lange unterbrochenen Briefwechsel mit mir anknüpfte, bat mich so dringend und liebevoll um eine vorläufige Mitteilung dieses Romans, daß ich es ihm nicht abschlagen konnte, obschon ich zweifle, daß er ihm gefallen wird. — Ich kann es nicht sagen, welche Freude mich erfüllte, als ich aus den Zeitungen vernahm, daß Sie Gott gnädig durch alle Gefahren dieses Krieges hindurchgeführt und uns erhalten hat. Es giebt noch so vieles, großes und freudiges zu vollbringen; Gott hat uns ein Vaterland wiedergeschenkt, es ist nun an uns, dasselbe treu und rüstig zu behüten und endlich eine Nation zu werden, die unter Wundern erwachsen und von großen Erinnerungen lebend, solcher Gnade des Herrn und der eigenen kräftigen Tiefe sich würdig beweise. Und dazu braucht es nun auch andere Kämpfer noch, als bloße Soldaten. Wäre auch ich imstande, zu dem großen Werke etwas Rechtes beizutragen! Meine Kraft ist gering und noch von vielen Schlacken und Eitelkeiten getrübt, aber die Demut, mit der ich meine Unzulänglichkeit erkenne, und der Wille, das Beste zu erlangen, ist redlich und ewig."

Schon aus diesem Briefe läßt sich, besonders wenn man ihn einmal mit dem oben erwähnten Briefe an Löben vom Juni 1809 vergleicht, leicht ersehen, daß vom jungen Eichendorff, wie er unserm Zeitabschnitt angehört, hier wenig mehr zu spüren ist. Ein fester, zielbewußter Mann, eine ausgewachsene Dichterpersönlichkeit spricht bereits trotz aller ihm noch immer eigentümlichen Bescheidenheit aus diesen Zeilen. Auch in den späteren Partieen des Romans lassen sich ähnlich männliche Züge wiedererkennen.

Weiter kommt hinzu, daß der überwiegende Teil der späteren Hälfte des Romans im Milieu wie in der Personenzeichnung dem Wiener Verkehr Eichendorffs angehört. Nur einige Schilderungen des zweiten Buches (z. B. die ästhetische Theegesellschaft) möchte ich, entgegen der Meinung Herm. v. Eichendorffs und seiner Nachfolger Keiter, Höber, Donner, Koch auf Heidelberger Anregungen zurückführen, einmal wegen gewisser Tagebuchanklänge, zweitens aus dem sehr einfachen Grunde, daß auch Eichendorff selbst in seinem „Erlebten" II[1]) gerade diese Scene als Heidelberger Charakteristikum betrachtet wissen will und sie darum auch wörtlich wieder aufgenommen hat. Andererseits zeigt gerade die unverhohlen ironische Tendenz, die der Dichter dabei zu Tage treten läßt, daß er innerlich die Heidelberger Krisis völlig überwunden hatte.

Aus alledem ergiebt sich wohl ziemlich sicher, daß die Entstehung von „Ahnung und Gegenwart" zwei verschiedenen Entwickelungsperioden des Dichters angehört. Das erste Buch gehört vor, beziehungsweise in das entscheidende Jahr 1809 und muß darum für uns, die wir es hier mit dem jungen Eichendorff zu thun haben, im Mittelpunkt des Interesses stehen. Das zweite und dritte Buch fällt seiner Entstehung nach in die spätere Zeit nach 1809, wahrscheinlich erst in das Jahr 1811. Daß der Trennungspunkt genau mit dem jetzigen

---

[1]) a. a. O. S. 312 ff.

Schlusse des ersten Buches zusammen fiele, will ich durchaus nicht bestimmt behaupten, aber im allgemeinen scheint mir dieser Einschnitt aus inneren wie aus äußeren Gründen ganz annehmbar. Der größere Teil des Romans, die Überarbeitung und Veröffentlichung desselben liegt also eigentlich außerhalb des Rahmens unserer vorliegenden Abhandlung, aber seinen ersten Teil können wir für die Charakteristik des jungen Eichendorff ebenso wenig entbehren wie z. B. den Urfaust für die des jungen Goethe. Gerade in dem ersten Buche von „Ahnung und Gegenwart“ wird uns zu den stark einseitigen Jugendgedichten die wertvollste Ergänzung unseres Bildes von dem jungen Eichendorff gegeben; denn in diesen zehn Kapiteln haben wir ohne Frage den poetischen Niederschlag der Lubowitzer Jugendzeit des Dichters, die im großen wie im kleinen ungleich erfreulicher und ästhetisch weit bedeutender ist als die Poesieen der Heidelberger Zeit.

Selbstverständlich darf dem Roman gegenüber, der als Ganzes vor uns steht, eine solche Trennung oder Ausscheidung nicht stattfinden; er muß litterarhistorisch als Gesamtwerk betrachtet und behandelt werden, auch wenn sein erstes Buch im Vordergrund unseres Interesses steht.

Die thatsächliche Veröffentlichung des Buches erfolgte zu Ostern des Jahres 1815 mit einem Vorwort Fouqués bei dessen Verleger, Johann Leopold Schrag, in Nürnberg. Der weitere Briefwechsel zwischen Eichendorff und Fouqué hierüber ist bekannt und mehrfach wieder abgedruckt worden, so bei Herm. v. Eichendorff, Keiter, Höber und Donner, und hat auch für unser spezielles Thema keine besondere Bedeutung. Dagegen wird es unumgänglich notwendig sein, auf die verschiedenfachen Einwirkungen der zeitgenössischen Romanlitteratur näher einzugehen, nachdem der Inhalt des Romans in kurzen Zügen angegeben worden ist.

---

b) Fabel und Figuren des Romans.

Nach alter, guter Romansitte, wie sie schon aus den Zeiten des Amadis und Don Quixote her überliefert war und darum bei den Romantikern vielleicht besonders in Ehren stand, zieht der Held, Graf Friedrich, der eben die Universität verläßt, auf Reisen und Abenteuer aus. Von studentischen Freunden begleitet, geht es zu Schiff die Donau hinab und schon hierbei bemerkt Friedrich mit geheimem Entzücken ein schönes, fremdes Mädchen, die spätere Gräfin Rosa. Zufälligerweise logieren beide im gleichen Wirtshaus und ihre Fensterthüren führen auf denselben Balkon, auf dem sie sich eben so zufällig in der Nacht treffen und küssen. Nachdem Rosa ihren Namen verraten, entflieht sie in ihr Zimmer zurück. Als Friedrich am nächsten Morgen seine Reise allein zu Lande fortsetzt, glaubt er in einer Reiterschar Rosa wieder zu erkennen, reitet ihr nach, ohne sie erreichen zu können und gelangt zu einer unheimlichen Waldmühle, in der er räuberisch überfallen und verwundet wird, obwohl ein Mädchen ihn zu warnen versucht hat. Bei seinem Erwachen sieht sich Graf Friedrich verwundet in dem prächtigen Schlosse eines Grafen Leontin, dessen Schwester Rosa ihn im Walde ohnmächtig aufgefunden hatte. Neben ihm steht ein schöner Knabe, namens Erwin, der Friedrich zärtlich verehrt und sofort gern in seine Dienste tritt. Friedrich erholt sich rasch, sieht seine Rosa wieder, verlobt sich mit ihr, und ein lustiges, ausgelassen übermütiges Treiben beginnt. Rosa zieht sich Jägerkleidung an, man zieht ins Gebirge, wobei der etwas sonderbare Poet Faber und die leichtsinnige kleine Marie, die ihn zum Besten hat, die gräflichen Herrschaften begleiten. Man erzählt sich Geschichten, spielt, singt, liebelt bis zur Langenweile. Faber, dem Marie einen bösen Streich gespielt, verschwindet, auch Rosa zieht mit einer plötzlich auftauchenden Bekannten, der Gräfin Romana, zur Residenz, während die beiden Grafen einen benachbarten Edelmann, Herrn von A., besuchen, in dessen hübsche Tochter Julie sich Leontin verliebt. Man macht mit dem neuen Bekanntenkreis, dessen markanteste Figur der tolle Theologe Viktor ist, einen Ausflug nach einem Jagdschlosse von A.; ein Maskenaufzug und andere Tollheiten werden ausgeführt, schließlich gerät das Schloß in Brand und Leontin findet dabei Gelegenheit, Juliane zu retten. Bald darauf aber verläßt Leontin, der zufällig gehört hat, man plane, ihn mit Juliane zu verbinden, heimlich das Schloß, und auch Friedrich wird durch einen plötzlichen Brief Rosas in die Residenz gerufen. Damit schließt das erste, rein idyllische Buch.

Im zweiten besucht Friedrich unerkannt einen städtischen Maskenball, auf dem auch Rosa und Marie herumkokettieren; er verliert die erstere aus den Augen und folgt der letzteren, die bereits gefallen ist, nach Haus und hält ihr eine Strafpredigt über ihren lockeren Lebenswandel, worauf sie einen Selbstmordversuch macht. Rosa, die Friedrich nicht zu Hause angetroffen hatte, sieht er bei Gelegenheit der Aufführung eines Tableaus wieder in einer vornehmen Gesellschaft, zu der ihm ein Minister Eingang verschafft hat. Die Beschreibung des ästhetischen Thees fällt in diesen Zusammenhang. Neben Rosa findet Friedrich auch die Gräfin Romana dort, die ihn gastfreundlich auf ihr Schloß einlädt. Auf dem Wege dahin begegnet er im Gebirge Leontin und Faber nebst mehreren Schauspielern, darunter einem früheren Komilitonen, den ein hübsches Mädchen ins Elend gelockt hat. Auch hier redet Friedrich dem Entgleisten ernstlich ins Gewissen, dann trennt er sich und besucht Romana auf ihrem merkwürdigen Schlosse, um hier in einer verführerischen Nacht, in der die schöne Gräfin entkleidet zu ihm kommt, seine sittliche Kraft selbst zu bewähren. Er eilt in die Residenz zurück, lernt dort den schönen aber leichtsinnigen Erbprinzen kennen, der Rosa in seine gefährlichen Netze zu ziehen beginnt. Als er von einem heimlichen Verhältnis des Erbprinzen zu einem schlichten Bürgermädchen hört, spielt er auch hier mutig den Nathan, aber wieder ohne Erfolg; das arme Kind geht unglücklich zu Grunde durch den treulosen Leichtsinn des Prinzen, der schließlich auch Rosa bei Gelegenheit einer Jagd ent- und verführt. Die Neigung zwischen Friedrich und Rosa war langsam erkaltet. Umsomehr wird Friedrich von Romana geliebt, die freilich vergebens ihm zu Gefallen ein eingezogenes Leben führt und sich in Trauer kleidet. Nicht minder heiß liebt ihn sein geheimnisvoller Page Erwin, der natürlich ein verkleidetes Mädchen ist; er wird aus Eifersucht verrückt und springt in den Rhein.

In dem letzten Buche werden die Verwickelungen immer romantischer, steigend in demselben Maße, in dem der Reiz der eigentlichen Erzählung nachläßt. Graf Friedrich ist in der Einsamkeit des Gebirges unter ein Freikorps geraten, erlebt dabei den Tod eines Offiziers, des einstigen Verführers von Marie, die ihn jetzt als Toten wiedersieht. Bei weiterem Umherirren kommt Friedrich auch wieder in das Schloß der Gräfin Romana, die den Offizieren ein Abschiedsfest giebt. Noch einmal versucht sie Friedrich zu fesseln mit ihrer wilden Schönheit, er antwortet ihr abermals mit einer ernsten Bußpredigt, und sie geht fort und erschießt sich. Danach trifft Friedrich erst das schöne Müllermädchen wieder, das ihn einst in der unheimlichen Waldmühle hatte warnen wollen, und er erkennt in ihr eine ihm längst entschwundene Jugendgespielin; weiterhin begegnet er Julie, der Tochter des Herrn v. A., bei ihrem verwundeten Geliebten Leontin, der seine Erlebnisse berichtet. Auch Erwin taucht plötzlich wieder auf, aber nur um eben so geheimnisvoll zu sterben, wie er gelebt. Die beiden Grafen ziehen weiter fort in eine Gegend, die Friedrich als seine alte Heimat erkennt. Dort findet er auch seinen lang verschollenen Bruder Rudolf, der von einem verrückten, herumirrenden Ritter verwundet, seine wilde Lebens- und Liebesgeschichte mit der schönen Italienerin Angelina berichtet und sich endlich als Vater Erwins, oder richtiger Erwinens, herausstellt. Die beiden Brüder leben nun einige Zeit zusammen in dem alten, halbverfallenen Schloß. In Friedrich entwickelt sich „in dieser Abgeschiedenheit endlich die ursprünglich religiöse Kraft seiner Seele und, nachdem er vergeblich gesucht hat, seinen verbitterten und verwirrten Bruder zu bekehren, beschließt er Mönch zu werden. Der unruhige Leontin, der sie für kurze Zeit verlassen hatte, führt endlich Julie als sein Ehgemahl heim, aber er will mit ihr in die neue Welt hinüber. Man feiert den Abschied. Alle, auch Faber, der gleichfalls wieder erscheint, um dann mutig weiter „landeinwärts" zu ziehen, halten noch einige Reden und singen noch einige hübsche Lieder, in der sie ihre verschiedenen Weltanschauungen vertreten, dann trennt man sich. Friedrich kehrt ins Kloster zurück und betet, während nicht weit von ihm die plötzlich angelangte, tief verschleierte Sünderin Rosa in Ohnmacht fällt. Friedrich merkt nichts davon und sieht „beruhigt und glückselig" aus dem stillen Klostergarten den scheidenden Freunden nach. „Die Sonne ging eben prächtig auf." Damit schließt der Roman, der mit den Worten begonnen hatte: „Die Sonne war eben prächtig aufgegangen.“

Im Mittelpunkt des ganzen Werkes steht natürlich Graf Friedrich, eine sympathische und charaktervolle Gestalt, der Eichendorff ohne Frage viel eigene Züge geliehen und ihn gewiß auch mit bewußter Absicht öfters zum Träger eigener Ideen gemacht hat. Interessant ist es gerade bei dieser Hauptperson den Wandel zu beobachten, den sie in ihrer Lebensanschauung durchmacht. Das erste Buch zeigt ihn uns harmlos heiter und verliebt, bisweilen träumerisch sentimental, bisweilen wieder aufgelegt zu munterer Kurzweil und allerhand Abenteuern, ja selbst die grotesken Pantomimen Viktors finden seinen begeisterten Beifall. Eine gewisse Haltung liegt allerdings über seinem Wesen, die aber gleichsam als notwendige Ergänzung zu dem flotten Leontin, nicht als von vornherein gegeben erscheint. Mit dem Beginn des zweiten Buches und dem Eintritt in die Gesellschaft der Residenz ist Friedrich plötzlich ein anderer Mensch. Aus dem lebensvollen, warmblütigen Jüngling ist ein ernster, welterfahrener Mann geworden, der mit seinem tüchtigen, aber starren Prinzipien überall als der makellose und unbeugsame Vertreter einer unerbittlich strengen Moral und einer tief religiösen Weltanschauung auftritt, ein gesinnungsvoller Idealist mit einem leisen Stich ins anachoretisch-zelotische, so daß er es fertig bringt, der liebeskranken, tief unglücklichen Romana folgende Rede zu halten (S. W. II. 458 f.): „Heftiges, unbändiges Weib, gehen Sie beten! Beschauen Sie recht den Wunderbau der hundertjährigen Stämme da unten, die alten Felsenriesen und den ewigen Himmel darüber, wie da die Elemente, sonst wechselseitig vernichtende Feinde gegeneinander, selber ihre rauhen, verwitternden Riesennacken und angeborene Wildheit vor ihrem Herrn beugend, Freundschaft schließen und in weiser Ordnung und Frömmigkeit die Welt tragen und erhalten. Und so soll auch der Mensch die wilden Elemente, die in seiner eigenen dunkeln Brust nach der alten Willkür lauern und an ihren Ketten reißen und beißen, mit göttlichem Sinne besprechen und zu einem schönen, lichten Leben die Ehre, Tugend und Gottseligkeit in Eintracht verbinden und formieren. Denn es giebt etwas festeres und größeres, als der kleine Mensch in seinem Hochmute, das der Scharfsinn nicht begreift und die Begeisterung nicht erfindet und macht, die einmal abtrünnig, in frecher, mutwilliger, verwilderter Willkür wie das Feuer alles ringsum zerstört und verzehrt, bis sie über dem Schutte in sich selber ausbrennt — Sie glauben nicht an Gott!“

Man hat im allgemeinen nicht den Eindruck eines thatsächlichen Mangels an Einheit in dieser Gestalt, denn Eichendorff hat sorgfältig durch vorbereitende Andeutungen eine Möglichkeit dieser Entwickelung geschaffen, aber das immerhin Überraschende und Wunderbare dieser Entwickelung bleibt darum doch bestehen.

Frischer und lebenswahrer wirkt in seiner ganzen Erscheinung

Friedrichs Freund Leontin, der die Rolle des Gegenspielers im Roman einnimmt. Ausgelassen und burschikos, witzig und schlagfertig, gewandt und selbstsicher, treibt er noch weit ruheloser durchs Leben als Friedrich. Beide Freunde erinnern mich bisweilen etwas an Arnim und Brentano in ihrem ganzen Verhältnis (besonders im ersten Buche), ohne daß ich damit irgend welche absichtliche Bezugnahme Eichendorffs ausgesprochen haben möchte.

Die plastischste und eigenartigste Figur des ganzen Romans ist der arme Theologe Viktor, in dem Eichendorff seinem geliebten „Herrn Kaplan" ein litterarisches Denkmal setzte. Warm und lebensvoll ist seine Charakteristik: „Seine Gemütsart war wirklich durchaus dunkel und melancholisch. Die eine Hälfte seines Lebens hindurch war er bis zum Tode betrübt, mürrisch und unbehilflich, die andere Hälfte lustig bis zur Ausgelassenheit, witzig, sinnreich und geschickt, so daß die meisten, die sich mit einer gewöhnlichen Betrachtung der menschlichen Natur begnügen, ihn für einen zwiefachen Menschen hielten. Es war aber eben die Tiefe seines Wesens, daß er sich niemals zu dem ordentlichen, immer gleichförmigen Spiele der anderen an der Oberfläche bequemen konnte, und selbst seine Lustigkeit, wenn sie oft plötzlich losbrach, war durchaus ironisch und fast schauerlich. Dabei waren alle Schmeichelkünste und alltäglichen Handgriffe, sich durch die Welt zu helfen, seiner spröden Natur so zuwider, daß er selbst die unschuldigsten, gebräuchlichsten Gunstbewerbungen, ja sogar unter Freunden alle äußeren Zeichen der Freundschaft verschmähte. Vor allen sogenannten klugen, gemachten Leuten war er besonders verschlossen, weil sie niemals weder seine Betrübnis noch seine Lust verstanden und ihn mit ihrer angebildeten Afterweisheit von allen Seiten beengten. Die beiden Grafen waren die ersten in seinem Leben, die bei allen seinen Äußerungen wußten, was er meine. Denn es ist das Besondere ausgezeichneter Menschen, daß jede Erscheinung in ihrer reinen Brust sich in ihrer ursprünglichen Eigentümlichkeit bespiegelt, ohne daß sie dieselbe durch einen Beigeschmack ihres eigenen Selbst verderben. Er liebte sie daher auch mit unerschütterlicher Treue bis zu zu seinem Tode."

Hier zeichnete Eichendorff bewußt nach dem Leben, ja er geht so weit in seinem redlichen Eifer, daß er schließlich ganz aus der Rolle des objektiven Erzählers fällt und sein Modell direkt mit herzlichen Worten anredet:

„Und du, seltsamer, guter, geprüfter Freund, ich brauche dich und mich nicht zu nennen; aber du wirst uns beide in tiefster Seele erkennen, wenn dir diese Blätter vielleicht einmal zufällig in die Hände kommen. Dein Leben ist mir immer vorgekommen wie ein uraltes, dunkelverbautes Gemach mit vielen rauhen Ecken, das unbeschreiblich einsam und hoch steht über den gewöhnlichen Hantierungen der Menschen. Eine alte, verstimmte Laute, die niemand mehr zu spielen versteht, liegt verstaubt auf dem Boden. Aus dem finsteren Erker siehst du durch bunt und phantastisch gemalte Scheiben über das niedere, emsig wimmelnde Land unten weg in ein anderes, ruhiges, wunderbares, ewig freies Land. Alle die wenigen, die dich kennen und lieben, siehst du dort im Sonnenscheine wandeln, und das Heimweh befällt auch dich. Aber dir fehlen Flügel und Segel, und du reißest in verzweifelter Lustigkeit an den Saiten der alten Laute, daß es mir oft das Herz zerreißen wollte. Die Leute gehen unten vorüber und verlachen dein wildes Geklimper, aber ich sage dir, es ist mehr göttlicher Klang darin als in ihrem ordentlichen allgepriesenen Geleier."

Das ganze reiche Gemüt des jungen Eichendorff spricht aus diesen wenigen Zeilen. Mit dem idyllischen Milieu des ersten Buches verschwindet dann auch Viktor von der Bildfläche des Romans und nur ein origineller Brief an Friedrich frischt später seine halbvergessenen Züge noch einmal auf.

Die übrigen männlichen Personen sind wenig eigenartig gehalten. Sie gehören recht eigentlich zum üblichen Repertoir der romantischen Erzählungskunst, so der etwas problematische Dichter Faber, der unglückliche Bruder Rudolph, der phantastische, irrende Ritter u. a. m., höchstens in dem Erbprinzen und dem Minister ließen sich noch gewisse Momente persönlicher Beziehungen feststellen.

Von den weiblichen Gestalten stehen Rosa und Julie im ersten Buche im Vordergrund. Romana wird nur flüchtig und ganz unvermittelt erwähnt, sodaß es ganz den Eindruck macht, als ob diese vorbereitende Erwähnung erst später eingefügt worden sei, da Romana im zweiten und dritten Buche entschieden im Mittelpunkte der Handlung steht. Rosa und Julie verhalten sich umgekehrt zu einander wie ihre Liebhaber Friedrich und Leontin. Rosa, die blendende, aber etwas kokette und oberflächliche Schönheit, büßt ihre ursprüngliche Natürlichkeit und Gesundheit ein, sobald sie (mit Beginn des zweiten Buches) in den Trubel der Großstadt geraten ist. Sie geht langsam aber unentrinnbar dem innerlichen Verderben entgegen gleich dem Nachtfalter, der dem Lichte zu nahe gekommen. Ihr lichteres Gegenstück ist die edle, sinnige Julie, die treu in ihrer selbstlosen, stillen Liebe ausharrt, bis der unstäte Leontin endlich wiederkehrt und ihre Treue lohnt. — Die weibliche Hauptperson des späteren Teiles von „Ahnung und Gegenwart" ist die Romana, deren Schilderung eines gewissen Reizes nicht entbehrt. Sinnlich bis zur Lasterhaftigkeit, von berückender, südlicher Schönheit, bizarr und unberechenbar in ihren tollen Launen, und doch wieder beharrlich und unverbesserlich zäh in ihrer wilden Leidenschaft zu dem männlich schönen Frauenabgott Friedrich — so bildete sie den wirksamsten Gegensatz zu dessen puritanischer, fast josephischer Sittenstrenge. Marie, die philinenhaft zugeschnittene Kokette und die für damalige Romane unentbehrliche Mignonfigur Erwins, nicht minder die rätselhafte, weiße Frau, das Müllermädchen und andere gehören schon nicht mehr der selbständigen Erfindung des Dichters an und lenken damit unwillkürlich unseren Blick auf die Romanlitteratur der Zeit.

Über die Sprache des Romans ist nichts besonderes zu sagen, da sie völlig der Schriftsprache jener Zeit entspricht, die mit der unserigen schon im wesentlichen identisch ist. Dialektische Wendungen und Worte (einmal kommt das Wiener Wörtchen „talket" vor) finden sich nicht.

---

c) „Ahnung und Gegenwart" und die Romanlitteratur der Zeit.

Die gesamte Romanlitteratur des sinkenden 18. wie des aufsteigenden 19. Jahrhunderts stand mehr oder weniger unter dem gewaltigen und nachhaltigen Eindruck, den Goethe mit seinem Roman „Wilhelm Meisters Lehrjahre" erzielt hatte. Das war der Musterroman schlechtweg für die damalige Zeit, für alle strebsamen und ehrgeizigen Dichter das sieghafte Zeichen, mit dem ein jeder glaubte, auch für sich den heißersehnten Lorbeer erringen zu können. Jean Paul Richter, den der Ruhm des Altmeisters nicht schlafen ließ, schrieb seinen „Titan". Vor allem aber waren es die älteren Romantiker, die, weniger selbständig als Richter, dem Ideal des Wilhelm Meister nachzueifern suchten. Tieck in seinen „Franz Sternbalds Wanderungen" und seinem „jungen Tischlermeister", Novalis (allerdings mehr negativ) in seinem „Heinrich von Ofterdingen", Schlegel in seiner „Lucinde", Brentano in seinem „Godwi" huldigten dem allmächtigen Zeitgeschmack, auch Schleiermacher soll nicht übel Lust gehabt haben sich anzuschließen, um so mehr, da sogar Frauen, so Dorothea von Schlegel in ihrem „Florentin" und Karoline von Wolzogen in der „Agnes von Lilien" dem Götzen „Wilhelm Meister" opferten. Die Sache im einzelnen nachzuweisen, ist hier nicht der Ort, außerdem ist Haym in seiner „romantischen Schule" [1]) und neuerdings auch Donner in seiner sehr gründlichen, wenn auch mitunter zu weit gehenden Abhandlung „Der Einfluß Wilhelm Meisters auf den Roman der Romantiker" [2]) ausführlich darauf eingegangen. — Für uns ist hier die entscheidende Frage nur: Wie steht Eichendorff mit seinem Roman zu Wilhelm Meisters Lehrjahren, wie ferner zu einzelnen anderen der obengenannten Romane, zu denen Arnims selbständigeres Werk „Armut, Reichtum, Schuld und Buße der Gräfin Dolores" noch hinzugezogen werden muß.

Als sich das poetische Talent des jungen Eichendorff kräftiger zu regen begann, als ihm die kurzen Lieder nicht genügten, seine gestaltende Kraft zu prüfen, stieg die Lust zu einem größeren Dichtwerke, in dem

---

[1]) Berlin 1870.

[2]) Helsingfors 1893.

er seine gesamte Gedankenwelt, seine Lebens- und Kunstanschauung entrollen konnte, lebhafter in ihm empor. Die damals modernste und künstlerisch angesehenste Dichtungsform war aber der Roman und zwar dem didaktischen Zuge der Zeit entsprechend der Bildungsroman, dessen vollendetes Muster eben Goethe geschaffen hatte. Daß Eichendorff sich wohl schon in Heidelberg oder kurz nachher mit dem Gedanken an einen Roman trug, scheint aus Blatt 7 und 23 der Berliner Nachlaßmanuskripte hervorzugehen. Auf dem ersteren stellt er mehrere Lieder, voran „Bin ich nicht auch ein Kind gewesen“ (M. 23 f.) zusammen unter der Überschrift „Zu einem Roman“. Das letztere Blatt trägt die Notiz: „In ungereimten Jamben und einzelnen Kapiteln — Gesängen meine Kindheit und Jugend im uralten Lubowitz einfach idyllisch (Dichtung und Wahrheit) beschreiben, einfache Handlung hineinwebend wie in Voßens Louise. S: die älteren Entwürfe hierzu.“ Diese zweite Notiz stammt allerdings der Handschrift nach aus den späteren Jahren und meiner Meinung nach dürften die am Anfang mitgeteilten Entwürfe (von Blatt 32 und 96) Fragmente solcher geplanter Dichtungen sein; aber die „älteren Entwürfe“ sind doch vielleicht auch hier nicht außer Acht zu lassen, etliche haben gewiß schon vor 1808 existiert.[1])

„Wilhelm Meisters Lehrjahre“ hat Eichendorff wohl schon früh gelesen, aus dem Tagebuch (27. Sept. 1807) wissen wir jedenfalls, daß er sich gerade in Heidelberg bei seinem Sprachlehrer, Herrn von Brucalassi, damit beschäftigt hat, Goethes Meister ins italienische zu übersetzen. Aber auch ohne diesen direkten Anhalt würden die zahlreichen Anklänge in „Ahnung und Gegenwart“ (späterhin auch in „Dichter und ihre Gesellen“) deutlich genug für nähere Beziehungen beider Werke sprechen. Minor in seinem feinsinnigen Jubiläumsaufsatz[2]) und nach ihm Donner in der eben genannten Dissertation sind auf die einzelnen Punkte genauer eingegangen, und ich kann sie hier nur ergänzen. Die erste Begegnung zwischen Friedrich und Rosa, die Verwundung Friedrichs, die Erzählung seiner Jugendgeschichte, über der Rosa (gleich Marianne) einschlummert, die Gesellschaften im Freien mit mimischen Unterhaltungen und ästhetischen Gesprächen, der Nachtbesuch Romanas (gleich Philinens), die Feuersbrunst, die geheimnisvolle Liebe und der plötzliche Tod Erwins (der überhaupt nur eine matte Copie Mignons ist, während Marie doch nur vereinzelte Züge Philinens trägt), das Wiederauffinden und Erkennen naher, unvermuteter Verwandtschaft am Schlusse — alles das sind fraglos Anlehnungen an Wilhelm Meister, die sogar in einzelnen Liedern wie z. B. „Es weiß und rät doch keiner“ („Heiß mich nicht reden, heiß mich schweigen“) zum Ausdruck kommen.

---

[1]) So macht die Jugendgeschichte Friedrichs, die er Rosa erzählt (I. c. 5.) einen so in sich abgerundeten Eindruck, daß es leicht ein eingesetzter älterer Entwurf sein könnte; doch ist das nur eine persönliche Vermutung.

[2]) a. a. O. Z. f. d. Phil. 1889. Bd. 21. S. 222 ff.

Dennoch steht Eichendorff in seinem Roman zu dem Goethes in keinem direkten Abhängigkeitsverhältnis, ja eher in einem gewissen Gegensatz. Goethe löst den tiefgehenden Zwiespalt zwischen Ideal und und Leben positiv. Meister wird aus einem warmblütigen, unfertigen Idealisten durch mancherlei bittere Erfahrungen zu einem gewandten, lebensklugen, aber ziemlich nüchternen Realisten. Dieser Ausgang hatte schon Novalis, so sehr er sonst den Meister formell bewunderte, in Harnisch gebracht und in seinem Romanfragment „Heinrich von Ofterdingen", (zu dem übrigens Löbens „Guido" eine Fortsetzung und Vollendung sein sollte), hatte er darum einen Antimeister beabsichtigt.[1]) „Die Poesie heilt die Wunden, die der Verstand schlägt" (Nov. III 166), sie „ist das absolut Reelle" (III. 171) in Poesie soll also auch das Leben, ja das ganze Weltall aufgelöst werden. Daß diese Poesie von Novalis im letzten Grunde wieder stark religiös aufgefaßt wird, ward bereits oben ausgeführt, immerhin tritt dieser Zug im Ofterdingen noch nicht so klar und bewußt hervor. Novalis bildet aber ohne Frage die Brücke zwischen Goethes und Eichendorffs Auffassung, die zwar nicht so tiefsinnig spekulativ wie die Hardenbergs, aber in mannigfachen Beziehungen konsequenter ist. Eichendorffs Held, Graf Friedrich, auch ein Dichter, stürzt sich ebenfalls gleich Wilhelm ins Leben, auch er bildet seinen Geist durch mancherlei bittere Erfahrungen, aber er kann nicht wie jener mit der ihm unvollkommen dünkenden Welt seinen Pakt schließen, indem er in praktischer Arbeit seine innere Befriedigung findet. Friedrich sagt der elenden Welt dauernd Valet und sucht in des Klosters beschaulicher Einsamkeit und Abgeschiedenheit Glück und Frieden für seine Seele. Nicht die Arbeit (Goethe), nicht die Poesie (Novalis), nur die Religion kann den gewünschten Trost verleihen und die ersehnte Ruhe gewähren, das ist Eichendorffs ultimo ratio, die allerdings der Lösung in Wilhelm Meister direkt entgegengesetzt ist, obwohl der Ausgangspunkt, das didaktische Grundmotiv, ja zum Teil auch die Komposition ganz ähnlich sind. Dieselben Mittel müssen grundverschiedenen Zwecken dienen: Hier wie dort eine umfassende Schilderung eines ganzen geistig bedeutenden Gesellschaftskreises, der freilich bei Eichendorff mehr aristokratisch zugeschnitten ist; hier wie dort ein ausgesprochener Subjektivismus, bei dem das Ausleben der eigenen Persönlichkeit die Hauptsache ist, ein künstlerisch verklärter Müßiggang, dem ein ideales Streben zu Grunde liegt, eine stark zu Tage tretende Sinnlichkeit und Freiheit im Verkehr der Geschlechter — aber ein völlig verschiedenes Endresultat. Dort zukunftsfroher, mutiger Optimismus und männliche Sicherheit, hier bitterer Pessimismus und schwächliche Weltflucht.

Die Hauptursache für diese Verschiedenheit bilden natürlich die Per-

---

[1]) Hettner: die romantische Schule. S. 82 f. Brandes, a. a. O. II. S. 237. 243 f.

sönlichkeiten der beiden Dichter selbst (da beide viel nach sich selber zeichneten) und ein nicht minder bedeutsames Moment liegt in dem Unterschied ihrer besonderen Entwickelungsstufe, wie der ihrer ganzen Zeit überhaupt. „Wilhelm Meisters Lehrjahre“ waren das abgeklärte Meisterwerk eines universalen Genius, der siegreich strahlend im Zenit seiner Zeitentwickelung stand; „Ahnung und Gegenwart“ dagegen das noch unklare, mit sich und der Welt ringende Erstlingswerk eines einseitigen, wenn auch liebenswürdigen Talentes, das dunkel und verworren in sich das Walten eines neuen Zeitgeistes spüren mochte, aber künstlerisch unselbständig noch völlig auf dem Boden einer älteren litterarischen Tradition stand. Dieser Boden war die ältere Romantik, und sie war auch im wesentlichen die Vermittlerin des poetischen Einflusses auf Eichendorff. Inwiefern der für Eichendorff so vielfach vorbildliche Novalis hierbei in Betracht kommt, ist eben erörtert worden.

In zweiter Linie wäre Tieck zu nennen mit seiner „altdeutschen Geschichte“: „Franz Sternbalds Wanderungen“.[1]) Auch hier steht eine direkte Beziehung außer Frage. Eichendorff kannte den Sternbald gar gut, schon in Halle war dieses Buch sein Liebling geworden und nach dem Tagebuche (13. Aug. 1805) hatte er es auf dem romantischen Giebichenstein gelesen. In „Ahnung und Gegenwart“ finden sich mancherlei Anklänge. Die dunkle Kindheitserinnerung Sternbalds, in der ein kleines Mädchen den Mittelpunkt bildet (S. 36 ff.), sein plötzliches Zusammentreffen und Verlieben in die schöne Gräfin (S. 67 ff.), die Jagdsituation und die Verkleidung (S. 230 ff.), die Forderung der Erzählung (S. 256 ff.), das Fest im Walde (S. 293 ff.), das unbefriedigende Moralisieren bei der Liebe (S. 269, 296, 410), die ähnliche Stimmung in vielen Liedern (S. 75, 185, 198, 208, 228, 248, 361), das plötzliche Wiederfinden am Schluß — alles Motive, die sich auch bei Eichendorff wiederholen. Ebenso hat der Charakter des Grafen Friedrich manches mit Franz Sternbald gemein. Beide ziehen in die Welt hinaus, um sich zu bilden, da sie den Drang verspüren, etwas zu leisten! der eine als Dichter, der andere als Maler; beide aber werden vornehme Müssiggänger, die dem Ideal ihrer Kunst huldigen ohne eigentlich über das abstrakte Philosophieren hinauszukommen. Beiden ist ferner ein tiefes Naturverständnis eigen mit einem starken Anflug von Sentimentalität. — Doch auch hier nicht unwesentliche Verschiedenheiten. Franz Sternbald bleibt schließlich das weich empfindende, nachgiebige Geschöpf seiner Kinderjahre, obwohl auch er eine gewisse ruhige Besonnenheit erlangt. Friedrich reift schnell heran zu einem selbstbewußten und prinzipienfesten Mann, der weder Versuchung noch Kampf scheut, der nicht aus blöder Feigheit, sondern einerseits aus tiefer Weltverzweiflung, anderseits aus religiöser Über-

[1]) Ich citiere nach dem 16. Band von Ludwig Tiecks Schriften 1843.

zeugung ins Kloster geht. Die Kunst an sich, die dem zarten, fast schwächlich sich hingebenden Naturell Sternbalds das Höchste ist, kann den männlicheren Friedrich innerlich nicht befriedigen. Auch die Gegenspieler beider Helden, Florestan und Leontin, verraten eine Art geistiger Verwandtschaft, sie sind beide lustig und keck, leicht zum Spotte neigend (gerade der letztere Zug erinnert allerdings auch oft an die Gestalt des Rudolf im „Sternbald").

Tiefer wirkend und gewissermaßen verhängnisvoller ward Tiecks Roman für Eichendorff als Formmuster. Tieck knüpfte, ebenso wie auch seine romantischen Nachfolger, an Goethes Meister an, obwohl er ja besonders im ersten Teile des Sternbald ziemlich selbständig ist. Aber er betonte gewisse Züge in Goethes Darstellung so einseitig, daß er aus ihnen gleichsam eine besondere Kunstrichtung schuf, die für die ältere Romantik bald charakteristisch werden sollte. Das idealisierende Moment, das er bei Goethe vorfindet, steigert er zum Phantastischen, das Wunderbare wird das Gewöhnliche, das lyrische Intermezzo wird ebenso anmaßend wie ermüdend in den Vordergrund gestellt, die kurzen, feinberechneten Naturschilderungen werden mit allem Raffinement der Stimmung, mit dem ganzen Apparat der verschiedenen Tages-(Sonnenauf- und Untergang, Mond und Sterne usw.) und Jahreszeiten (besonders der Frühling) immer breiter ausgeführt und mit der Gemütsstimmung des Helden in Zusammenhang gebracht, je sentimentaler, um so besser. Auch die zarte Umrißzeichnung des zeitlichen und lokalen Hintergrundes, die Goethes Meister zeigte, wird absichtlich bis zum Unbestimmten, Schemenhaften übertrieben, und, obgleich eine historische Erzählung, findet sich außer einigen Malernamen nichts konkret historisches im Sternbald. Bezeichnend hierfür ist der Ausspruch Rudolphs (S. 156 f.): „Ihr müßt die Sachen nie so genau nehmen, es ist mir in der Geschichte um einen Krieg zu thun, und da müßt ihr gar nicht fragen: Wie? Wo? Wann geschah das?" — In allen diesen Beziehungen hat Eichendorff von Tieck leider sehr viel gelernt. Auch seine Komposition ist keineswegs straff, das lyrische Moment ist noch stärker, aber zum Glück auch poetisch viel bedeutender, das Wunderbare und Phantastische spielt eine überaus wichtige Rolle, die breiten Naturschilderungen und sentimentalen Stimmungsergüsse wiederholen sich unendlich oft, die Zustandsschilderungen sind ohne Plastik, der zeitliche und lokale Hintergrund unbestimmt und verschwommen. Gerade in letzterer Beziehung leistet Eichendorff überhaupt unglaubliches; wie er in „Ahnung und Gegenwart" bald von Rittern, bald von Fabriken (Kap. 13) spricht), so verlegt er später gar mit köstlicher Naivetät seine „Glücksritter", die im 30jährigen Kriege spielen, in die Studentenwelt der Universität Halle, die erst 50 Jahre nach diesem Kriege gegründet ward.

Die Krone aller hypergenial-phantastischen Produkte der älteren

Romantik war „Godwi oder das steinerne Bild der Mutter, ein verwilderter Roman“ von Clemens Brentano[1]), unter dem Pseudonym Maria erschienen. Im großen und ganzen hat Eichendorff von diesem schon damals verpönten Machwerk wenig entnommen, höchstens die weltschmerzliche Stimmung. Auch die Anklänge an Godwi sind weniger zahlreich als markant. Es handelt sich hauptsächlich nur um die Gestalten des Dichters Faber, der dem Haber Brentanos entspricht (II. 15 ff.), (allerdings mehr im Namen und einzelnen Situationen als im ganzen Charakter) und um die Gräfin Romana, die allerdings ganz nach Brentanos Muster (Mutter Violettes) entworfen ist. Die Nachtscene, (die freilich schon Brentano wie andere Romantiker dem Nachtbesuch Philines im „Wilhelm Meister“ nachgebildet hatten), in Romanas Schloß (S. W. II. 392) deckt sich in der Situation ziemlich genau mit der Violettes im „Godwi“ (II. S. 422 ff.). Das Motiv der Doppelliebe Rosas und Romanas zu Friedrich (wie Ottilie und Joduno zu Godwi), sowie die beiderseitigen Loreleyballaden im „Godwi“ wie in „Ahnung und Gegenwart“ treten dagegen sehr zurück. Brentanos „Godwi“ ist jedenfalls bemerkenswert, da in diesem „romantischen Venusberg“, wie Görres den Roman einmal[2]) nennt, das phantastische Gewirr unendlicher Liebschaften, geheimnisvoller Verwandtschaften und Überraschungen aller Art seinen Gipfelpunkt erreichte und immerhin auf Eichendorffs Anschauungen von Romankomposition mitbildend gewirkt hat. Der ganze, stark sinnliche Anflug von „Ahnung und Gegenwart“, der auch Fouqué[3]) sogar auffiel, (mag er bei Eichendorff auch absichtlich abschreckend gemeint sein), hat wahrscheinlich bei Brentano seine grellen Farben geborgt und kaum bei Schlegels „Lucinde“, an die nur Romana mit ihrem hübschen Knaben gleich Lisette mit ihrem bildschönen Jokei (Lehrjahre der Männlichkeit) flüchtig erinnerte.

Das wohl bedeutsamste Vorbild Eichendorffs dürfte der „Florentin“ der Dorethea von Schlegel[4]) gewesen sein, ein Romanfragment, das allerdings wieder seinerseits auf „Sternbald“ und „Meister“ fußt. Eine kurze Wiedergabe der Fabel wird die Hauptsache bereits andeuten. Florentin reitet planlos hin durch die Welt, rettet plötzlich den Grafen Schwarzenberg aus einer Lebensgefahr und dieser führt ihn dankbar in den Kreis seiner Familie ein. Die junge Gräfin Juliane, seine Tochter, ist bereits verlobt, aber Florentin faßt doch eine stille Neigung zu ihr, die auch nicht ganz unerwidert bleibt. Beide jedoch bezwingen sich und Florentin wird Eduards, des Bräutigams, bester Freund. Beide unternehmen mit der als Jäger verkleideten Juliane einen abenteuerlichen

---

[1]) Bremen, bei Friedr. Wilmans 1801. 2 Bde. (ziemlich selten).

[2]) Histor. polit. Blätter XV. 20.

[3]) Brief v. 16. Nov. 1814. a. a. O.

[4]) Herausgegeben von Friedrich Schlegel. Erster (einziger!) Band. Lübeck und Leipzig bei Friedrich Bohn 1801.

Ausflug ins Gebirge (c. 6), der bis in genaue Einzelheiten hinein in „Ahnung und Gegenwart" wiederkehrt. Florentin erzählt dann seine Lebensgeschichte, die einen sehr breiten Raum einnimmt und wie gewöhnlich überaus reich an romantischen Abenteuern und Verwickelungen ist. Nach der Rückkehr nimmt Florentin plötzlich Abschied, nicht ohne in einem Briefe Juliane seine Liebe verraten zu haben. Er kommt in die Stadt, die ihn abstößt, besucht dort eine Gräfin Clementine (eine Nachbildung der „schönen Seele") und gewinnt auch hier die Zuneigung einer jungen Braut, Betty. Als aber hier Juliane und Eduard wieder erscheinen, verschwindet Florentin abermals unbemerkt. Damit schließt das Fragment, das für uns doppelt interessant ist, weil es offenbar das Modell abgab für das erste Buch von „Ahnung und Gegenwart". Das plötzliche Zusammentreffen mit dem Grafen und die darauffolgende Einführung in die gräfliche Familie, wobei sofort das Spielen und Singen beginnt (S. 28 ff.) das träumerisch sentimentale Nachtschwärmen Florentins (S. 33 ff.), das Leben auf dem Schlosse (S. 52 ff.), vor allem aber der Ausflug ins Gebirge sind Züge, die von Eichendorff ganz in derselben Reihenfolge wiederholt werden. Gerade bei dem letztgenannten ist die Übereinstimmung frappant: dieselbe Situation und Verkleidung (zwei Freunde und ein Mädchen in Jägertracht als Braut des einen), dasselbe Guitarrespielen und Tanzen, dasselbe Geschichtenerzählen speziell der Jugendgeschichte des Helden, (in der auch ein Hofmeister und eine Jugendgespielin eine Rolle spielen), — dasselbe unbequeme Übernachten, dasselbe allmählich in der Männergesellschaft erwachende Schamgefühl bei Rosa wie Juliane, denen auch eine gewisse Koketterie gemeinsam ist. Die italienischen Abenteuer Florentins, insbesondere seine wilde Ehe mit der schönen Römerin, finden späterhin ihren Wiederhall bei Eichendorff in den Erlebnissen Rudolfs mit Angelina. Nach alledem darf man, ohne Gefahr zu laufen in Künstelei oder Tüftelei zu verfallen, wohl behaupten, daß das erste Buch von „Ahnung und Gegenwart" in Bezug auf seine Komposition völlig unter dem Einfluß des „Florentin" steht. Mit einem plötzlichen Abschied schließen auch beide Bücher.

Im zweiten und dritten Buche von Eichendorffs Roman sind die Anspielungen und Anlehnungen an Dorotheas Fragment ungleich seltener. Außer der Geschichte Rudolfs käme nur wieder der Nachtbesuch Romanas in Frage, der auch in Florentins Erlebnissen (S. 204 ff.) eine deutliche Parallele aufweist, aber sehr wahrscheinlich bei Eichendorff wie Dorothea auf Brentano, bezw. Goethes Anregung zurückzuführen sein wird; gerade dieser Umstand spricht ebenfalls für eine gesonderte, frühere Abfassung des ersten Buches durch den jungen Eichendorff. Auch der Charakter Florentins endlich zeigt gewisse gleiche Züge wie der Graf Friedrichs im ersten Buch. Unerschrocken und edel, bald grübelnd und schwärmerisch, bald keck und unternehmungslustig, ein Liebling aller, besonders der Frauen. Für die spätere Entwickelung in Friedrichs Charakter (Buch 2 und 3) ist dagegen wohl ein anderes Buch maßgebend gewesen, das nicht mehr unter die Zahl der „Meister"romane gehört, nämlich Arnims „Gräfin Dolores".

„Armut, Reichtum, Schuld und Buße der Gräfin Dolores, eine wahre Geschichte zur lehrreichen Unterhaltung armer Fräulein, aufgeschrieben von Ludwig Achim von Arnim," ein Roman, der erst 1810 erschien,[1]) hat auf den jungen Eichendorff einen sehr tiefen Eindruck gemacht, das zeigt die ausführliche, stark begeisterte Lobeserhebung, die Graf Friedrich („Ahnung und Gegenwart" Kap. 12) dem Buche angedeihen läßt und nicht minder die Würdigung des schlichten Landmannes, der ihm „eine seltsame Verwandlung seines ganzen Lebens verdanken" will, beides Äußerungen, die auf persönliche Ansicht des Verfassers zurückgehen dürften.

Ganz im Gegensatze zu den meistens leichtlebigen und leichtsinnigen Romanen der älteren Romantiker trat Arnim in seiner „Gräfin Dolores" mit sittlichen Idealen hervor, ganz entsprechend seinen Anschauungen über die Notwendigkeit nationaler Wiedergeburt, die ihn zur Herausgabe des Wunderhorns bewogen hatten. Gerade dieser ethische Idealismus fand nun in der Seele Eichendorffs begeisterten Widerhall. Und da das Erscheinen des Arnimschen Romans mitten hinein in die Entstehung seines eigenen Jugendwerkes fiel, wurden diese Arnimschen Einflüsse doppelt wichtig für seine eigene künstlerische Überzeugung. In das Jahr 1810 fällt die große Pause in der Arbeit an „Ahnung und Gegenwart" und das ist bedeutungsvoll. Das erste Buch trägt noch völlig die Spuren des Romans der älteren Romantik in seiner Lebensauffassung, seinem Milieu wie seiner Stimmung. Der einzige Anklang darin an Arnim ist nur das Erlebnis Fabers mit der schelmischen Kammerzofe Marie, das nach dem Muster des Arnimschen Dichters Waller [Baggessen] mit Ilse (I. S. 308 ff.) gebildet, aber vielleicht erst später eingefügt worden ist. Die Betonung des Motivs, daß Friedrich wie Karl anfangs von der Universität kommen, von seiten Höbers (S. 66) kommt mir nebensächlich vor; es stimmt übrigens auch nicht genau, da Karl noch ruhig weiter studiert. Die Charakterentwickelung Graf Friedrichs im zweiten und dritten Buche wandelt aber sichtlich auf den Bahnen des Arnimschen Helden Karl, der die gleiche, sittlich ernste Weltanschauung hegt; auch die schöne Sünderin und Büßerin Rosa trägt späterhin unverkennbare Züge der Gräfin Dolores, wogegen der ebenfalls übereinstimmende Hintergrund eines großen Befreiungskampfes und die Teilnahme des Helden daran fast zurücktreten. Eher zu erwähnen wären schließlich die oft sehr deutlichen Liederanklänge in beiden Romanen z. B. „Mir ist zu licht zum Schlafen" („Dolores" I., S. 47), „Die Welt ruht still im Hafen" („A. und G.", S. W. I., S. 264). „Da steh ich an meinem

---

[1]) Berlin, in der Realschulbuchhandlung (ohne Jahreszahl!)

Fenster" („Dolores" I., 73), „In einem kühlen Grunde" (S. W. I., 463), am stärksten „die arme Schönheit" („Dolores II., 40) und „der armen Schönheit Lebenslauf".[1]) — Arnim dürfte somit als wichtigste Quelle neben Novalis zu betrachten sein für die eigentümlich moralistisch-religiöse Tendenz, in die „Ahnung und Gegenwart" ausklingt. Was bei dem Jüngling Eichendorff bereits geschlummert und unter Löbens Einfluß in mystisch verschwommener, oft spielerisch gekünstelter Form zum unfertigen Ausdruck gekommen, tritt hier bei dem hinaus ins Leben tretenden Mann energisch, bestimmt, ja beinahe schroff hervor.

Von sonstigen Romanen der Zeit wäre schließlich noch wenigstens zu nennen Jean Paul Richters „Titan",[2]) der ja auch in gewisser Beziehung zu Goethes „Wilhelm Meister" steht. Ähnliche Züge, z. B. in der Jugendgeschichte des Frauenlieblings Albano (Friedrich), in seinem Verhältnis zu Roquairol (Leontin) und dem Phantasten Schöppe (Faber), würden sich zur Not nachweisen lassen, sind aber damals in fast allen Romanen anzutreffen. Auch ist die Weltanschauung Albanos, der in der Kunst und den Schicksalsideen (S. 464) sein Unglück zu vergessen sucht, und die des Grafen Friedrich, der in der Natur und der Religion seinen Trost für die schweren Enttäuschungen zu finden weiß, grundverschieden. Einzig und allein in der innigen, oft hypersentimentalen Naturschwärmerei dürfte Eichendorff manches von Jean Paul gelernt haben, wie ja auch der tiefe Eindruck, den in dieser Beziehung sein „Hesperus" auf den jungen Baron machte, uns im Tagebuche (20. Febr. 1807) ausdrücklich bezeugt ist.

Faßt man alle diese Einzelwirkungen der künstlerischen Grundanschauungen, die Wiederholungen der verschiedenen Motive, die zahlreichen Anlehnungen in der Komposition und der Charakteristik zusammen, so kommt man unwillkürlich zu dem Resultat, daß Eichendorff durchaus in der Tradition der zeitgenössischen Romanlitteratur wurzelte. Vom Altmeister Goethe geht auch er aus, aber nicht mehr direkt und selbständig, sondern halb unbewußt und beinahe gewohnheitsmäßig, nach der herrschenden litterarischen Mode der Zeit. Wie alle älteren Romantiker will auch er einen großen Bildungsroman schreiben, der den höchsten Zweck der Poesie, zwischen Ideal und Wirklichkeit eine innere Vermittelung herbeizuführen, erfüllen und zugleich ein Gesamtbild einer ganzen, großen Gesellschaftsklasse geben soll. In der endgiltigen Lösung dieser wichtigen Frage ist Eichendorff originell, d. h. er löst sie nach seiner einseitigen katholischen Überzeugung; aber in der Wahl der Darstellungsmittel ist er in dieser Weise abhängig vom Zeitgeschmack, d. h. dem spezifisch romantischen. Eben der künstlerisch verklärte Müßiggang, der schrankenlose Subjektivismus, die Leichtigkeit, ja Laxheit der

---

[1]) Beide wohl auf Anregung Manon Lescauts zurückgehend.

[2]) Berlin. Gust. Hempel. 15.—18. Teil.

sittlichen Begriffe im gesellschaftlichen Verkehr, die Liebhaberei für das Unbestimmte, das Wunderbare, das Phantastische, das Mittelalterliche, für Verkleidungen (besonders die Jägertracht) und Überraschungen, die Schwärmerei für Natur (besonders den Wald) und Gefühl (besonders die Sehnsucht) — alles das sind Züge, die Eichendorffs Roman „Ahnung und Gegenwart" mehr oder weniger mit allen anderen romantischen Romanen teilt und untrügliche Zeichen dafür, daß auch Eichendorff ein rechtes Kind seiner Zeit war.

Aus diesem Ergebnis auf besondere künstlerische Unselbständigkeit schließen zu wollen, wäre verfehlt, denn neben vielfachen Anregungen, die ihm ohne Frage diese Vorbilder gegeben haben mögen, gilt es doch auch in Rechnung zu ziehen, daß Eichendorff eben doch vielfach nur seine eigenen Erfahrungen, seine eigne Umgebung schilderte, mit einem Wort, daß er wie jeder echte Dichter auch aus dem Leben selbst schöpfte, ein Leben, das freilich in mehr als einer Beziehung dem der Romane entsprach.

---

d) Zur Analyse des Inhalts.

Bei dem auffallend subjektiven Gepräge, das der damaligen Litteratur eigen war, war es nichts sonderlich seltenes, wenn der Romanschriftsteller gern Selbsterlebtes oder persönliche Anschauungen in seinen Werken zur Darstellung brachte. Goethe selbst war darin mit gutem Beispiel vorangegangen, auch Jean Paul Richter „bosselte gern ein wenig nach sich" und behauptete z. B. beim „Hesperus" „in dieser ganzen Lebensbeschreibung als Supernumerarkopist der Natur allzeit die Wirklichkeit abgeschrieben zu haben"; nicht minder die älteren Romantiker, so Friedrich Schlegel in seiner „Lucinde", Brentano in seinem „Godwi", ja sogar Dorothea von Schlegel in ihrem „Florentin". Überall wurden die Selbstporträts, die bekannten Gesichter, die heimische Umweltsschilderung von den Zeitgenossen erkannt und von den Autoren auch offen zugegeben. Es kann daher nicht weiter Wunder nehmen, daß auch der junge Eichendorff, sobald in ihm bei der Erstarkung seines dichterischen Könnens der Plan zu einem großen Roman aufstieg, zunächst an ein künstlerisch verklärtes Abbild des eigenen Lebens dachte (Berliner Manuskripte 7. 23.). Er selbst spricht in dem oben erwähnten Briefe an Fouqué (1. Okt. 1814) von dem Wunsche, „sein ganzes Sinnen, Trachten und Leben mit all seinen Bestrebungen, Hoffnungen, Mängeln und Irrtümern seiner Nation darzulegen" und nennt „Ahnung und Gegenwart" ein „Stück seines innersten Wesens". Auch der Hintergrund, den Eichendorff wählte, war ein ihm durch persönliche Eindrücke vertrauter, nämlich im wesentlichen der seines Lubowitzer, Heidelberger und Wiener Verkehrs.

Ganz besonders dankbar in dieser Hinsicht und zugleich für die Art der Konzeption des jungen Dichters höchst bedeutsam ist gerade das erste Buch. Es beginnt mit der Donaureise des Grafen Friedrich, (nach der Reise des Dichters im Sommer 1808 geschildert) dem (Heidelberger) Studenten das Komitat geben. Im Schlosse Leontins überraschen die beiden Freunde die schöne Rosa im Negligé (wie die jungen Barone Mad. Koschätzki, die kleine „Morgenröte", Mad. Hahmann usw. nach dem Tagebuch). Alle drei zusammen machen einen Ausflug ins Gebirge, wobei die Unterhaltung aus Gesprächen, Erzählungen, Liedern, Guitarrenmusik und Tanz besteht, alles im Freien, (dergl. im Tagebuch unzählige Male erwähnt). In der Jugendgeschichte giebt Friedrich ziemlich genau Eichendorffs Kindheitserlebnisse wieder (das Schloß, der Park, die Lektüre, die Bilder, die Verehrung von Claudius, der Hofmeister, die religiöse Erweckung, alles stimmt zur eigenen Jugend in Lubowitz). Friedrich findet jedoch kein Verständnis bei seiner Umgebung, er „reist mit seinen eigentlichsten Gedanken zwischen diesen Menschen hindurch wie ein Deutscher durch Frankreich" (Pariser Reise: „Frankreich erweckt nur Heißhunger nach Deutschland" H. v. E., S. 459); der bizarre Dichter Faber, dem gar zu übel mitgespielt worden ist, verläßt die Gesellschaft und Leontin entläßt ihn mit ähnlichen Worten wie Eichendorff seinen vielverkannten Kameraden Klein in Lubowitz (Tagebuch 25. März 1807). Die zwei Freunde reisen ohne Rosa weiter und nehmen an einem Pächterball (Slavikau) teil. Dort lernen sie Julie kennen (Philippinchenepisode 21.—25. Sept. 1806) und deren Eltern, die Gutsherrschaft. In dem Herrn v. A. ist unschwer des Dichters Vater in seiner stillen, geraden Art zu erkennen, in der geräuschvollen Tante die Großmutter des Tagebuchs, noch schärfer gezeichnet ist das Porträt des trauten Lubowitzer Kaplans in dem halb schwermütigen, halb burlesken Theologen Viktor. Nicht nur das Schloß und der Gutshof wird nach Lubowitzer Modell gemalt, auch das besonders gemütliche „Tafelzimmer", (in dem man in Lubowitz zu Abend speiste und das sogar noch in den spätesten Entwürfen[1]) Eichendorffs vorkommt,) wird beibehalten. (S. W. II. 301 ff.) Von der Aussicht des Schlafzimmers heißt es wörtlich „Die Fenster gingen auf den Garten hinaus. Eine geheimnisvolle Aussicht eröffnete sich dort über den Garten weg in ein weites Thal, das in stiller, nächtlicher Runde vor ihnen lag. In einiger Ferne schien ein Strom [Oder] zu gehen, Nachtigallen schlugen überall aus den Thälern herauf" usw. (S. W. II. 303 ff.) „Der Garten selbst stand auf einer Reihe von Hügeln, wie eine frische Blumenkrone über der grünen Gegend. Von

---

[1]) Berliner Nachlaßmanuskript No. 98. „Novelle: Winterabend in Lubowitz, große Kälte draußen, heimlich warm aber im Tafelzimmer. Da bellen draußen die Hunde und knirscht der Schnee und kommt ein fremder Reiter oder französischer Offizier (Kanonade von Kosel 1813. Slavikauer Windmühle) oder der Postbote von Ratibor mit Zeitungen usw." Dieser Entwurf ist typisch für Eichendorff, was er sich skizziert ist eigentlich nur die Stimmung, das Lyrische. Man sieht zugleich, wie stark und bewußt der Dichter auf sein Leben zurückgriff.

jedem Punkte hatte man eine erheiternde Aussicht in das Land, das wie in einem Panorama ringsum ausgebreitet lag. Nirgends bemerkte man weder eine französische noch englische durchgreifende Regel, aber das Ganze war ungemein erquicklich, als hätte die Natur aus fröhlichem Übermute sich selber ausschmücken wollen" — also der Lubowitzer Park. Darauf folgt in einzelnen Zügen die Beschreibung des Lubowitzer Lebens, wie es 1808 und 1809 der Dichter selbst verbracht hat:

„Wenn die Sonne über den Gärten, Bergen und Thälern aufging, flog auch schon alles aus dem Schlosse nach allen Seiten aus. Herr v. A. fuhr auf die Felder, seine Schwester und das Fräulein hatten im Hofe zu thun und wurden gewöhnlich erst gegen Mittag in reinlichen, weißen Kleidern sichtbar. Friedrich und Leontin wohnten eigentlich den ganzen Vormittag draußen in dem schönen Garten. Auf Friedrich hatte das stille Leben den wohlthätigsten Einfluß. Seine Seele befand sich in einer kräftigen Ruhe, in welcher allein sie im stande ist, gleich dem unbewegten Spiegel eines Sees, den Himmel in sich aufzunehmen. Das Rauschen des Waldes, der Vogelsang rings um ihn her, diese seit seiner Kindheit entbehrte grüne Abgeschiedenheit, alles rief in seiner Brust jenes ewige Gefühl wieder hervor, das uns wie in den Mittelpunkt alles Lebens versenkt, wo alle die Farbenstrahlen gleich Radien ausgehen und sich an der wechselnden Oberfläche zu dem schmerzlich-schönen Spiele der Erscheinung gestalten. Alles Durchlebte und Vergangene geht noch einmal ernster und würdiger an uns vorüber, eine überschwengliche Zukunft legt sich wie ein Morgenrot blühend über die Bilder, und so entsteht aus Ahnung und Erinnerung eine neue Welt in uns, und wir erkennen wohl alle die Gegenden und Gestalten wieder, aber sie sind größer, schöner und gewaltiger und wandeln in einem anderen wunderbaren Lichte. Und so dichtete hier Friedrich unzählige Lieder und wunderbare Geschichten aus tiefster Herzenslust, und es waren fast die glücklichsten Stunden seines Lebens.

Oft besuchte ihn dort Herr v. A. in seiner Werkstatt, doch immer nur auf kurze Zeit, um ihn nicht zu stören; denn er schien eine heilige Scheu vor allem zu haben, womit es einem Menschen ernst war, obschon er, wie Friedrich aus mehreren Äußerungen bemerkt hatte, insbesondere von der Dichtkunst gar nichts hielt. Er war einer von jenen, die, durch einseitige Erziehung und eine Reihe schmerzlicher Erfahrungen ermüdet, den lebendigen Glauben an Poesie, Liebe, Heldenmut und alles Große und Ungewöhnliche im Leben aufgegeben haben, weil es sich so ungefüge gebärdet und nirgends mehr in die Zeit hineinpassen will. Zu überdrüssig, um sich in das wichtigthuende Nichts der anderen einzulassen, ziehen sich solche Menschen nach und nach kalt in sich selbst zurück und erklären zuletzt alles für eitel und Affektation. Daher liebte er die beiden Gäste, welche seine meist genialen Bemerkungen, mit denen er das Erbärmliche aller Affektation auf die höchste Spitze des Lächerlichen zu stellen pflegte, immer sogleich verstanden und würdigten. Überhaupt waren ihm diese beiden eine ganz neue Erscheinung, die ihn oft in seiner Apathie irre machte, und er gewann während ihres Aufenthaltes auf dem Schlosse eine ungewöhnliche Heiterkeit und Lust an sich selber. Übrigens war er bis zur Sonderbarkeit einfach, redlich und gutmütig, und Friedrich liebte ihn unaussprechlich."

Da haben wir Eichendorffs Selbstporträt und das Bild seines Vaters dicht nebeneinander. Im 8. Kapitel folgt der Ausflug nach dem Jagdschloß des Herrn v. A., der im wesentlichen identisch ist mit einem der vielen Sommerausflüge nach dem malerischen, väterlichen Jagdschlosse Sumin, das im Jahre 1825 ein Raub der Flammen geworden ist. Eine solche „Generalfahrt nach Sumin" mit Kisten und Kasten ist uns z. B. im Promemoria (8.—11. September, auch 27.—29. Oktober 1806) ausführlichst berichtet. Die Situation des Schlosses, die einzelnen Züge der Jagd, zu der die Herrschaften der Umgegend eingeladen wurden, des Picknicks, der ausgelassenen Kurzweil und des Tanzes deckt sich genau mit den Angaben des Tagebuches an dieser wie an verschiedenen andern Stellen. Die Braut, die im Roman Leontin so gut gefällt, dürfte die des Leutnants von Poser im Tagebuch sein. Viktors grotesk-komische Tollheiten entsprechen ganz den mimischen Aufzügen und Burlesken des Herrn Kaplans, selbst das Umherfahren auf dem Schloßteiche fehlt weder im Romane noch im Tagebuche. Die folgende, überaus anschauliche Schilderung der Feuersbrunst ist ebenfalls ohne Frage nach der Wirklichkeit gezeichnet, da sie für den Sommer 1808 direkt von Herm. v. Eichendorff bezeugt wird, wobei auch erwähnt wird, daß der junge Eichendorff sich sehr dabei auszeichnete. Im 9. und 10. Kapitel kehrt die Gesellschaft des Romans wieder in das Schloß des Herrn v. A. (Lubowitz) zurück und es folgen weitere lokale und persönliche Details. Friedrich arbeitet entweder in der (väterlichen) Bibliothek, in der ihn die Bücher seiner Jugendlektüre seltsam ergreifen, oder in der stillen Klause Viktors (Hasengarten, Kaplanei zu Lubowitz), der im Roman wie in der Wirklichkeit ein Liebhaber vom Basteln (im Tagebuch wird von ihm erzählt, daß er ein ganzes Fortepiano selbst erbaut habe), wie von Abraham a Santa Clara war. Als Leontin weiterhin zufällig merkt, daß die Tante ihn gern mit Julie verheiraten will, bäumt sich sein Junggesellentrotz in ihm auf und er verläßt das Schloß. Auch dieser kleine Zug hat eine Parallele im Promemoria (6. April 1807). Eichendorff, der sich mit einem sehr hübschen Fräulein, der Komteß v. Gilgenheimb viel abgegeben hatte, hört da die Bemerkung der alten Gräfin Gilgenheimb über ihrer beider „Zukunftsberechnung". Bald wird auch Friedrich durch einen plötzlichen Brief Rosas abgerufen und verläßt das Schloß. Damit endet das erste Buch. Die beiden Abschiedslieder, Leontins frisches „Der fleißigen

Wirtin von dem Haus"[1]) und Friedrichs wundervolles „O Thäler weit, o Höhen" sind in der That nur noch einmal tiefpoetisch zusammengefaßte Idealbilder Lubowitzer Lebens und Lubowitzer Natur. Auch das zweite und dritte Buch, die einmal als später entstanden für den jungen Eichendorff weniger in Betracht kommen, zu denen ferner einstweilen das biographische Material fehlt, werden in ähnlicher Weise viel unmittelbar nach dem Leben Gezeichnetes[2]) enthalten, wenn auch vielleicht nicht in so reichem Maße wie das erste Buch, für das wir eben den Beweis geliefert haben.

Dieses überraschende Resultat ist jedoch nicht nur von persönlichem Interesse, sondern auch für die künstlerische Würdigung des Romans von höchster Wichtigkeit. So vieles, was bisher nur als typisch-romantisch und daher teils als phantastisch unverständlich, teils nur als litterarische Anlehnung erklärlich war, erscheint nunmehr als allereigenste, erlebte Erfahrung, als wertvolle Objektivierung kulturhistorisch wie ästhetisch interessanter Zeitverhältnisse. Und wie mit der Umweltsschilderung verhält es sich wohl auch mit den Charakteren des Romans. Ein gut Teil ihres Wesens mag romantischen Vorbildern entlehnt sein, aber in der Hauptsache entsprechen auch sie dem Leben der Zeit, durchhaucht mit eichendorffischem Geiste.

Auf die Ähnlichkeit des Grafen Friedrich mit der Persönlichkeit des Dichters ist mehrfach hingewiesen worden und gewiß nicht mit Unrecht, aber auch Leontin trägt viele Züge von ihm selbst. Beide Freunde in ihrer anscheinend so widersprechenden Art bilden so zu sagen die zwei Seelen, die in des Dichters Brust wohnten. Friedrich ist der Vertreter des ernsten, idealen Strebens, das nirgends hier auf Erden seine wahre Befriedigung finden kann und darum zuletzt entsagungsvoll die Ruhe in Gott sucht. Leontin dagegen zeigt uns sein frohes, immer heiteres, thaten- und wanderlustiges Temperament mit seinem Hang zur kecken Ironie, seiner genialen Sorglosigkeit und seinem unverzagten Mut. Ja selbst in Fabers wunderlicher Gestalt mit ihrem klaffenden Zwiespalt zwischen Gefühl und Verstand, zwischen Wollen und Vollbringen, zwischen Theorie und Praxis klingen Saiten aus Eichendorffs eigenstem Wesen an. Verzichtet man so auf eine einseitige Gleichsetzung des Haupthelden

[1]) Das Original der Berliner Manuskripte (M, 22.) lautet anders als die Fassung im Roman. Es ist nicht unmöglich, daß auch dieses Lied, das wahrscheinlich für eine bestimmte Gelegenheit gedichtet worden ist, weit früher als 1811 (S. W.) entstanden ist, vielleicht gar in unsere Periode gehört. Besonders spricht „Die Zauberin" (M. H.) im 5. Vers stark für 1806/7, es wäre dann als Abschiedslied Mai 1807 sehr gut zu placieren.

[2]) Vergl. H. v. E's. Angaben (S. W. IV. 470.) Nur möchte ich dazu und auch gegen Höbers Ansicht (S. 75.) bemerken, daß neben Wien auch Heidelberg sehr stark als Schauplatz in Betracht kommt z. B. der ästhetische Thee, die Episode des Erbprinzen, der jedenfalls mit dem Prinzen Louis Ferdinand (wie Keiter will) gar nichts zu thun hat.

mit dem Dichter, so wird das Schema vielleicht verlieren, das Verständnis der Dichtung aus der Seele des Dichters heraus, — und das ist meiner Meinung nach das einzig Richtige, — dieses Verständnis jedoch wird ohne Zweifel nur gewinnen. Die unbeugsame, mitunter engherzige Moral des starren Tugendhelden Friedrich, der schließlich nach vergeblichem Kampf die Flinte ins Korn wirft, entsprach vielleicht gewissen Anschauungen, die bei Eichendorff zeitlebens nicht ganz verschwunden sind, aber doch nur zu Zeiten (z. B. in der des intimen Umgangs mit Löben und ebenso wieder in seinem Alter) wirklich vorherrschend waren. Mit dem jugendfrohen leichtentflammten jungen Baron von Lubowitz, mit dem trotzig kecken Studenten von Halle, mit dem begeisterten Freiheitskämpfer von 1813 und 15 hat der bedeutend liebenswürdigere und unverzagtere Leontin weit mehr gemein.

Ganz etwas ähnliches gilt von den Frauencharakteren, wenn auch in anderer Weise. Hier ist es das Ideal des Dichters, um das es sich handelt, das eben nicht nur einseitig durch den Typus der stillen, schlichten Julie repräsentiert wird, sondern für das die lebenslustige, zierlich kokette Rosa, ja selbst die zwar lasterhafte, aber temperamentvolle Amazone Romana mit ihrer wilden, dämonischen Schönheit teilweise gewiß auch in Betracht zu ziehen sind.

Mit gleicher Vorsicht und Unvoreingenommenheit gilt es schließlich, der sogenannten Tendenz des Romans gegenüberzutreten. Sie ist allerdings in „Ahnung und Gegenwart“ nicht geheimnisvoll versteckt, sondern kommt in offener, mitunter schroffer Weise mehrfach zum Ausdruck. Ihr Grundzug ist eine bittere Verurteilung der herrschenden Gesellschaftsklasse, eine völlige Ablehnung ihrer falschen Ideale, ein prophetischer Zorn gegen den schimmernden Glanz ihrer Scheintugenden. Das mag anf den ersten Blick unendlich einseitig, ja oberflächlich erscheinen. Behält man aber dabei stets im Auge, daß der Roman geschrieben worden ist zu einer Zeit, in der es in Deutschland wie in Österreich entsetzlich trostlos aussah, in der der bodenlose Leichtsinn der Gebildeten recht eigentlich als Ursache alles Unglücks angesehen wurde, in der eine sittliche Wiedergeburt an Haupt und Gliedern unumgänglich notwendig erschien, während doch zugleich die Unmöglichkeit derselben aus äußeren Gründen drohend in Aussicht stand, — dann wird man sich über den pessimistischen Ausklang des Eichendorffischen Romans ebenso wenig wundern, wie über seine moralistisch-religiöse Tendenz, ja man muß billig staunen über den persönlichen Mut des jungen Dichters, der jenen geistig hochstehenden Kreisen, denen er doch selbst angehörte, kühn das vernichtende Mene Tekel zu verkünden wagte[1]).

[1]) Eichendorff fand ja auch in der damaligen Zeit keinen Verleger, der den Mut besaß, den Roman zu drucken. 1815 war nach dem Wechsel der Zeitlage der Roman nicht mehr halb so interessant für das Lesepublikum, der Erfolg darum auch ein mäßiger.

Nur bei einer solchen alles überschauenden und bedächtig erwägenden Betrachtungsweise wird man der Absicht des Dichters vollkommen gerecht werden und zu einem wirklich verständnisvollen Urteil gelangen können. Der Roman, als Ganzes betrachtet, ist das Werk keines starken oder besonders selbständigen epischen Talentes, aber der Ausdruck eines reinen, gesunden Gemütes, eines sittlich tüchtigen Charakters, einer vornehmen, frommen Gesinnung und eines ursprünglichen, reichen Gefühlslebens. Ästhetisch geurteilt: die Schöpfung eines anmutigen Erzählers, dem jede dramatische Gestaltungskraft fehlt, der diesen Mangel aber zu ersetzen weiß durch seine hohe lyrische Begabung.

Fassen wir nun einmal das erste Buch für sich als das Werk des jungen Eichendorff, der für uns ja der eigentliche Gegenstand dieser Betrachtung sein soll, näher ins Auge, so scheint zunächst das kritische Urteil kaum günstiger lauten zu können, um so mehr, als hier die starke Abhängigkeit in der Komposition von Dorothea von Schlegels „Florentin" noch hinzu und die lyrischen Perlen nicht in Betracht kommen. Doch bei näherem Zusehen ist das Gegenteil der Fall. Die Harmonie der Eichendorffischen Gestaltungsart in ihrer anspruchslosen und doch ergreifenden Innerlichkeit der Empfindung, in der feinen Abstufung und poetischen Abtönung, sowohl in den wechselnden Gefühlen der Menschen als auch den mannigfaltigen Stimmungen der Natur, kommt hier gerade, wo er sich zumeist auf dem innig vertrauten und ihm lieb gewordenen Boden seiner eigenen Jugend und seiner engeren Heimat bewegte, zur vollen, wirksamsten Geltung. In dieser Beziehung dürfte vielleicht nur noch die Novelle „aus dem Leben eines Taugenichts" einen wirklichen Fortschritt bedeuten. Die Darstellung, die meist unmittelbar nach dem Leben zeichnet, trägt völlig den Stempel des Natürlichen und Frischen, der seinem lieblichen Urbild eigen war. Das Überspannt-phantastische, das wunderbar Verschlungene, das Wildromantische fehlt in diesem ersten Buche ebenso sehr wie das Scharf-ironische, Streng-moralisierende und Einseitig-asketische der zwei späteren Bücher. Charaktere und Umwelt, Geschöpfe und Natur passen wirklich zusammen; man hat nirgends das Gefühl des sonderlich Konstruierten noch des Überraschenden. Innerhalb der verhältnismäßigen Grenzen des Eichendorffischen Könnens bildet somit dieses erste Buch von „Ahnung und Gegenwart" einen gewissen Höhepunkt, bedeutet jedenfalls für den jungen Eichendorff die schönste Blüte seines poetischen Schaffens.

Für die Entwickelungsgeschichte des Dichters ist dieses Endergebnis von ungemeiner, grundlegender Wichtigkeit. Die Jugendwerke Eichendorffs zeigen also ein zwiefaches und zwar recht verschiedenes Gesicht. Die Jugendgedichte sind im allgemeinen unbedeutend und schülerhaft, sie entwickeln sich erst ganz allmählich aus formeller Ungelenkheit und inhaltlicher Geschraubtheit zu einer Stufe, die zwar schon den späteren Meister ahnen läßt, aber seinen Ruhm keineswegs verbürgt. Die prosaische

Jugenddichtung dagegen, die sich freilich von vornherein dem ungleich leichteren und auch persönlich näher liegenden Stoff zuwendet, erreicht schon mit dem ersten Produkt eine innere Harmonie und Vollendung, über die der ältere Dichter im allgemeinen kaum mehr hinaus gelangt ist. Denn die Armut in der Erfindung, die Monotonie in den Motiven, die unplastische Verschwommenheit des Hintergrundes, der Mangel an willens- und temperamentvollen Persönlichkeiten, das Fehlen jeder echt dramatischen Spannung wie überhaupt jeder strafferen Komposition, — das alles sind Schwächen, die auch der reife Dichter nie überwunden hat und die Grenzen seines Erzählertalentes bekunden.

Lyrische und epische Dichtung dieser Jugendzeit verhalten sich also zur späteren Entwickelung im umgekehrten Verhältnis[1]). Auf lyrischem Gebiet sind die Leistungen unerwartet gering im Vergleich zu später. Erst durch Rückkehr zu der ihm eigentümlichen Einfachheit und Natürlichkeit gelangt der Dichter dann rasch zur Meisterschaft. Auf epischem Gebiet dagegen ist der „junge Eichendorff" maßgebend geblieben. Mit sicherem Takt und richtigem Verständnis hatte er schon bei dem ersten großen Entwurf dasjenige Gebiet und den Stoff gewählt, der sowohl seinen Intentionen wie seinen Kräften am besten entsprach und mit dem auch der gereifte Dichter immer wieder seine bescheidenen aber wohlverdienten Erfolge erzielen sollte: das Idyll seiner Jugend auf dem Boden seiner Heimat.

---

[1]) Ich bin hiernach zu dem genau entgegengesetzten Urteil gekommen wie Höber, der die Jugendzeit Eichendorffs bis 1815 gerechnet hat.

Schluß.

Die Auffassung des jungen Eichendorff vom Berufe des Dichters.

Ein jeder echte Dichter wird mit gewissen Idealen, mit mehr oder weniger hochgesteckten Zielen in seine Laufbahn eintreten und sie zu verwirklichen suchen. Aber nicht bei jedem Dichter treten diese Ideale und Ziele so offen und klar, so rein und unerschrocken gleich bei Beginn seines Auftretens zu Tage wie, bei dem jungen Eichendorff. Auf den ersten Blick will es freilich scheinen, als walte gerade bei diesem Dichter ein starker Unterschied ob zwischen seinen Verspoesien und seiner Prosadichtung. In den Gedichten weht zumeist ein dumpfer Hauch von mystisch erotischer Sentimentalität, von verworren pantheistischem Naturgefühl, dem die gekünstelte, schwülstige Form etwas doppelt unsympathisches verleiht; in der Prosadichtung dagegen der frische, fröhliche Zug sinnlich heiterer Daseinsfreude und idyllischen Natur- wie Lebensgenusses, leicht in Form und Inhalt. Und doch sind beiderlei Arten von Poesie Produkte eines und desselben Geistes, der nur verschiedene Wege auf beiden Gebieten eingeschlagen hat. Das Streben und das Ziel ist ein und dasselbe und findet seinen durchaus einheitlichen Ausdruck in der Auffassung vom Berufe des Dichters.

In den Gedichten haben wir in den sechs Sonetten „Der Dichter" (S. W. I. 63), in dem Roman in den sporadischen, aber bestimmt und scharf pointierten Äußerungen des Grafen Friedrich (S. W. II. 260 ff namentlich), mit denen er der Oberflächlichkeit Leontins wie der Verkehrtheit Fabers entschlossen gegenüber tritt, unverhohlene Zeugnisse von der Gesinnung des jungen Dichters selbst. Mit bewußter Absicht will er sich von vornherein auf eigene Füße stellen. Alle Quellen, Bäche und Ströme eilen dem einen großen, wundervollen Meere zu, in dessen Fluten sich die ewigen Sterne spiegeln und so soll auch alle Poesie nur einen großen Endzweck haben, die Menschheit zu heben und dem Ewigen zuzuführen. Seiner Zeit macht der junge Eichendorff aber den harten

Vorwurf, für diese hohe, wichtige und eigentliche Aufgabe der Poesie kein Verständnis zu haben. Mit ihrem eitel künstlichem Spiel, mit ihrem hochmütigen Treiben haben die bisherigen Dichter die „Sünde in die Unschuld" gebracht, die ursprünglich reine Schönheit verdorben, die Wahrheit geknechtet und der thörichten Menge, die nur auf weltliche Dinge erpicht ist, geschmeichelt. Das Volk als solches trifft keine Schuld, das sitzt ja „gebückt und blind draußen im warmen Sonnenschein und langt rührend nach dem ewigen Lichte, das es niemals erblickt." Die ganze schwere Wucht der Verantwortung trifft nur die sehenden Führer, die es in diesen traurigen Zustand gebracht haben und ihnen möge der große Gott Demut schenken, wenn sie mit ihren falschen Künsten zu schanden werden und Verzweiflung ihnen naht.

Soll es aber anders und besser werden, dann müssen neue Dichter mit neuem Geiste auftreten, die auch die echte Kunst wieder zur Geltung bringen können. Denn an der Kunst selbst liegt es ebensowenig, wie am Volk, sie ist ein unvergängliches Wunderland, das mit seinen goldenen Strömen und Brücken hoch über den Sternen aufgeschlagen ist, zu dem einen jeden die befreite Sehnsucht tragen kann — eine unversiegbare, heilige Wunderquelle, aus der ein jeder Durstige trinken kann. Aber nur der Dichter kann das Land erschließen, den Trank der Quelle reichen.

Und wie soll dieser Dichter beschaffen sein? Eichendorff sagt es ganz direkt:

„Nicht Träume sind's und leere Wahngesichte,
Was von dem Volk den Dichter unterscheidet.
Was er inbrünstig bildet, liebt und leidet,
Es ist des Lebens wahrhafte Geschichte.

Er fragt nicht viel, wie ihn die Menge richte,
Der eig'nen Ehr' nur in der Brust vereidet;
Denn wo begeistert er die Blicke weidet,
Grüßt ihn der Weltkreis mit verwandtem Lichte.

Die schöne Mutter, die ihn hat geboren,
Den Himmel liebt er, der ihn auserkoren,
Läßt beide Haupt und Brust sich heiter schmücken.

Die Menge selbst, die herbraust, ihn zu fragen
Nach seinem Recht, muß den Beglückten tragen,
Als Element ihm bietend ihren Rücken."

Also Wahrheit ist das erste Erfordernis des Dichters; schreiben soll er nur, was er erlebt und was er glaubt. „Anders sein und anders singen ist ein dummes Spiel!" „Wie wollt ihr, daß die Menschen eure Werke hochachten", sagt Graf Friedrich zürnend zu Faber, „sich daran erquicken und erbauen sollen, wenn ihr euch selber nicht glaubt, was ihr schreibt und durch schöne Worte und künstliche Gedanken Gott und Menschen zu überlisten trachtet? Das ist ein eitles, nichtsnutziges Spiel, und es hilft euch doch nichts, denn es ist nichts groß, als was aus einem einfältigen Herzen kommt. Das heißt recht dem Teufel der Gemeinheit, der immer in der Menge wach und auf der Lauer ist, den Dolch selbst in die Hand geben gegen die göttliche Poesie. Wo soll die rechte, schlichte Sitte, das treue Thun, das schöne Lieben, die deutsche Ehre und alle die alte, herrliche Schönheit sich hinflüchten, wenn es ihre angeborenen Ritter, die Dichter, nicht wahrhaft ehrlich, aufrichtig und ritterlich mit ihr meinen?"

Zu einem Ritter gehört jedoch neben der Wahrheit vor allem Mut und Tapferkeit. Unerschrocken soll der Dichter der verlockenden Welt und ihrem Ruhm, namentlich der feilen Menge die Stirn bieten und seine Überzeugung vertreten. Mag er auch allein stehen, mag die Zeit noch so schlecht sein, verzagen darf er nie, er muß kämpfen bis zum letzten Athemzuge. Auch ewig klagen soll er nicht und „nicht die alte, schöne Zeit zurückwinseln wollen", das gleicht doch nur dem „Strohfeuer, das weder die Schlechten verbrennen, noch die Guten erleuchten oder erwärmen kann". „Denn wie wenigen möchte doch das Herz zerspringen, wenn alles so dumm geht, und habe ich nicht den Mut, besser zu sein als meine Zeit, so mag ich zerknirscht das Schimpfen lassen, denn keine Zeit ist durchaus schlecht. Die heiligen Märtyrer, wie sie laut ihren Erlöser bekennend mit aufgehobenen Armen in die Todesflammen sprangen — das sind des Dichters rechte Brüder, und er soll ebenso fürstlich denken von sich; denn so wie sie den ewigen Geist Gottes auf Erden durch Thaten ausdrückten, so soll er ihn aufrichtig in einer verwitterten, feindseligen Zeit durch rechte Worte und göttliche Erfindungen verkünden und verherrlichen".

Damit kommt der junge Eichendorff zu seiner dritten Forderung: Der Dichter soll über der Menge stehen, soll ahnend den Gang der Dinge vorausschauen, und das kann er nur durch die Kraft des Glaubens an Gott. Ist er zu dieser Überzeugung gelangt, dann wird alles um ihn her ihm wie eine wunderbare göttliche Offenbarung erscheinen und er wird innerlich glücklich und zufrieden dabei werden. „Der Dichter hat einsam die schönen Augen offen, mit Demut und Freudigkeit betrachtet er, selber erstaunt, Himmel und Erde, und das Herz geht ihm auf, bei der überschwenglichen Aussicht, und so besiegt er die Welt, die wie Memnons Bild voll stummer Bedeutung nur dann durch und durch erklingt, wenn sie die Aurora eines dichterischen Gemütes mit ihren verwandten Strahlen berührt". So wird der Dichter ein Vermittler zwischen Schöpfer und Natur, zwischen Gott und Mensch, ein Seher und Leiter des Volkes, um es zur Gottheit zu führen.

„Ihm ist's verliehen aus verworrnen Tagen,
Die um die andern sich wie Kerker dichten,
Zum blauen Himmel sich emporzurichten,
In Freudigkeit: „Hie bin ich, Herr! zu sagen."

Zeitfracht Medien GmbH
Ferdinand-Jühlke-Straße 7
99095 Erfurt, Deutschland
produktsicherheit@kolibri360.de